1. 教育部社会科学司 2020 年度人文社会科学研究规划基金项目，项目编号：20YJA890023
2. 湖南省哲学社会科学规划基金办公室 2018 年度湖南省哲学社会科学基金研究项目，项目编号：18YBA185
3. 湖南省教育厅 2018 年度湖南省教育厅科学研究一般项目，项目编号：18C1069

创新驱动发展战略下公共体育服务对口支援机制研究

王丽萍 著

吉林大学出版社

·长春·

图书在版编目(CIP)数据

创新驱动发展战略下公共体育服务对口支援机制研究 / 王丽萍著 .— 长春：吉林大学出版社，2020.12
ISBN 978-7-5692-7883-5

Ⅰ．①创… Ⅱ．①王… Ⅲ．①群众体育—社会服务—研究—中国 Ⅳ．① G812.4

中国版本图书馆 CIP 数据核字（2020）第 248839 号

书　　名：创新驱动发展战略下公共体育服务对口支援机制研究
CHUANGXIN QUDONG FAZHAN ZHANLÜE XIA GONGGONG TIYU FUWU DUIKOU ZHIYUAN JIZHI YANJIU

作　　者：王丽萍　著
策划编辑：邵宇彤
责任编辑：曲　楠
责任校对：王　蕾
装帧设计：优盛文化
出版发行：吉林大学出版社
社　　址：长春市人民大街4059号
邮政编码：130021
发行电话：0431-89580028/29/21
网　　址：http://www.jlup.com.cn
电子邮箱：jdcbs@jlu.edu.cn
印　　刷：定州启航印刷有限公司
成品尺寸：170mm×240mm　　16开
印　　张：12.25
字　　数：224千字
版　　次：2020年12月第1版
印　　次：2021年1月第1次
书　　号：ISBN 978-7-5692-7883-5
定　　价：59.00元

版权所有　　翻印必究

序

时代在发展,社会在进步,中国的面貌在更新。面对960万平方千米的土地,正视14亿中华人民共和国的国民,在发展的道路上,我们需要解决的问题还有很多。正所谓"强国必强民,强民先强身",发展我国公共体育事业便是实现强身、强民、强国的重要途径。习近平总书记曾在党的十九大报告中庄严宣布:"中国特色社会主义进入新时代,我国社会主要矛盾已经转化为人民日益增长的美好生活需要和不平衡不充分的发展之间的矛盾。"在欣慰我国实现伟大转变的同时,我们也需要正确看待未解决的潜在问题。对比和观察我国的公共体育事业,看似遍地开花,实则参差不齐,极不均衡。资金投入的差异、基础设施间的落差、信息反馈慢、网站服务功能缺失等,这些问题都严重影响着我国公共体育事业的发展与进步。

作为一名公共体育事业的建设者,每每想到这里,我都会心怀惆怅,良久无言。在读到王丽萍老师的这本《创新驱动发展战略下公共体育服务对口支援机制研究》书后,我深为惊异。我所惊异的不是王丽萍老师的文笔,更不是其组织结构,而是惊异其对我国公共体育服务发展与建设的认识和思路。时代将公共体育事业的发展建设落在我辈肩头,如不能挑起这份重担,举起这块巨石则愧对自己所担负的这份职责。王丽萍老师在其《创新驱动发展战略下公共体育服务对口支援机制研究》这本著作中,将公共体育服务于国家的创新驱动发展战略相结合,这是一种高眼光、大格局的战略性想法,这一思想认识极具创新之处。当前我国正处于全面深化改革的攻坚阶段,只有创新才是实现改革的良药。王丽萍老师从长效运行机制的角度出发,将公共体育服务对口之间建设当作一项长久性的任务,既有责任的划分,又有激励的辅助,想必建设的成果定然不会让人失望。创新驱动下公共体育服务对口支援建设不是一项小工程,而是一项有功于当代的大工程。这也不是王丽萍老师一个人的责任,而是公共体育服务事业所有工作人员共同的责任。希望《创新驱动发展战略下公共体育服务对口支援机制研究》这本书能够给予更多的公共体育服务建设者以启迪。

2020年9月于沈阳

前 言

　　公共体育服务与地方体育产业融合运行机制是指公共体育服务在推动体育产业融合运行过程中各要素的处理方式。在两者融合运行发展过程中需要依靠内部动力及外部动力共同完成,在控制服务质量及促进体育产业发展过程中需要评估、监督及保障机制参与运行。公共体育服务的有效运行是保证服务质量的过程性指标,构建基于满足民生需求的运行机制是最终促进体育产业长效运行发展的动力源泉。体育社会系统、体育经济系统及体育资源系统是公共体育服务与体育产业融合运行机制的核心组成部分,实现融合机制中各系统间的互动与和谐发展是提升运行动力的有效方式。在公共体育服务与体育产业融合过程中,建立公共体育服务需求表达的信息反馈机制,通过对反馈信息的分析总结及时调整方向,是实现地区体育公共服务一体化运行机制的高效性、共享性及可持续性创新发展的重要保障。在保障机制的构建中,要建立组织保障、环境保障、政策保障及宣传保障的"四位一体"互动融合保障体系。

　　改革开放40多年来,我国体育发展已经从单纯的社会公益事业转变为具有产业属性的社会公益事业,在促进经济增长、优化产业结构、扩大居民消费等方面发生了质的变化。随着深化供给侧结构性改革及"健康中国"战略的大力推进,优化地区公共体育服务及调整体育产业结构是促进体育产业结构合理化和高级化的过程,是供给侧改革的必然选择。从体育经济学的视角来看,现阶段体育产业领域存在着有效供给和优质供给不足的问题,以供给侧改革作为完善体育产业体系的内在依据是解决体育产业融合发展的根本途径。要及时更新体育产业政策体系。体育产业政策体系主要包括产业组织政策、产业结构政策、产业布局政策及产业技术政策,通过各项局部政策的协调更新,制订当前较为需求的针对性政策措施,保障体育产业良性、健康、高效、持续发展。此外,要平衡供给与需求关系,形成完整的体育产业服务链。这是未来我国对口支援与公共体育服务建设的具体方向与指引。

目 录

第一章 创新驱动发展战略下公共体育服务对口支援概述 …………… 1

    第一节 创新驱动发展战略的概念界定 ………………………………… 1

    第二节 公共体育服务的概念界定及其发展 …………………………… 10

    第三节 对口支援概念界定及其发展 …………………………………… 19

第二章 创新驱动发展战略与公共体育服务的融合策略 ……………… 27

    第一节 创新驱动发展战略与公共体育服务融合的必要性 …………… 27

    第二节 创新驱动发展战略与公共体育服务融合的方法 ……………… 37

    第三节 创新驱动发展战略与公共体育服务融合的保障措施 ………… 38

第三章 当前我国公共体育服务对口支援现状整体分析 ……………… 45

    第一节 资金投入现状 …………………………………………………… 46

    第二节 基础设施现状 …………………………………………………… 48

    第三节 指导发展现状 …………………………………………………… 63

    第四节 信息反馈现状 …………………………………………………… 67

    第五节 绩效评定现状 …………………………………………………… 69

    第六节 供给主体发展现状 ……………………………………………… 74

    第七节 传播渠道发展现状 ……………………………………………… 80

    第八节 网站服务功能发展现状 ………………………………………… 89

第四章　公共体育服务对口支援长效运行机制的可行性分析 ………… 101

第一节　公共体育服务对口支援长效运行机制形成的现实背景 ……… 101
第二节　中央对口支援政策实施与地方政府之间合作的内在可行性… 102
第三节　省际间对口支援长效运行机制形成的内涵与实现途径 ……… 104

第五章　公共体育服务对口支援长效运行机制的构建 ………… 120

第一节　确立目标机制 ………………………………………………… 124
第二节　构建完善的激励机制 ………………………………………… 126
第三节　建立严格的约束机制 ………………………………………… 142

第六章　创新驱动发展下公共体育服务对口支援机制探索 ………… 152

第一节　开发信息平台，构建国家级公共体育服务对口支援保障机制 152
第二节　挖掘公众需求，有针对性地开展公共体育服务对口支援工作 169
第三节　拓宽支援渠道，开展多元化的公共体育服务对口支援方式… 170
第四节　加强产业联合，打造公共体育服务线性产业 ………………… 172
第五节　优化资源配置，降低公共体育服务对口支援成本 …………… 181

参考文献 ……………………………………………………………… 184

结　语 ………………………………………………………………… 187

后　记 ………………………………………………………………… 188

第一章 创新驱动发展战略下公共体育服务对口支援概述

第一节 创新驱动发展战略的概念界定

一、创新的概念及内涵

"创新"一词由来已久,其最早出自《南史·后妃传上·宋世祖殷淑仪》,指的是创立或者创造新的内容、形式、思想、工具等。在当今社会,人们对于创新的认识愈发深刻,几乎可以将"创新"一词作为当今时代的代名词,从国家领导人到企业老板,再到社会民众,人人讲创新,人人在创新。从本质而言,正是因为创新的存在,才使得我们的社会不断向前发展,可以说,创新是推动人类社会不断向前发展与进步的内在驱动力。然而,虽然人们都在谈论创新,但是何为创新、创新的概念及内涵又是什么,缺乏实质性地分析与研究。一般而言,人们对于创新概念的认识相对较为简单,就是字面意思,即创造新的内容或者东西,这是对创新的浅层认识,创新的概念及内涵并不简单。首先,创新是一种思想,或者说是一种理念,正是因为创新思想或者理念的存在,才促使其转化成为一种现实性的行动。从创新的思想或者理念角度出发,创新理念的形成又分为有意识地创新和无意识地创新两种形式。所谓有意识地创新,指的是发展与创新的合二为一,即始终秉持着创新的思想和方式解决问题,不落俗套,不循规蹈矩,这正是当今时代人们所表现出来的一种精神风貌。

创新,就其字面上的意义来说,是指在现有的思维基础上,提出超出传统认知规范的思维方式,并通过这种思维方式,对现有的精神文明或物质文明基础进行改变,通过改进和改造的方式,从而创造出新的事物或者是技术、环境等,获得有益效果的行为。本文所论述的创新,指的是经济领域上的创新,是属于经济学概念范畴的内容之一,是指在现有的知识物质基础上,在特定的环境下，进行一定的改进，改造旧事物，使其拥有新的内涵、新的作用，从而获得更好的行为。简单来说，就是利用现有的各种资源要素，原有的各种物质存在、行为模式、认知观念等一切要素，进行替代与覆盖，从而形成一个从前所没有的，更高效、更适合时代要求的环境。经济学领域的创新起源于美国经济学家熊彼特，熊彼特本来是奥地利人，后来加入美国籍，成为美国哈佛大学的教授，展开了经济学的研究，在研究的过程中，他提出了创新的概念，即创新是指把一种新的生产要素和生产条件的"新结合"引入生产体系。它包括五种情况：引入一种新产品，引入一种新的生产方法，开辟一个新的市场，获得原材料或半成品的一种新的供应来源，新的组织形式。具体来说，就是对于经济生产过程中的各种元素，利用新的组合方式，形成更高效的新的生产力，从而促进整个生产过程的优化，最终获取高额的经济利润。

熊彼特的创新概念包含极为广泛的内容，从技术到产品，从市场到原材料，涉及企业生产管理中的各个方面，为20世纪经济学的发展提供了助力，同时，也为创新概念奠定了基础，成为经济学领域中一个被广泛运用的概念。

在20世纪60年代，由于现代技术不断发展，科学技术在企业生产过程中发挥了越来越重要的作用，在经济学家华尔特·罗斯托的推动下，创新概念开始有了新的理解，即所谓的技术创新，并且认为技术创新在创新概念中占据主导地位。有关华尔特·罗斯托提出的技术创新，在互联网企业显得尤为重要，互联网经济是当前社会经济体系中最不可或缺的环节之一，21世纪是网络大时代，是互联网经济时代，互联网产业和互联网经济，渗透在全球各个行业以及各个阶层的方方面面，可以说，如果没有了网络，全球化经济体系就不可能形成。互联网经济的兴起，最根本的原因之一就在于互联网技术的开发，通信技术的创新，从技术层面的创新，直接影响到生产方式、市场构成、原材料价格浮动、企业管理模式等各个方面的转变，从微软和苹果的崛起，到如今中国的抖音短视频火爆全球，这一切都有赖于技术创新。

总的来说，创新就是技术变革的集合体，是一个构成复杂的活动过程，从最初的构思，到发展，到运行，到呈现出最后的结果，整个过程就是不断地创新，最终根据多次的创新形成的体系，影响整体的经济活动，形成一个大的变革趋势。创新，是人类从原始社会发展至今的根本途径，是人类社会从低级到高级，从简单到复杂。创新，就是社会和经济不断发展的推动力，是解决危机的关键，是人类不断进步的制胜法宝，创新是一个民族进步的灵魂。

虽然我们国家一直在讲求创新，包括我国所坚持走的"具有中国特色社会主义道路"，其实质也是一种创新，是对马克思主义的创新，但是创新并没有真正渗入全国人民的血液之中，这与我国家根深蒂固的传统思想不无关联。但是，在李克强总理于2014年达沃斯论坛上提出"大众创业，万众创新"这一内容之后，一股创新的风潮迅速席卷全国，并逐步发展成为全国人民的口头语，创新的理念终于在全国人民的内心深处蔓延开来。这种将创新的思想扎根在人们心灵深处，使得人们时时想着创新、处处挂着创新的方式，便属于有意识的创新。而无意识的创新则又是另外一种情况，即人们本身并不存有创新的想法或者意识，但是却因为环境等方面因素的影响，又存在着实实在在的创新行为，这就属于无意识的创新，比如，瓦特在发现蒸汽能够顶开壶盖后发明了蒸汽机等，这就是一种无意识的创新。从某种角度而言，有意识创新和无意识创新的区别主要在于创新的心态。但是，无论人们是否提前做好了创新的思想准备，其都需要思想的先导，也就是说，人们需要先形成创新的想法，而后才能产生创新的行为。在形成了创新的想法与认识之后，人们便需要展开创新的行动，这也是对创新的落实过程。这里我们必须明确，创新不仅仅是一种想法，还是一个具体的结果。如果人们不能将自己的新想法转化为一种具体的结果，那么这就不属于创新。以瓦特发明蒸汽机为例，在当时并不是仅有瓦特一个人发现了蒸汽原理，或者说，在这之前或许已经有不可计数的人们发现了蒸汽原理，但是最终将蒸汽原理转化成为蒸汽机的却只有瓦特一人，所以瓦特才能够成为蒸汽机的发明者和创始人。瓦特发明蒸汽机的过程并不是一蹴而就的，反之，其过程异常曲折，瓦特从发现蒸汽原理，到设计蒸汽机，最后再到将蒸汽机投入市场使用，中间历时12年，由此我们便能发现，创新是一个过程，而且是一个曲折而漫长的过程。

当然，并不是所有的创新都需要经历长达十年或者数十年之久，具体还要根据创新的难易程度而定，但是无论时间的长与短，创新都需要经历一个过程。这是从创新的发展过程角度对创新的分析。从创新的存在形式角度而言，人们对于创新的认识就又有所不同。创新的结果主要包括两种存在形式，一种是有形的，比如，技术创新、设备创新等；另一种是无形的，比如，思想创新、知识创新等。虽然创新具有多种存在形式，但是人们对于创新的原始认识还是建立在技术创新的基础上，或者从更深层次的角度出发，人们对于创新的认识是建立在自身发展需求的角度上。在20世纪八九十年代，我国在科技发展等方面的技术水平相对落后，这不仅限制住了国家的发展脚步，同时也制约了全国人民的又好又快发展。此时，人们对于创新的关注点主要投放在了技术层面。而后，随着我国科学技术的不断发展与进步，科技已经不再成为限制人们追求美好生活的主要阻碍，多元化的创新形式才得以蔓延开来，各种形式的创新如同雨后春笋般涌现。相比较于创新的存在形式而言，有形的创新和无形的创新对于推动社会的向前发展同等重要。正是因为十月革命的一声炮响，才使得我国找到了救亡图存的发展道路，而后又是因为对马克思主义中国化的不断创新发展与应用，才使得中国共产党跨越了一次又一次的危机，并逐步发展形成了具有中国特色的社会主义发展形势，这就是思想创新的重要性，包括李克强总理提出的"大众创业，万众创新"的倡议，这本身也是一种思想创新，只是其将创新的主体推向了千千万万的中国人民。

　　从大的方向说，思想创新就是一场社会变革，比如戊戌变法，从表面来看，其是以皇帝为首的新势力和以慈禧为首的旧势力的对抗，但从本质而言，这就是资本主义思想与封建主义思想的较量。虽然资本主义思想并非由我国人民所创造，康有为、梁启超等人仅是将西方的思想引入我国，但是这对于懵懂未知的中国人民而言，其本身依然属于一种思想创新，而且即使在资本主义思想起源的英国，其也是在经历了一场封建王朝的旧势力与资本主义新势力的较量之后，资本主义思想才逐步取代了封建主义思想，完成了从其形成到其主导的变换过程。但是思想创新又不仅限于思想变革，有时人们所形成的一个简单的想法就属于一种创新，比如田忌赛马，孙膑就是通过简单调换赛马的出场顺序使得田忌转劣势为优势，并成功打败齐威王的思想创新的经典事例。此外，还有小岗村村民通过一次秘密会议，创新性地设计出"家庭联产承包责任制"的生产方式，这都属于思想创新的发展结果。虽然在当时看来，这仅是一个简单的想法，但是当其变为现实或者推广开来之后，就会对现实中的人们形成强烈性的冲击，甚至还有可能发展并演变成为一种制度，"家庭联产承包责任制"是如此，"一国两制"也是如此。所以说，思想创新并不像人们想象的那般高深，甚至还可能只是一个非常简单的思路转变。无形的创新除了思想创新之外，还包括知识创新。从某种角度说，知识是思想的一种具体体现形式，或者说，知识是思想的书面表达。因为人们对于知识的研究始终是在不断向前发展的，因此，知识创新本身就属于一种客观的存在状态，比如，对于马克思主义的研究就是如此。马克思在率先提出社会主义思想及理论之后，人们对于马克思主义的研究就是不断向前发展的，当然，始终未曾研究过马克思主义或者始终未曾接触过马克思主义相关思想及知识的国家和社会群体除外。

　　就我国而言，马克思主义就先后经历了毛泽东思想、邓小平主义、"三个代表"重要思想、科学发展观及习近平新时代中国特色社会主义理论等多次创新与发展，并且其还会伴随着我国社会的继续发展而不断创新，这就属于一种知识创新。知识创新的实现未必是由一人独立完成的，其是在集合全社会乃至全人类的共同作用后发展而形成的结果。就知识创新的方法而言，主要包括四个方面，一是扩大知识量，因为只有扩大知识储备量，其才能掌握更多的知识信息，进而提升自身的思想层次，从而创新性地对知识加以改进，最终实现知识创新。这里所说的扩大知识储备并不仅仅针对个人知识储备，同时还针对社会的知识储备。其中，个人的知识创新包含在社会的知识创新范围内。二是借鉴经验。借鉴经验是实现知识创新的重要方法，或者通过借鉴他人的经验未必能够对其经验方法加以改进，但是其对于使用者本身而言就是一种创新，这也是进行知识创新及知识传播的主要目的之一。三是跨界思维。跨界思维是一种通过知识转换和嫁接的方式实现知识创新的方法，其不仅仅是实现知识创新的有效方法，同时也是思想创新、技术创新及设备创新的有效方法。四是总结探究。与其说总结探究是一种知识创新的方法，不如说总结探究是实现知识创新的一个步骤，因为知识的创新必然需要经过一个思考的过程，而这个过程就是对已有知识的总结和探究。关于技术创新，其曾经一度成为我国时代发展的主题，邓小平同志曾经明确提出"科学技术是第一生产力"的著名论断。其实，不仅是在中国，即使放眼整个世界，我们也能够明确，科学技术始终都是推动人类社会快速向前发展的最强力量。对此，马克思也做出过深刻的说明，即社会劳动生产力，首先是科学的力量。由此我们便能够明确，大力发展科学技术，不断实现技术创新，才是保证我国跻身世界前列，实现民族复兴的重要保障。一般而言，技术创新，或者说有形的创新一般分为两个过程，一个过程是思想的创新，因为技术的建设需要经过理论的支撑，而后才能实践；另一个过程才是技术的创新，即将思想转变成现实的过程。这两个过程或许是思想创新在前，技术创新在后，也可能是二者交替或者同步实现，因为思想只有在经过实践的证实之后才能得到认可。这是从创新的存在形式方面对创新进行的分析。此外，创新还是一种可贵的精神品质。人之所以能够实现创新，就是因为人类与生俱来的这种创新精神。然而，尽管人人都具备创新的精神，但是不同社会群体所具备的创新能力不同，这一点可以通过我国每年举办的创新大赛就能够窥见端倪。我国每年都会组织不同领域、不同类型的创新大赛，并会评选创新人物，但是有比赛就有排名，而这也正是创新能力不同的体现。

创新精神与创新能力分别属于创新的两个层面，创新精神是人类实现创新发展的内在驱动力，而创新能力则属于推动人类社会向前发展的外在作用结果。我国要实现创新发展，首先就要注重对人们的创新精神及创新能力的培养。以我国的教育发展为例。一直以来，我国都在开展教育改革，其改革的方向就是向着培养人们的创新能力方向转变。因为以往我国的教育以老师讲课为主，学生听课为辅，其教学目标和要求也是以学生能够学习和掌握课本知识为主，但是当今时代的教育主题已然发生改变，其教学的方向已经由知识教学转变成为能力培养，即突出学生的主体地位，通过培养和锻炼学生学习能力的方式提升学生们的学习成绩，这不仅是一种教学方法的转变，同时更是一种教学理念的创新。然而，虽然创新精神看似是一种创新的精神品质，但是其所包含的内容却是非常丰富的。首先，创新精神需要具备打破常规的勇气。在我们的日常生活中，存在着很多具有启发性的现象或者问题，但是这些都被我们缺乏创新思维的大脑所屏蔽。比如苹果从树上掉下来，这本身就是再平常不过的一个生活现象，但是，却只有牛顿对其发出了疑问，并成功解决了这个疑问。类似的事例还有很多，当人们看惯了某些生活现象之后，就是习以为常，这也正是对"司空见惯"这一成语的具体阐述。除了人们缺乏创新性的思考之外，有时候人们还会惧怕打破常规。如果说，人们疏于思考是人的惰性心理作怪的话，那么惧怕打破常规就是人的恐惧心理在作怪。以孙中山先生的"不懂就要问"为例，在当时的社会制度下，学生是不敢向老师提出任何问题的，因此才使得孙中山在向老师提出问题时需要"壮着胆子"，在他向老师提问之后，教室才会变得"鸦雀无声"。其实，和孙中山一样不懂得书中道理的学生大有人在，而且他们也未必没有产生过孙中山一样的疑问，但是因为害怕老师的"戒尺"，所以没有一个学生敢于向老师发问，由此我们便能明确恐惧心理对于人们的创新发展具有多么重要的影响作用。其次，创新需要坚持己见。每个人都有属于自己的想法和意见，但是这并不代表人人都能够做到坚持己见。这其中有一部分人因为怀疑自己而放弃自己最开始的想法或者主张，还有一部分人是因为外界的压力而不得不放弃自己的想法或者主张。但是这也就代表着其与创新擦肩而过，因为创新需要打破常规。此处依然以孙中山先生为例进行说明。清政府腐朽不堪，但是扎根在人们内心深处的封建思想根深蒂固。孙中山为了推翻满清政府的统治，不惜和全社会对抗，即使逃生海外，依然通过断发改装的方式与清政府抗争，并最终推翻满清政府的统治。这就是坚持己见的胜利，试想，如果孙中山慑于清政府的压力而放弃自己的初衷和想法，那么满清政府还会存在，中国未来的命运走向很有可能与当今发展有所不同。或许有人会提出疑问，坚持己见属于创新吗？坚持己见属于创新过程中的必备条件，或者说坚持己见未必属于创新，但是创新需要坚持己见。最后，创新精神需要团结协作。人是社会的产物，其所有的思想及行为均离不开社会的供给与支持。特别是在创新发展的道路上，其更需要团队的协作，否则便难以取得最终的胜利。在当今时代，创新俨然已经成为人们口口相传的热点话题，但是每一项创新都不是完全由一个人独立实现的，其也是需要在总结前人研究成果的基础上听取多方意见，而后才能实现最终的创新。除了以上所提出的三点内容之外，创新精神还包括诸多其他内容，但是由于篇幅所限，不再一一赘述，但是勇于打破常规、坚持己见及团结协作是创新精神的核心。

总而言之，创新的概念虽然看似简单，仅仅是推陈出新，但是创新的内涵却是极其丰富的，其既是一种思想，又是一种行为，既是一种精神，又是一个过程。首先我们需要辩证性地看待创新，而不能仅仅只观察到创新的一个方面，这样便不足以使得人们真正领会创新的内涵。比如说，创新具有一定的偶然性，但是这并不代表创新需要偶然，而是要先看到偶然之中的必然，这样才能够真正把握创新中所暗含的规律性，也才能够真正了解和把握创新。其次，或许创新的过程异常艰辛，但是创新本身并不是一件多么复杂的事情，其就是人们现实生活的日常，就是人们为了实现自己的想法或者更好地解决现实问题而不得不作出的一种转变。但是我们必须承认，不同创新行为的创新难度是不同的，比如，爱迪生发明钨丝灯和牛顿发现万有引力之间的创新就存在很大差别。但是无论创新难度的大与小，其都需要人们付出一定的努力，爱迪生为了找到一种光线柔和、耗电量低并且寿命长久的灯丝，每天工作十几个小时，最终在经历了近万次的实验之后，终于发现了钨丝材料，从此电灯才开始真正"飞入寻常百姓家"；发现万有引力定律的牛顿亦是如此，其在大学时期就开始思考月球为什么会围绕着地球旋转的问题，但是一直到十多年后，其才真正并完整地发现万有引力定律。但是我们在日常生活中也存在一些简单的创新，比如，曹冲称象、田忌赛马等，仅仅是通过一个思维的转变，就改变了称大象重量的方式和赛马的方式，但是这种创新仅属于难度较小的创新，并不具有普遍性。创新是一个循序渐进的过程。这里的循序渐进既是指创新时间的延续性，同时又指创新的时代发展性。因为，创新是伴随着社会的发展逐步进行的，每一代人都会在前一代人努力创新的基础上进行继续性地创新，这也是"世道必进，后胜于今"的根本缘由。因此，我们在看到小范围或者短时间的创新的同时，还要拓宽自己的眼界，放眼整个社会的发展，将创新与人类的发展历程相融合，从而便能看到更大范围及更深层次的时代创新。

二、创新驱动发展战略的概念及内涵

创新驱动发展战略，是指以科技创新、技术创新为核心，全面推进社会经济可持续高效发展的战略。其具体的内涵是指要以科学创新作为社会发展的第一推动力，通过科学创新与制度创新、管理创新等社会各方面创新的方式，利用科学的手段，推动我国在经济、科学、文化、人才、制度等各方面的不断优化。提高自主创新能力，提升各方面的核心竞争力，提高经济增长的速度与效率，促使经济形态从低级走向高级，从简单走向复杂，减少能源消耗，促使社会经济可持续健康发展。

"创新驱动发展"战略有两层含义：一是中国未来的发展要靠科技创新驱动，而不是传统的劳动力及资源能源驱动；二是创新的目的是为了驱动发展，而不是为了发表高水平论文。

通过这两层含义，我们可以清楚地得知，科技创新也就是技术创新，是我国未来发展的主要方向，只有提升自身的科学技术，才能促使生产模式由原本简单粗暴的人工劳动力的低等驱动模式转化为现代技术驱动的高级驱动模式，促使产业升级，增强核心竞争力。

同时，创新的目的是要落到实处，不是曲高和寡地单独发展无意义的高科技技术，而是要合理地将科学技术运用到生产生活中的各个方面，与传统的产业、传统的制度、传统的文化，进行合理有效的结合创新。促使技术带动发展，创新驱动发展，从而促使整个社会形态、经济模式进行全面的升级优化，提高社会整体生产力水平，全面提升我国经济增长的速度与质量，提升产业竞争力。

三、我国实施创新驱动发展的基础

（一）政策基础

中国一向是一个注重可持续发展，具有前瞻性的国家与民族。早在2006年党的十七大的时候就明确指出了，科技发展要紧紧围绕经济社会发展这个中心任务；在党的十八大的时候，进一步提出了创新驱动发展的战略要求，表达了我国对于创新驱动发展战略的重视。

由于社会主义的先进性，我国具有良好的宏观调控政策，政府主导对于市场变化，社会与经济结构的发展具有重要作用，超前的政策要求，对于促使整体社会与经济形态发生变化具有强大的影响。

通过党的十七大和党的十八大中心战略要求的提出，全社会各阶层积极响应，不断通过推动科技改革、文化创新、制度转变、调整能源结构等方式，不断推动创新驱动发展战略，使的创新驱动发展具有良好的政策基础。

（二）物质基础

改革开放40多年来，我国的经济飞速发展，我国的科学技术同样发展迅猛，在40多年的时间内，取得了举世瞩目的巨大成就。40多年里，我国国民总收入不断提升，成为世界第二大经济体，强大的国力使得我国在科学技术方面，有了长足的进展。在各种科学专利、高科技手段方面成果显著。如载人飞船、登月航空技术、跨海大桥、高科技水坝、海底隧道、互联网经济等，从改革开放前，各种技术需求还需要大幅度依赖国外的状态，转变成如今中国高科技产品在全世界范围内得到广泛传播的局面。尤其以华为的5G技术为例，在全球范围内，都有着巨大的影响力。

除了科学技术的发展，我国的本科普及率越来越高，硕士和博士占有比率也越来越大，整体社会的科学文化发展，逐步向发达国家靠拢，技术与人才的爆发，加上良好的经济基础，都为我国步入创新性国家、实行创新发展战略提供了必要的物质基础。

（三）全球化机遇

随着互联网时代的不断发展，全球经济一体化进程不断加快，加上现代运输技术的不断改良，使得全球进出口贸易数额不断增大。我国得益于改革开放带来的巨大活力和庞大的人口红利，在世界制造业中占据重要的比重。随着我国科学技术的不断提高，其物美价廉的产品逐步在全世界范围内得到推广。

相比较之下，传统的发达国家由于自身制度及社会环境等因素，发展滞缓，经济转型，科技创新成本大，无法达到有效的成果，加上经济危机的影响，导致各行业的生产成本不断增加，逐渐被我国占据市场份额，为我国进行创新战略发展提供了必要的外部机遇。

（四）市场基础

中国是世界上人口最多的国家，也是世界第二大经济体，拥有全世界最广阔的市场，在40多年改革开放的过程中，逐渐成为全世界商品流通最频繁、交易额度最大的国家之一，尤其以电影行业为例，已经成为全球最大的电影票仓，影响着全球票房的变化。

在拥有全世界最大的市场的基础的同时，我国的发展却处于相对不平衡的状态，城镇化、现代化进程相对不足，日趋不平衡的发展，也促使我国必须尽快进行结构转变，进行创新发展，扭转在发展过程中的不平衡现象，综合运用我国广大的市场优势和发展前景，将劣势转为优势，将优势发扬光大，对我国形成国际竞争新优势、增强发展的长期动力具有重要的战略意义。

第二节　公共体育服务的概念界定及其发展

一、公共体育服务的概念

在定义公共体育服务之前，必须定义公共物品或者公共服务。

我们从广义上去定义公共物品，可以具体将其分成两个部分，即纯公共物品和准公共物品。美国学者布坎南认为，公共物品并不是十分狭窄的概念，它的指定范围非常广泛，具体包括萨缪尔森定义的纯公共物品，另外，它还包含了很多公共性的服务。纯公共物品可以具体将其定义为，在一定程度上能够满足人们的公共性需求，并且具有非排他性特征。比如，人们日常生活中所共同需要与共用的灯塔，以及无线电信号转播等这一类。而准公共物品则具体是指，并不能够完全实现所有人的公共性需求，达到所有人的公用目的，存在一定使用承受界限的产品。比如，每一座桥梁在承载人数上都有一个范围和临界点，当通行人数不超过这座桥梁的临界点时，大家都可以安全通过，但是一旦超过了这座桥梁的临界点，将会进一步造成安全威胁，而且其公共性再也得不到最大的保障，它只能满足先上桥的那一批人，当那批人数达到临界点后，后来的那批人则无法与先来的这一批人同时拥有这个桥梁的使用权。又例如，教育属于准公共物品，学前教育是教育中比较重要的一个部分，而托育服务则是学前教育中比较重要的一个部分。充分保障托育服务的发展前提便是对其进行一个精准定位，如此才能更好地制定促进该服务发展的政策与方向。托育服务具有非排他性。这一性质具体是指，一个人对这一服务的使用并不会影响到其他人的使用，但是这一服务却有一个接受使用的临界点，这具体是指，当托构所提供服务的人数过多以后，将会进一步降低托育服务的整体质量。这意味着托育人数越多质量越下滑，托育人数与质量成反比。

新公共服务理论产生于公共物品理论的基础上，由其演变而来，产生于19世纪80年代末90年代初，并且在20世纪得到应用与发展。

20世纪70年代之后，西方各国的经济发展受阻，出现经济滞涨现象，过去以国家调控为基础治国方针的形式已经不适用于新的发展需求。一系列如效率与公平的替代问题、政体价值的追求问题等现实问题困扰着政府机构。新公共管理理论对此无法作出适当的解答。在此背景下，哈登特针对新公共管理理论的缺陷和弊端，提出"新公共服务"理论，并将此理论定义为："公共行政在治理体制中所实现作用的理论,把公共服务、公民参与和民主治理确立为理论的核心。"

新公共服务理论主张改变一切由政府主导的情形,强调政府的职责不是利用行政手段控制或者驾驭整个社会,而是要立足于公民的切身利益,帮助公民表达和实现他们的共同利益。建议政府部门的定位从"掌舵"变成"服务",建立公共治理下的服务精神,实现政府机构、社区、公民三者的互动和共同治理。罗伯特(2004)在其研究中表明,新公共服务理论与公共利益相得益彰,新公共服务必须为公民和社会服务并使其满意。

新公共服务理论的两个主要思想是社区与公民社会理论和民主公民权理论。前者强调社区可以作为社会与公民之间的媒介系统,让公民拥有参与其利益相关决策的机会。后者强调"公民权"与"公共精神",公民应当参与政府管理。登哈特认为真正的新公共服务理念必须通过民主治理和科学决策,进而使政府机构作出符合社会及公民个人利益的决策。约翰逊(2003)谈到新公共服务理论时表示,政府机构在实施政策的过程中,需要与民众不断地交流和沟通,实现民主精神,完善公民参与体制,政府机构工作过程中的对象应该是市民,而不是顾客,同时推动建立与公民之间更加紧密的信任关系。

登哈特的新公共服务理念以公共利益为核心,号召政府应该将政策制定(掌舵)和提供服务(划桨)区别开来,建立服务意识,强调民主参与,建设政府机构、社区及公民间的互相信任、共同治理、完善服务的新型治理模式。

这一理论实际上探究了在公共服务供给上政府与民间资本之间的关系问题,对于本研究中托育服务的供给与改善而言,能够进一步沽清主体,更好地发挥政府与民间资本的力量,给托育服务建设以理论指导。

除了公共服务理论的研究发展,实践中的公共服务产生的背景与基础是福利经济的诞生与成熟。福利经济理论在现代西方经济理论的发展历程中占据了一个不可忽视的地位,福利又被叫作社会福利,它的产生来源于国家出于提高社会群体的福利的目的,这一类思想的雏形来自英国1601年颁布的《济贫法》,"这是福利"这一思想和概念第一次以法律的形式被体现出来,而且在法律层面上具体规定了救济贫困的强制性,它成为政府必须履行和承担的社会责任。在这之后,西方福利经济理论慢慢发展壮大。1920年,英国经济学家庇古出版了《福利经济学》,这一著作在体系搭建上有了突破,它比以往的体系更加完善、丰富与全面。这一理论体系具体围绕着两个主题思想展开,一是社会经济福利伴随着国民收入总值的增大而增大,二是社会经济福利伴随着国民收入分配平等化程度的增大而增大。到了20世纪三四十年代以后，帕累托、希克斯、凯恩斯等经济学家在这一基础上对其进行了丰富和批判继承。新福利经济学由此诞生。帕累托在新的理论体系下具体提出了自己的观点，他认为社会福利建设的重点不在于保障公平，而在于保障效率，如何让社会福利的建设达到最优效率才是资源分配的观点，对此他引用了序数效用和无差异曲线分析，在一系列数据分析的基础上进一步佐证了他的社会最大满足原则，即"帕累托最优状态"，这一理论观点的具体内涵是指，在收入分配固定的情况下，所有的资源配置已经达到了一定的最优配给，在这种最优配给的情况下，如果要进一步分配资源，那么，如果一个人的福利待遇有所增加，另一个人的福利待遇也不能因此而消减。第二次世界大战之后，李特尔等福利经济学家在前人的基础上对福利经济学做了进一步的补充和相应的完善，从此，开启了福利经济学时代。在这个时代背景下，公共服务的供给应运而生。

公共服务供给主体是直接参与公共服务生活或提供的实体，包含以下三类：政府机构、市场、第三部门。在长期的理论研究和实践中，单一供给主体的弊端已经暴露无遗，多元化的供给主体不仅可以减轻政府单一供给公共服务的财政压力，同时还可以引入市场竞争机制，有助于提升公共服务供给的数量与效率。因此，公共服务供给主体多元化是公共服务创新的关键因素。但是多元化并不是简单的增加供给主体的数量，而是要根据不同类型的公共服务选择最适合的供给主体，可以是一个，也可以是多个，并且需要明确各主体在公共服务供给过程中不同阶段的职责范围，各个主体间各司其职、各居其位，互相促进、互相补充、协同发展。多元化也不代表各个供给主体间地位的绝对平等，而是由政府起到主导作用，有所侧重。

新公共服务理论彻底打破了过去的政府主导的窠臼与传统，在哈登特看来，政府如果仅仅从宏观层面企图控制社会、控制公民，这将是一种独断的愚不可及，政府应该更多地考虑公民个体的利益与幸福感问题，将公民的利益得失放在第一位。面对时不我待的局面和形式，政府应该做的是放下身段，成为一个公民的发言者，而不是禁言者，他们的作用应该从"掌舵"变成"服务"，给予基层更多的发言空间和表达的空白处，更好地为公民服务，而不仅仅是单方面的输出和管理。只有这样才能更好地连接公民、政府与社会，让这三者的关联变得融洽、和谐，而不是无所适从、矛盾重重。

新公共服务理论主要包含了两个基本的理念，它们分别是社区与公民社会理论和民主公民权理论。对于前者而言，社区显然起到了连接枢纽的作用，它缓冲和黏合了公民与社会之间的关系。对于后者而言，公民的地位被无限提高,他们拥有着神圣的"公民权",并且在同一片法治的天空下遵守着"公共精神"。登哈特的新公共服务理念主要体现了公共利益的诉求与观点,认为政府应当在宏观管理中照顾到大众的利益,提升公共设施建设的民主性,让社区公民共同参与进来,共同完成公共设施的建设与供给管理。

(一) 多中心治理的内涵

多中心治理理论的创立者是奥斯特罗姆夫妇,在他们看来,政府管理不管是集中领导,还是简政放权于民,都存在着各自的弊端与缺陷。集中领导,则权利过于集中,这会在一定程度上降低整体工作效率。放权于民则不同,工作效率得到提升,但是容易造成权责不明。所以,在综合考虑后,应该克服原有的传统治理模式思维窠臼,采取多中心治理的方式和手段。显然,这一手段的核心意义在于"多中心",多中心的重点在于多个权力中心的参与和管理,使得管理群内部之间互相牵制、互相监督,以此来保障办事效率,提升设施建设质量。

多中心治理理论毫无疑问成为多元供给主体的保护伞,在这一理念下,多元供给主体间互相配合与无间合作,整体形成了一个良性循环的合作圈,在协同治理下克服了原有治理的效率、推诿弊端。当然,这一协作主要基于利益的驱动,相同的利益使得政府与多个非政府的供给主体合作无间,在一个完备且强大的制度施行的保障前提下,多中心治理方式显然惠及了政府与非政府等多方主体。

(二) 多中心治理的方式

多中心治理的具体应用方式十分丰富,呈现的手段非常多样化,不同于以往的政府一方主导,或者市场私有垄断,多中心治理做到了各个部门的协同发展与配合,就这一施展方式而言,治理的手段根据不同的合作类型被分为以下几种具体的形式。

特许经营:这种手段直接放权于社会资本,政府将公共设施的生产许可权给予社会私人企业,由他们来完成整个设施对口支援的生产建设。政府在这一过程中的干预将会大大减少,他们只需做一个全局统筹的决定即可。在这种方式下,消费者直接面对的是生产者,这样一来就省去了政府主导下的各种政府中介机构的冗长流程。

合同承包:合同承包主要是一种签合同的普遍形式,合同双方一般为是由政府与市场即社会资本,类似于上文中的特许经营,这两种手段和方式都明确了政府的主导地位,而社会和资本则是面临消费者的直接生产者,唯一不同的是,特性经营下,社会生产者掌握了"财政大权",消费者直接将费用支付给生产者，无须通过政府，而后者则需要由政府提供资金，最后消费者的消费费用也将流向政府。

补助：补助手段的来源方和支撑方显然是政府。政府对公共服务设施建设的生产者提供财务补助，这些补助的形式可以是资金补贴、税收优惠、贷款降息等这些表现方式。一方面，对于非政府部门参与主体来说，市场由于本身的逐利性，几乎不会进行这方面的资金投入。即使进行了投入，其无论融资规模大小，一定会因其逐利性质而将成本规模压缩到最低，这也意味着公共设施建设对口支援前期的成本投入一定是压到最低的，资金投入无法保障对口支援的高质量建设与完成。所以，政府补助可以缓解消费者面对的市场资金压力。另一方面，可以为社会组织的正常运行给予资金的帮助，为消费者提供更多的选择。

志愿服务：这一手段的实现主体主要是社会组织和公益活动团体，在实施这种手段时，服务主体可以是社会组织或者公益团体中的成员，当然，在人员并不充足的情况下，也可以通过付费的方式来雇佣人员。志愿服务的性质是社会性和公共性的，它主要依赖于社会组织的自身统筹能力，合理利用各种社会资源是志愿服务提高质量的关键。

凭单制：凭单是对特定的公共服务对特定的消费者群体实行的补贴，相比于补助是对生产者的补贴，凭单则是对消费者的补贴。凭单给予消费者具有从任何授权供给者手中购买服务的权利，可以在众多不同的生产者之间进行选择，选择不同类型的服务。目前，凭单已经应用于食品供给、住房及健康服务等方面。

（三）多中心治理理论与公共体育设施

多中心治理理论在公共体育设施的供给过程中引入了多元主体，有效抑制了供给中政府扩张权利，摆脱了传统的中心治理中厚此薄彼的限制，增强了多元主体间的沟通协作能力，进而提高了供给的效率与多样化，为居民提供了更加丰富的选择机会。

多中心治理的核心意义在于"多中心"，多中心重点在于多个权力中心的参与和管理，使得管理群内部之间互相牵制、互相监督，以此来保障办事效率，提升设施建设质量。所以在公共体育设施的合作供给过程中，必须要发挥多中心治理的优势，鼓励多方参与、共同治理，形成彼此牵制的力量。公共体育设施的有关决策需要一直以公众需求为起点，这就需要对其进行深入有效的了解。公众的广泛参与有助于弥补信息不对称带来的供给不足问题，同时有效促使决策的民主化。

公共体育服务是指为满足公共体育需要而提供的公共物品或混合物品。公共体育服务供给是指社会组织或个人通过一定方式向公众提供公共体育服务的过程。公共体育服务供给的实质是资源配置，属于分配范畴。提供公共体育服务本应是政府的天然职责，但随着社会的发展，人们公共体育服务需求的范围、数量、质量等要求逐渐提高，于是出现了政府以外的公共体育服务供给机制。公共体育服务的自治供给就是在这种社会背景下发展起来的，它是指在基层组织的自治能力不断加强的情况下，自治组织根据自身疆界的不同，向本领域内公众提供公共体育服务的过程。它可以通过社区或村庄自治方式的发展，如成立社区体协、公共体育基金会、体育兴趣小组、体育志愿者协会等，通过自我生产、自我服务，或者承接政府的委托和代理等；也可以通过单位内部供给，以福利形式在单位内部开展健身学习活动、成立运动兴趣团队、进行体育健康知识与技能的宣传、教育与资金支持等形式来实现；还可以通过人们的自我服务，如购买低价健身服务、培养科学的锻炼方法和健康的生活方式等方式来实现。公共体育服务自治供给的具体方式主要包括：社区自治、村庄自治、社团自治、自治组织与政府合作、自我服务。社区和村庄自治供给是我国宪法规定的基层群众自治政治制度的具体表现形式，社区和村庄通过自身的教育体系或者利用其他区域内整合手段对居民进行自我教育，提高居民的体育自治意识，利用居民的参与和奉献，同时通过成立专门化的管理机构，派专业管理人员对社区或农村体育活动进行自主管理，尽量满足居民在健身、养生、娱乐、休闲、交往等多方面的体育和健康需求。体育公共服务是社会公共服务的重要组成部分，在社会中属于为全体社会公众提供体育服务均等化的重要举措。社会公共服务是通过国家权力干预或公共资源来满足社会发展的社会服务。社会发展领域包括教育，科普，医疗，社会保障和环境保护等领域。社会公共服务满足社会成员的基本生存需求、生活和社会需求的发展，如公共教育、公共卫生、公益事业等。体育公共服务是满足公民的体育文化需求，为社会成员提供机会均等的服务，保障每一位成员的合法权益。体育公共服务，一般指的是能够提供给体育者的公共服务，以期满足体育者在体育活动的整个过程中对于目的地的一般需求。因此，体育公共服务在形式上体现为政府及有关供给主体为提供体育公共服务而进行的行为过程；而在内容上则为以政府为主要供给中心，以及其他相关供给主体联合提供给体育者的一系列体育公共服务的具体产品。体育公共服务体系，指的是在各类体育公共服务产品的基础上，主要从系统整合方面进行研究，将体育公共服务构成一个整体。广义的体育公共服务体系指的是包括从相关政策的出台到体育公共服务的内容再到实施的手段等一系列的公共产品和服务。相对而言，狭义的体育公共服务体系是指体育者直接接触的相关产品和服务，能够带来直观的体验。

所谓体育公共服务的运行体制，具体指的是一个系统下内部的各个要素之间的相互制约、相互协调的运作机制。在这个机制内部，各个要素相互发生作用，来满足人们的体育需要。公众对于体育服务的需求不同，机制的运作效果也将产生很大的不同，对于公众而言，体育服务是他们生活中不可缺少的部分，而每个地域的人们对此的需求程度也呈现了较大的差异。在我国的体育需求的地域分布问题上，呈现出了东部需求较大的特点。因为在东部地区，经济更为发达，相较于西部而言经济更加繁荣，这使得政府也更加有能力去建设、完善公共体育服务。但是同样一个需要引起重视的问题是，在经济发展较为落后的地区，虽然有着较大的经济差异，但是在对体育服务的需求上，却呈现出了同样很高的面貌。因此，这部分地区的体育公务服务的建设进程也同样在极具增长的需求上加快了步伐。

二、公共体育服务的基本特征

公共物品与一般物品的区别在于其公共性与公共价值。它最大的优势便是它的非排他性和非竞争性，这两种性质意味着，当这种物品被消费或者被一方使用时，并不会影响其他人的消费与使用，换言之，这类物品能够为大家提供服务，而这种服务是共有的。基于公共物品消费的非排他性和消费的非竞争性，萨缪尔森式的定义常常从分析公共产品的这两大特征来界定公共产品的概念。

非排他性，指的是"一旦产品被提供出来，就不可能排除任何人对它的不付代价的消费"。这包含三层含义：第一，谁都不可能阻止别人去消费公共产品，即使有人想要独占公共产品也无法在技术上实现（或者实现的成本太高导致不值得这样去做）；第二，也许有些人并不想消费公共产品，却无法拒绝；第三，在某人消费后，并不会减少别人消费的可能性。以上含义与私人产品相对，比如苹果，如果某个人买完了一个社区内的所有苹果，那么他就阻止了别人的消费，并且在一定时间内该社区的其他人就无法购买苹果。由此可见，体育资源具有非排他性，没有人可以阻止别人去购买体育资源，也无法在自己消费后降低其他人消费的可能性。

非竞争性，指的是"一旦公共产品被提供，增加一个人的消费不会减少其他任何消费者的受益；也不会增加社会成本，其新增消费者使用该产品的边际成本为零"。体育资源一旦被提供，使用的人不会减少其他消费者的受益，也不会增加新的社会成本，因此体育资源也具有非竞争性。

公共产品与私人劳务或者是商品有极大的不同，区别主要有两点：首先，两者的区别主要在于营利目的与非营利目的，公共产品作为一个整体，具有公共性和整体便利性，它归全体人民所有，所有人共同享用，任何一个人的使用都不会对别人造成影响。在一定范围或区域内，每个人对于公共产品的使用都具有均等权利。其次，非排他性，不同于私人产品需要购买，而且只能在购买后获得一定的收益，公共产品对于任何使用者来说，不需要购买就可以使用并获得收益，每个使用者是被一视同仁对待的。对体育资源（其实属于教育产品的一部分）来说，一个人接受、学习了体育资源，首先使这个人受益，它可以使一个人更聪明、更有能力，找到更好的工作，升迁到更好的职位等，在这个意义上来说，它是私人产品；但是体育资源在给一个人带来较大私人利益的同时，也产生了很大的正外部效应，即当相当大的一部分利益通过受到教育的人外溢给了社会，也可以使其他人受益，可以使社会的劳动生产率提高，可以使整个民族的文化素质得以提高等，从这个意义上来说，这种产品又具有某些公共产品的非竞争性和排他性。一是体育公共服务需求具有共享性，也就是说，体育公共服务需求是社会人员的普遍需求，而不是为少部分人特有的。二是体育公共服务性质具有辅助性，具体来说，体育公共服务重点提供的是市场不能或不能完全提供的一系列非竞争性、非排他性的服务和产品，也就是对市场的有效补充。三是体育公共服务的责任主体是政府，无论一个目的地的体育公共服务产品是由哪方生产及怎样提供，体育公共服务的主体始终是政府，其供给过程是由政府供给或政府将生产或提供体育公共服务产品的权利委托给相关企业来进行。四是体育公共服务的内容具有明显的时代性，即可变性，随着整体或区域社会经济发展的不同时期和阶段，目的地的体育公共服务也会随之发生变化，紧紧跟随时代背景而变化。

基于非营利性与非排他性，体育类、教育类产品和服务也应该摒弃绝对的营利目的，利用这两种特性来保证公正与公平。即要考虑到公共资源的因素进行适当收费，而不是完全以营利为目的和导向。由于目前我国的公共供给体系建设并不完善，科研服务体系仍然相对简陋，对于大多数群体而言，体育资源这一消费并没有普及，只有少数人才能够享受到这一公共服务的消费，因此，要想构建学习型社会，体育类公共产品和服务是必要的需求和选择，深入促进体育资源公共产品服务体系构建，改善和引导体育资源公共产品服务成为政府必须履行的责任与职能要求。

三、公共体育服务的发展

党的十八大报告指出，在我国全面建成小康社会的决定性阶段，重申发展成果由人民共享。在思考中国体育发展战略的大视野和大命题下，公共行政学在公共体育服务中的应用旨在研究如何在公平、正义的价值取向下进行体育公共资源的社会分配。新公共服务从"公共性""民主公民权""公共利益""公共责任"剖析现阶段我国公共体育服务目的、服务结果中存在的问题，提出我国公共体育服务在强调实现并创造公共利益、公众参与价值取向、服务理念的改革建议。研究价值在于为我国从体育大国向体育强国的过渡、全面实现法制社会提供建议。

自党的十六大以来，我国政府要求提高其公共服务能力和水平及政府公共服务质量，为全面建设小康社会和构建社会主义和谐社会作出应有的贡献。2007年1月，公共体育服务在肖林鹏、李宗浩、杨小晨《公共体育服务概念及其理论分析》一文将公共体育服务纳入到了公共体育研究，近些年来，公共体育界对公共体育服务的研究包含最开始的概念界定、增加和创新服务供给种类、创新体育体制、管理模式的转变、服务均等化、现状调查与对策研究等。在公共体育服务发展的十余年中，公共体育界对公共体育服务价值的关注从最初对物的量化、经费的投入与使用的关注开始转化为对制度、体制和人本主义的关注。从2014年4月牟春蕾的《论公共价值视野下我国公共体育服务改革取向》2013年，张小航的《创造公共价值：我国公共体育服务改革的新动向》《公共性的回归：后新公共管理时代我国公共体育服务改革取向探讨》，2017年《论公共体育服务中的公共参与机制》等内容可以看出，公共体育界在公共服务领域从开始对物的研究转变为对类似公平、民主等公民切身利益关注的转变。我国的公共体育服务初期，在老公共行政和管理主义下注重效率造成公平的缺失，公共参与度不高便是公共体育服务结果的主要标志。我国公共参与机制尚未形成，提高公民参与意识、增加政府回应度形成良性循环机制。

公共体育服务的发展与服务型政府的建设相互依存，新公共服务理论认为，公共体育服务于和谐社会，既是目的又是条件，社会主义和谐社会的发展离不开公共体育服务的完善，公共体育的发展以社会主义富强为前提条件。中华人民共和国成立70年来，我国国力进一步增强，公共服务经费、设施与人才培养也得到进一步完善。在70年的发展历程中，我国群众体育取得了令人瞩目的成绩，主要体现在工作思路更加明确，基层设计与长远规划更加清晰工作机制改革创新更加有利，公共体育服务体系建设更加完善等方面。

公共体育服务发展初期，借鉴西方国家公共服务理论和时间总结的可持续发展的多元化治理理论，在一定程度上缓解了我国多层次的公共体育需求，但是我国公共体育服务现状仍然存在供给总量不足、供给效率低下、供给结构不平衡及决策机制不足、供给主体单一和监督机制不完善等问题。政府角色定位不准确与职能有限性，垄断管理的结果：第一，地方政府和体育行政部门缺乏开放性，最重要的就是场馆设施的使用率降低，直接的结果就是政府服务职能无法实现，与此同时，公民的公共权益无法得到保证；第二，场馆不开放直接导致大型体育活动无法举行，这在一定程度上破坏了公民体育运动参与的积极性；第三，政府的主导地位不清晰，直接导致公共体育服务供给主体发展不健全，主要依靠政府供给。一旦离开政府的支持，公共体育服务的资源就处于断流的状态。更没有对竞争范围、竞争主体、竞争条件与标准之类的问题形成健全的竞争机制。

第三节 对口支援概念界定及其发展

一、对口支援的概念

所谓对口支援，顾名思义，它具体指代一种援助。由经济实力较强或者整体能力较强的一方或者地区对经济实力相对而言较弱、整体实力不甚突出的一方或者地区提供援助。其主要的援助类型有灾难援助、经济援助、医疗援助、教育援助等。这一类对口援助工作的主导者通常是中央政府，具体由地方政府作为实施主体来落实具体的援助工作。

以教育领域的对口支援为例。在2018年，教育部部署启动部省合建工作，对口支援工作上升为对口合作建设，实践目的为缩小东西部的教育资源的分配不均问题与教育差异问题。进一步落实解决我国高等教育的不平衡的难题与桎梏。基于对口援助工作的大的环境与形式，对口合作高校的具体支援工作的开展成为重中之重。在人才培养质量、师资队伍水平、科研服务能力和管理水平等这些学校的建设问题上，对口学校如何帮助需要进一步提升的支援学校，成为对口支援工作的挑战与关键。部省合建这一对口支援在2018年拔得头筹，成为教育改革以来的又一个工作亮点与重点。进一步落实我国东西南北的教育资源的分配公平问题，促进区域协调发展，在这样的建设需要下，教育领域的对口支援工作成为了大势所趋。在教育部第一次发布建设"双一流"高校任务以来，此次的高校对口支援工作成为又一个攻坚克难的任务。在这场支援工作中，省合建高校被寄予厚望，在高校教育建设中打头阵，成功突围，带领我国的对口支援学校一起实现国家平均水平的教育力量建设，帮助解决弱化资源不对等问题，实现教育资源的科学分配。因此，在具体的工作实践过程中，各对口合作高校在整体的布局规划下应该重点突出防范部署，实现工作的精准发力问题，补短板，抓住发展的契机完成对口支援工作，让共享共赢成为新时代的教育建设宣言。

首先，在具体的对口支援开展问题上，各对口支援高校在思想上以党的十九大为指引，进一步落实学习中央精神，尤其要重点学习和深刻领悟习近平总书记关于东西部扶贫协作和对口支援的重要讲话精神，在这些学习中不断提高思想觉悟，进一步增强自我的帮扶意识与建设的责任意识，用崇高的精神引领具体的行动。在具体的工作中高效建立了一个科学的对口支援工作领导小组，并完善了相关的体制机制建设，做好了领导层面的定期访问与查看工作，做到了顶层设计格局科学，下层落实具体完善的良好效果，这无疑打开了教育领域的对口支援的新局面与新态势。

其次，各对口支援院系成立了相应的对口支援工作小组，执行学校对口支援领导小组在对口支援工作的分配问题上进行了周密的工作部署，在健全的制度保障体系下，通过一周一会的形式落实对口支援工作进展的进度问题，以确保工作的落实与高效。

再次，在资源的帮扶上，进一步组织学科优质资源，将这些资源合理分配到对口高校中，帮助他们解决教育建设中的诸多问题，促进了对口高校的发展。并且还保障了每一个解决措施落到实处，具有实际意义与价值。在专家的资源配备上，各个高校组建了专家教授团，用团队协作的方式进行了一对一的高效、准确帮扶，人才资源物尽其用，帮扶工作实现了最优化的完成。

最后，高校对口帮扶在师资帮扶问题上，不仅给对口学校选派了优秀师资，而且在帮扶期间帮助对口学校丰富了培养与教育的方式方法，进一步促进了对口帮扶院校的人才水平建设的提升。在教授师资力量的选择上，高校主要派出了一批信念感极强的教授前去参与帮扶工作，这批教授在实践中帮助了对口学校突破相关的研究难点，推进了研究进程，在实验室的规划问题上也给了帮扶学校极好的建议。

另外，具体的帮扶工作开展往往以实际的对口支援作为发展的载体，围绕对口支援进行智慧课堂建设，推进智慧课堂的前期试点与后期的全面应用。第一，在本科生与研究生的培养问题上，对口高校在帮扶上采取了两边一视同仁的培养原则，在日常的教学管理上统一规范，统一调度，进行机会均等的培养原则上的教学落实，多多开展联合公共体育活动，实现两校之间的更多交流，此外，对毕业生做进一步的引导和鼓励，让更多的毕业生在毕业后选择服务西部，从而对缩小中西部之间的经济发展落差起到了极大的促进作用。第二，在受援教师学历的问题上，进一步进行了结构层次的提升，对于我国的教育建设问题，第一信念便是"人才即未来"，对于对口支援工作而言，师资队伍的整体水平决定了支援工作的效果与成就。在教育对口支援工作中，帮扶高校在开展支援工作以前，进一步优化了自身的队伍，使之结构科学，在充分完善的人才培养制度的保障上进一步优化了帮扶高校的人才遴选，针对学生未来的学习与发展制订了远大的培养计划与目标。同时，在另一方面，又加大了对于受援对口高校教师的学历提升，让受援教师能够有机会进一步提升自我、提升学历和个人实力。而在面对人才培养问题时，帮扶高校统一采用了量体裁衣，针对培养的方式，让人才都有了更好地培养方式、环境与发展未来。在定向培养研究生、进修教师的问题上，各个帮扶的高校主要采用了重点跟踪制的原则，从三个方面依次展开了对口帮扶学校的科研帮扶，它们分别是研究方法、公共体育视野与公共体育前沿。第三，建立了共享公共体育平台，进一步拓展了公共体育视野，促进了科学研究创新，被纳入部省合建的高校，国家在政策倾斜、资金支持、对口支援申报上加大了支持力度，如何用好用足这些政策，在很大程度上主要依靠广大支援高校的力量。因此，聚焦学科专业发展，建立双方互惠共赢的合作交流机制是非常必要的。可以通过联合组建科研团队，开展深度合作，共同申报国家、自治区重大研究对口支援。支援高校借助受援高校的地域特色资源开展特色研究、受援高校借助支援高校的智力支持，提升自身的科研整体实力，由单向支援转为双向合作；搭建校企联合平台，通过科研创新，增强受援高校科研人员创新理念和服务意识，协助推进科研成果的转化，使受援高校更好地服务区域经济社会发展；拓宽公共体育交流与合作的广度和深度，搭建高层次、高频次开放共享的公共体育交流平台，将有力地拓展受援高校师生的公共体育视野，促进科研思维的培养。此外，建立校际共享平台，推进大数据时代信息资源共享，向受援高校提供自主知识产权的特色服务、网络导航等数字资源的远程访问服务，开展数字信息资源的共建共享，将有利于受援高校师生接触最前沿的学科信息。第四，互派挂职干部，提升管理水平，推进学校整体发展，作为对口支援工作的"桥梁"和"纽带"，挂职干部对加强两校之间的沟通、协调及有针对性地开展对口支援工作具有重要意义。严把挂职干部选用关，选拔敬业奉献、务实担当、业务精湛的干部赴受援高校，融入当地干部、群众的生活当中，既促进了挂职单位的工作，也锻炼了自身能力，培养了吃苦耐劳、勇于奉献、团结拼搏的精神。

二、对口支援的类型

对口支援的支援类型具体分成了以下几种。

第一类是经济援助。对口支援彪炳千秋，情注三峡感天动地。从1992年开始，国家有关部委、各对口支援省市纷纷向重庆万州伸出援助之手，用浓浓真情支持万州等地区的移民、改革、发展和稳定。多年来，对口支援在高峡平湖结下了累累硕果。2017年11月，第十一届全国对口支援三峡工程重庆库区经贸洽谈会24日在重庆万州区举行。中共重庆市委常委、政法委书记，重庆市政府副市长刘强在会上表示，自1992年以来，全国各省市区累计对口支援重庆三峡库区1250亿元。除了对口支援资金外，25年来，中国各省市区累计向三峡库区引入合作对口支援1731个。

另外，比较有名的还有对口援藏的经济援助类型的支援工作。对口援藏工作始于1994年，当年7月，中央召开第三次西藏工作座谈会，作出全国支援西藏和15个省(市)对口援助西藏的决策，并相应确立了对口支援西藏7个地(市)的结对关系。在中央第五次西藏工作座谈会上确定，援藏省(市)年度援藏投资实物工作量按照本省(市)上一年度地方一般预算收入的1%来安排。自1994年至今，先后有18个省市(包括不再承担支援西藏任务的四川省，转而承担省内藏区)、17户中央企业和几十个中央部委选派援藏干部对口援助西藏，西藏的74个县市(区)和大多数自治区直属部门已纳入对口支援范围。2010年，实施对口支援青海藏区。2014年，国务院出台《发达省(市)对口支援四川云南甘肃省藏区经济社会发展工作方案》，确定由天津市、上海市、浙江省、广东省对口支援四川、云南、甘肃、藏区4个藏族自治州、2个藏族自治县，将西藏和四省藏区全部纳入对口支援范围。四川藏区包括甘孜藏族自治州、阿坝藏族羌族自治州和凉山彝族自治州木里藏族自治县，面积占四川省总面积的一半以上，是我国第二大藏区。2012年至2016年，成都、攀枝花、泸州、德阳、绵阳、乐山、宜宾等7个市，每年按上一年度地方公共财政收入的0.5%以现金方式投入，对口支援藏区20个困难县，构建起"7+20"结对帮扶机制。2014年起，广东省对口支援四川省甘孜州；2015年起，浙江省对口支援四川省阿坝州和凉山州木里县；2016年起，四川省将省内对口援藏由"7+20"扩展为"9+32"，新增一批支援方，覆盖所有藏区县。据介绍，2012—2017年，成都20个支援区(市、县)投入援助资金19.8亿元援助四川藏区，其中 80% 以上用于脱贫攻坚和民生改善。2020 年 2 月，四川藏族聚居区实现全域脱贫。

第二类是灾害援助。汶川地震后的灾后恢复重建是一项十分艰巨的任务。为举全国之力，加快地震灾区灾后恢复重建，并使各地的对口支援工作有序开展，经党中央、国务院同意，建立灾后恢复重建对口支援机制。考虑支援方的经济实力和受援方的灾情程度，兼顾安置受灾群众阶段已形成的对口支援格局。

第三类是医疗援助。医疗卫生方面的对口支援是指地区与地区之间、部门与部门之间、单位与单位之间的专业性支援、协作；内容主要是技术支援和技术协作。帮助培养当地的卫生技术人员在其中占有重要地位。1983 年，国务院有关部门明确指出：对口支援的任务是为少数民族地区培养医疗、卫生、教学、科研及医疗、设备维修等各类专业技术人才，逐步壮大技术骨干队伍，并把帮助培养当地的卫生技术人员摆到首要地位；帮助开展新技术，解决疑难，填补空白，以便尽快改变这些地区的医疗卫生技术条件，提高专业卫生技术水平和科学管理水平。对口支援的形式和办法灵活多样，采取派出去、请进来、业务挂钩、聘请专家兼职和咨询服务，组织讲学，专业技术协作，安排边远少数民族地区的卫生技术干部到内地进修，举办各种短训班、提高班和指定高中等医药院校开办民族班、边疆班，派医疗教学小分队等多种方式。并指出不论采取哪种办法，都要从实际出发，分别不同对象、不同任务、不同地区、不同时间，由实施对口支援双方协商确定，要注重实际效果，能真正解决问题。2020 年 2 月，国家卫生健康委统筹安排 19 省市对口支援湖北省除武汉市以外的 16 个市州及县级市。此外，北京、上海、吉林、河南、四川、安徽等其余省市及陆军、空军、海军均派出医疗队全力支援武汉。

第四类是教育援助。为了支持西部地区高等教育的发展，教育部于 2001 年下发了《教育部关于实施"对口支援西部地区高等学校计划"的通知》。2001 年 6 月，教育部在《关于实施"对口支援西部地区高等学校计划"的通知》〔教高 (2001)2 号〕中正式确定由清华大学对口支援青海大学，通过听取汇报、实地参观、召开座谈会、与师生接触等形式对青海大学的教学、管理、科研、实验条件、学科建设、师资队伍等情况进行了深入细致的调查了解，与青海大学领导座谈交流，协商和落实对口支援有关事宜，在深入调查研究和充分协商的基础上，拟定了对口支援的目标、任务和近远期的工作计划，并于 2001 年 9 月正式签订了对口支援协议书报请教育部审批。

为缩小经济欠发达地区与其他发达地区的差距，解决区域发展不平衡问题，我国政府于1979年提出了东部发达地区对口支援欠发达地区的决策。通过在教育教学、就业创业、体育公共服务等方面开展对口支援工作，为欠发达地区全方位发展提供加速度。随着对口支援工作的持续深入，相关研究也逐渐增多，杨富以对口支援西部地区高等学校为着力点，对高等教育对口支援的概念进行阐述并对其内部机制进行研究。邹滨、陈弋生等通过医疗技术帮扶，对"科联体"对口支援模式进行了初步实践探索。各对口支援地区利用自身优势，结合受援地的实际情况进行全方位帮扶，李曦辉通过对对口支援定义的分析，在他看来，对口支援的模式并不统一，对口支援的工作一共分成5类，有着不同政策带来的不同影响。晋清曼、张玉强以对口援疆为例，建议以五大发展理念为指导，创新对口援疆机制，激发新疆活力。但已有研究较少与现实案例相结合进行分析，本书通过对南疆四地州阿克苏市、墨玉县、喀什市等10个县（市）开展实地调研，结合地区实际分析其中的问题，提出对策建议。

新疆南疆四地州共有4市29县，总人口1021.27万，有维吾尔、汉、回、哈萨克等民族，属于国家层面上的"三区三州"深度贫困地区之一。自觉的十八大以后，各援疆省市把对口支援脱贫攻坚工作紧密结合，将更多援助资金倾斜于贫困地区和贫困群众，对接优势资源，引进专业人才，组织产学研等交流学习。通过研究我们可以发现，从南疆四地州援疆以来，在具体的各县市的扶贫工作中，主要的资金投入的主体是政府，比如，财政资金和援疆省市援助资金，从2014—2018年南疆三地州对口支援省市援助资金、援疆项目情况来看，5年来，8个对口支援省市为南疆三地州直接投资472.45亿元，实施援疆项目4039个，期间支持当地教育教学、医疗卫生、社会福利、公共文化等社会事业建设，通过贯彻落实各项扶贫政策，如体育公共服务扶贫、消费扶贫和金融扶贫等直接或间接带动当地优势产业发展，激活当地贫困户脱贫致富活力，对加速受援县市经济发展具有长远意义。仅2018年南疆四地州就实现了52.09万人脱贫、513个村退出、3个贫困县拟摘帽、贫困发生率10.4%，比2017年下降7.9个百分点。但截至2018年年底，仍有162万贫困人口，1962个深度贫困村，22个深度贫困县。

援疆省市在对口支援的基础上，充分对南疆的实际情况进行了考察，在结合市场导向的基础上，充分发挥了对口支援方的自身优势，在农业、畜牧业、旅游业和手工业等产业上进行了重点发展，拓宽产品流通渠道，创立县域特色产业区域性公共品牌，建立相关监督与激励机制，通过产业援疆培养贫困户自我发展的能力，发展特色产业链，以期形成长期效益。2018年山东省援疆指挥部与英吉沙县政府合作发展当地色买提杏产业，聘请专业团队和研究机构对当地色买提杏种植管理、采摘预冷、包装运输到快递投递每个环节进行分拆研究和优化调整，随着色买提杏的增收带动其他渠道发展，各类加工企业通过制作杏干、杏酱等产品对色买提杏不断进行开发创新，目前英吉沙县通过培育几千年的色买提杏，使农户实实在在得到了增收。

援疆省市将体育公共服务与产业发展相结合，以体育公共服务援疆新模式间接带动贫困户脱贫。一是引进体育公共服务优势资源，扶持当地体育公共服务企业发展，投资建设乡村级体育公共服务站点，为贫困户进行站点运营培训并给予站长岗位，依托服务站实现"代买"或"代卖"生活用品、蔬菜水果、火车飞机票等，为当地农户提供便利。二是开通出疆物流通道，为特色产品的销售及配送提速，特别是对于生鲜类产品，由所在城市给予相关补贴。三是所在城市提供分仓或者形象店，如"我从新疆来"品牌形象店截至2019年年初已在北京、天津、杭州、福州、成都等五大城市落地。四是展会对接，将受援地特色产品放至援疆省市形象展会参展，比如福州518、福建98等。五是结合自身资源优势创建体育公共服务中心，为贫困户进行培训，打好体育公共服务人才基础。

援疆省市结合受援地实际，利用自身优势，动员社会各界力量扩大对南疆四地州如哈密瓜、红枣、核桃、杏等名优特产品的消费，通过"以购代捐""以买代帮"，企业、政府、学校或与医院等年货指定产品等方式采购受援地优势特色产品，为受援地特色产品销售搭建平台，推动贫困地区特色产业链的发展，促进当地特色产业稳定增收。目前，消费扶贫助推特色产品销售是北京援疆的一大亮点，2018年年底，北京援疆和田指挥部启动"百店专柜"行动，在北京100家超市设立专柜，直接挂钩和田贫困户，打通生产环节到销售环节的通道；打造"消费扶贫产业双创中心"。

小 结

深度贫困地区长期接受政府、企业、结对子帮扶亲戚等的物质帮助，自身动力严重不足。对口支援省市应与受援地政府合作，坚持特色思维，从理念、战略层面出发建立扶贫长效保障机制，因地制宜发展特色优质产业。一要利用好少数民族地区优势，着力打造"一县一品、一乡一品"等生产模式，指导贫困户规范生产，精准施策；二要激发创新活力，加强对口支援工作、发达地区与贫困地区政府和企业等的经验交流，提高当地干部、企业素质，保证对口支援扶贫政策与项目的科学性和有效性；三要鼓励社会组织参与对口支援与扶贫工作，为贫困地区注入新鲜血液，拓宽发展思路，创新理念机制，促进贫困群众稳定脱贫和贫困地区持续发展。贫困地区的可利用资源正逐渐减少，并且因劳动力、技术、社会合作等相对不足，耕地面积少，产业基础薄弱，产品相似度高，特色不突出，质量参差不齐。要提高贫困地区的生动力，必须坚持人才、资源、生产技术等协调合作与发展。一是要充分开发当地党政干部、技术人才、劳动力资源等，建立人才激励机制，定期多形式开展交流座谈会，提高贫困地区的经济发展能力。二是合理利用地区资源，统筹城乡规划，引进相关企业，扶持建设相关产业园、合作社和工厂等，打造地区民族文化产业链，使贫困户在解决就业问题的同时掌握相关技能，提升其能力与脱贫信心。三是要提高贫困地区的生产技术水平，对尚有劳动力却消极无为的贫困群众减少资金和物质帮助，加强技术培训教育投入，引导其加强脱贫致富的参与性。

自对口支援工作开展以来，始终缺乏一套有效的协调监督机制，对口支援指挥部应通过大数据来合理规划工作任务，以期形成长期效益。一是要加强长效协调机制，通过大数据合理调整对口支援工作重点并选派专业干部与技术人员，明确工作任务，确保人才与资源分配最优。二是要建立长效监督机制，坚决防止弄虚作假搞数字扶贫，加快农产品标准化体系建设，用制度为特色产品和品质保驾护航。三是利用大数据对建档立卡贫困户进行长期追踪，对产品进行分析反馈，帮助贫困户提升生产种植水平、调整销售品类、改善生产生活条件，发展特色优势产业，提高贫困地区经济发展水平，防止返贫。

第二章 创新驱动发展战略与公共体育服务的融合策略

第一节 创新驱动发展战略与公共体育服务融合的必要性

2018年5月,在中国国际大数据产业博览会上,习近平总书记以贺词的形式强调了国家大数据战略对于中国经济社会发展的重要地位,并指出"要围绕建设网络强国、数字中国、智慧社会,全面实施国家大数据战略,助力中国经济从高速增长转向高质量发展"。当前,我国体育产业的发展离不开互联网与大数据的支持,互联网与大数据在体育行业的应用能够更加智能化地实现体育产业开放式发展,推动我国体育产业的改革与创新。基于"互联网 + 大数据"服务为依托构建体育产业开放式创新体系,有助于形成强有力的创新集聚,开发新产品、新技术和新思想,是我国体育产业实现快速跨越发展的必经之路。在以"智慧引领体育,科技促进健康"为主题的2017世界物联网博览会智慧体育高峰论坛对"智慧体育"进行了诠释,并指出"智慧体育"就是基于大数据、云计算及物联网技术于一体,以竞技体育、全民健身、体育产业等为基本架构,整合教育、医疗、旅游、义化等"体育 + "资源的一种比较高级的生态系统。因此,以"智慧体育"融合体育产业创新发展为契机,利用云技术、互联网、大数据、人工智能等网络技术可以整合不同地区的体育产业资源,通过提供专业化、时尚化及个性化的服务,拓宽共享优势资源、变革体育产业的商业模式及实现体育产业与大数据技术的融合是未来阶段体育产业创新发展的主要方向。

自改革开放以来,我国经济高速发展,社会经济水平不断提高的同时,由于发展不均衡的缘故,导致各种社会矛盾日益凸显。同样,在体育竞技高速发展的今天,公共体育服务也成为我国社会发展中的重要组成部分。为了平衡公共体育服务领域内存在的发展不平衡的情况,在党的领导下,在社会公平与尊重人权的时代背景下,我国积极开展对口支援活动,积极发挥优势对口劣势,使用一对一、多对一的方式,在发展社会主义新农村、统筹城乡发展、西部大开发、扶平攻坚等国家口号和政策方针的指导下,均衡各地区的公共体育服务发展,促进社会公平,保障弱势群体的基本权利。本书将对我国现行的公共体育服务对口支援现状进行分析,了解我国公共体育服务对口支援的发展情况,对产生的问题进行合理的分析并提出相应的解决对策,为促进我国社会主义体育事业的和谐发展提供相应的理论支持,为我国公共体育服务对口支援活动提供一定的借鉴。改革开放40多年来,在党的领导下,我国取得了举世瞩目的成就,社会经济水平飞速提高。在2010年,我国的GDP总值超过日本,成为世界第二大经济体,拥有了越来越强的国际影响力,社会总体经济水平、人民生活质量和可支配收入水平,都有了显著提高。综合国力的增强,极大地增加国民自信心,但同时也要注意到,在我国经济飞速发展的同时,社会矛盾也日益激化,区域发展不平衡,总体社会发展还存在较大差异,不利于我国长治久安与经济的可持续发展。这一切都是源自改革开放初期,由于一味地以经济发展为中心,对其他的社会基本建设、社会职能的监督有所缺失而造成的历史原因,是经济发展所带来的必然后果。如今,我国经济已经发展到相对平稳的地步,高速发展的经济水平与人民生产生活所需的物质文化需求形成了巨大的矛盾。一方面,经济发展是我国发展的重心,是社会发展的基础;另一方面,经济发展也促进了人民需求的增长,当人民的基础需求得不到满足时,就会制造和激化社会矛盾,从而导致社会不稳定,滋生犯罪,影响社会秩序,减缓社会经济发展,不利于中华民族的伟大复兴。所以,我国目前所面临的最大挑战就是要将其显著的经济增长转化为人类发展过程中非经济收入方面的可持续增长。

我国虽然是世界第二大经济体,拥有广阔的发展空间,经济水平迅猛发展,但由于人口众多,社会组织构成复杂。居民收入水平并没有达到一个很高的程度,加上我国是一个典型的农业大国,农村人口占比仍旧庞大,相对贫困的人群占比数额在全体人民构成中占据重要比重。由于贫富差距的不断拉大,高度发达地区和落后地区的经济生活水平相差巨大,导致国家整体发展处于不均衡的状态,不利于国家的长远发展,在这个基础上,"西部大开发""先富帮后富"等口号在党和国家的领导下,成为我国经济发展中的重要环节,对口支援就是在这样的情况下提出的。

在过去,由于社会发展水平等因素的制约,我国在体育投入,尤其是公共体育服务方面的投入可谓是微乎其微,对于体育方面的投入,基本上都停留在对国家体育队伍建设、用于夺取金牌、争取世界名次的方面，并没有注意到广大人民群众，对于体育活动的需要。随着社会经济水平的发展，生活方式的转变，"三高"、肥胖、健身需要等对于体育服务的需要日渐增大，发展公共体育服务迫在眉睫。然而，体育事业的发展离不开经济水平的支持，体育服务，尤其是竞技体育服务是需要依靠大量的资金作为后盾才能得到顺利发展的，由于我国社会经济水平发展不均衡的缘故，公共体育服务设施起步较晚，发展落后，各项产能配置有所不足，导致整体资源有限，加上区域内民众对于体育事业的了解程度不同，有限的体育公共服务资源又出现了供给和配置上的极不平衡，主要表现在城乡之间、区域之间及层级之间。为了扭转这一情况，促使我国体育事业健康发展，缓解区域间存在的公共体育服务资源不平衡的状态，我国积极推动公共体育服务对口支援活动，综合运用多种手段，促进公共体育服务对口支援行动的推进，坚持以人为本，坚持先富带后富，坚持全民运动，塑造体育大国，坚持全社会人民同心同德、共利共赢，坚持在公共体育服务方面实现体育基本公共服务均等化。随着中央和地方有关公共体育服务的指导文件的不断增多，人民群众对于公共体育服务设施的需要，使越来越多的社会人士意识到体育公平的重要性，公共体育服务事业如火如荼地展开。因此，本书将目光对准公共体育服务对口支援行动的现状，进行深刻分析，为促进我国体育事业发展、推进社会公平、促进中华民族伟大复兴提供一定的理论参考。

公共体育服务是关系我国社会主义发展的重要组成部分，是体现人民生活健康水平的重要指标，公共体育服务水平的均等化关系我国社会稳定、经济发展、人民身体素质的提高。因此，深入研究公共体育服务对口支援现状，对于促进我国体育事业和社会公平、提升全民素质、促进社会发展有着重要的理论意义和实践意义。从理论上来说，公共体育服务是属于公共服务的一环，党的十六届五中全会曾提出过"公共服务均等化"的概念，可见公共服务均等化是我国社会主义发展过程中的重要环节，通过对公共体育服务对口支援现状的研究，可以得出其他公共服务对口支援研究，再推出其他社会基础因素的相关内容。对全面影响我国社会经济发展不均、区域发展不平衡、国民贫富差距大等社会问题提供必要的理论参考，从而促进我国整体社会水平发展，改善贫困地区人口、低收入人群、弱势群体的生活条件，促使社会稳定发展。同时，由于我国公共服务事业起步较晚，加上我国目前的社会发展目标以经济为主体，在对口支援的行动中，大多数行动也都是关于经济水平方面的，在诸如公共体育服务等社会民生问题方面，存在一定的缺口，因此也导致了相关理论文献较少。公共体育服务对口支援是促进国家公共体育服务均等化的实现，是促进群众体育和谐发展的重要思路，对于促进社会发展、促进新农村建设、平衡区域差异有着重要作用，通过本书的研究，能够在一定程度上弥补在公共体育服务对口支援方面的理论缺失，为今后相关理论的研究提供必要的文献参考。除了能够弥补公共体育服务对口支援方面的理论文献缺失之外，对于公共体育服务支援对口研究更重要的意义在于对实现我国区域范围内公共体育服务均等化的发展，促使我国在资源公平、社会平衡方面的重要作用。公共体育服务均等化是出于我国现实国情的需要，是对我国经济历史发展过程中造成的不均衡、不公平现象的弥补，是填补我国在贫困地区，尤其是农村地区在体育消费、体育事业发展、体育人才培养方面相对薄弱的短板，是促进社会主义新农村建设，推进全面扶贫，全面步入小康社会，促使我国向发达国家迈进的重要举措。

　　长期以来，由于基本意识的稀缺，体育活动、公共体育服务对于广大贫困地区而言，并不涉足他们的意识形态，很多人并没有健康生活、运动生活、全面运动、实现体育大国与体育强国的意识。尤其是在广大农村地区，由于农业经济产值的缘故，大部分农民的人均收入在我国国民收入中处于底层行列，缺乏必要的体育知识、体育技术和技能，体育意识还相当薄弱。甚至很多人认为生产劳动就是体育运动，认为在生产劳动之后还去专门进行运动，是一件相当浪费时间的事情，就算是有一些健身意识的农民大多数也只是把散步、广场舞当作体育运动，缺乏必要的行为规范，运动不标准，非但没有起到运动的效果，甚至还可能造成隐形损伤。

　　通过对公共体育服务对口支援现状的研究，可以有针对性地针对对口支援中产生的具体情况，有效促进广大贫困地区公共体育服务稀缺地区体育事业的发展。一方面，塑造当地人民良好的体育活动意识，增强体质，增加人民幸福感；另一方面，随着社会主义新农村建设和精准扶贫政策的不断迈进，我国全面步入小康社会，贫困人群脱离贫困，有了更多的资产能够投身于社会主义经济建设的大潮中，但由于传统的小农经济思想作祟，大部分农民虽然生活质量提高了，手里的可支配收入增加了，却没有将这笔收入投入到经济循环之中。社会财富只有在流动中才能增长，因此，通过对口支援的方式也能促进体育事业的发展，将广大贫困地区公共体育服务产业纳入市场中去，增加体育消费，促进公共体育服务产品的供给量，促使体育产品市场大繁荣，增加新的经济增长点，促进整体国民经济总价值的进一步提高。公共体育服务对口支援能够促使公共体育服务均等化，加快我国体育体制改革，使我国的体育产业由原本的政府主导型，专门为了夺取世界排名、奥运金牌等不均衡模式，发展到群体运动、全民运动的体育体制。从原本的万中取一，国家培养型转化为全民运动、全民发展，从而培养出优良的体育种子选手，减少在培养专业运动员上浪费的大量资源。

同时，通过这种方式，还能促使我国体育运动事业蓬勃发展，为一批为国争光，因为年纪伤痛等原因退役，以及一些无法进入国家队的二三线运动员找到就业出路，这是用科学发展观来指导我国体育事业发展的最好实践。科学发展观的第一要义是发展，核心是以人为本，基本要求是全面协调可持续性，根本方法是统筹兼顾。首先，用对口支援发展我国公共体育服务，能更好地促进社会公平与正义。社会的公平与正义是维护一个社会正常运转的基础，没有公平与正义，一个国家是不可能长治久安的。没有公平正义，社会不可能和谐。没有公平正义，各项事业不可能持续发展。社会的公平与正义应该体现在社会的方方面面，体育亦是如此。现代奥林匹克运动之父顾拜旦提出"一切体育为大众"。所以，利用对口支援发展我国的公共体育服务对口支援行业，促进公共体育服务均等化，能促进公共体育资源在城乡之间，在发达地区与欠发达地区、落后地区之间，在不同的阶层之间，得到公平合理的分配，从而缓解由分配不均导致的社会矛盾，完善社会公正，体现政府公信力，促使我国社会主义全面健康发展。要对公共体育服务的概念进行界定，要先从公共服务的概念入手。随着西方国家政府再造运动，新的行政改革方向——新公共管理运动，发展开来。美国著名学者罗伯特·丹哈特和珍尼特·丹哈特对新公共管理理论进一步做了修订，从而提出了新公共服务的理论。目前，学界对公共服务尚无统一的认识。一般而言，公共服务是指各级政府或组织利用公共资源提供人们需要的公共产品或服务。公共服务是政府的四大职能之一，从这一层面来讲，"公共服务"是静态的。我们经常所说的公共服务是动态的，即为公民提供服务或产品的过程。公共服务和公共产品的概念关联很大。公共服务属于政府的职能范围，一切由市场失灵所造成的公共产品的缺失都必须由政府来提供。从狭义的角度来讲，公共服务即是无形的服务形态存在的公共产品。所以公共服务和公共产品密不可分。

公共服务的特点主要有：第一，它与社会的公共需要相关，必须以公共需要作为公共服务的起始点和落脚点。在实际生活中，公共需要不是私人需要的简单相加，而是需要社会组织来加以整合。第二，从"公共"的视角，公共服务的价值在于普遍性，即公共服务属于每一位公民的基本权利，应该为公民普遍拥有。从公共服务的含义出发，公共体育服务是指政府即各级体育部门或组织利用公共资源提供人们所需要的体育公共产品或服务。首先，公共体育服务是我国各级体育部门的职能；其次，公共体育服务即需要各级政府体育部门为公民提供体育公共产品；最后，在现阶段，公共体育服务是我国服务型体育行政建设的基本内容。

在公共体育服务的内容里面，有些是属于与所有公民日常生活紧密相关的内容，直接作用于公民个体。而有些内容是对公民的生活产生间接作用。公共体育服务即指政府各级体育部门依照公民自身的实际发展需要，利用公共资源向他们提供与他们生活密切相关的最基础性的体育公共产品和服务。根据公共体育服务的概念，我们可以认为，公共体育服务应该包括居民日常需要的体育场地和器材及居民日常需要的体育指导、体育信息的服务、体育活动的组织服务等。公共体育服务的特征应该包括便利性、经常性、公益性、公平性、广泛性。便利性是指公共体育服务应该就在居民的生活范围之内，让他们在享受公共体育服务时，在时间上、空间上都觉得很便利。经常性即指政府在提供公共体育服务的频率应该很高。公益性是指公共体育服务属于公益事业，是政府给予公民的福利，是无偿的。公平性是指公共体育服务和资源要公平分配。广泛性是指要提供多层次、多样化的体育公共产品，满足不同群体的体育需求。

自中华人民共和国成立以来，在党和国家的领导下，政府部门和社会各界人士一直很重视体育运动的发展，尤其是公共体育运动的发展，自从2001年北京申奥成功之后，我国国民的体育意识全面高涨，公共体育服务逐渐成为现代社会主义生活中的重要环节，对促进人民生活和身心健康，推动社会进步起着重要的作用。为了满足人们对公共体育服务的需要，我国不断出台各项政策法规，促进我国公共体育体系建设，为促进公共体育服务公平、完善公共体育服务均等化提供了法律依据和有力保障。根据《中华人民共和国宪法》和《中华人民共和国体育法》的相关规定，体育事业发展和公共体育服务是我国政府部门的主体责任，各地方政府有权利有义务推进当地的体育事业发展，提供相应的公共体育服务，开展群众性体育活动，增强人民体质，为人民在生产生活中享受相应的公共体育服务提供法律依据与法力保障。我国的公共体育服务相关的法律法规制定的时间相对较晚，从整体上来说，从2009年开始，在2009年8月，国务院发布了《全民健身条例》，条例中明确规定了我国要发展体育大国，体育强国，发展全民健身，发展公共体育服务事业，建设公共体育服务体系，对建设公共体育服务体系的相关内容和标准都做出了详细的规定，为公共体育服务体系建设提供法律支持和政策保障。此后数年，接连颁布《全民健身计划（2011—2015年）》《国家人权行动计划（2012—2015）年》《国家基本公共服务体系"十二五"规划》等相关的法律法规，明确规定了我国在各时间段内，对公共体育服务体系建设的相关目标，为建设健全的公共体育服务体系，平衡城乡之间、区域之间体育公共体育服务均等化发展，将推进全民健身公共体育服务体系建设作为政府部门的重点公共服务任务，通过明确的任务目标，提高政府部门建设公共体育服务体系的积极性和主动性。除了这些法律法规之外，不同地区针对本地区的实际情况，也提出了具有针对性的地域性政策，如浙江省，在2012年的时候，出台了《浙江省基本公共服务体系"十二五"规划》，规划中针对加强公共体育服务体系建设，做出了详细的规定并规定了明确的任务目标，为推动地区公共体育服务发展作出贡献；河南省在2017年印发了《学校体育资源与社区体育资源互补的相关建议》，该文件指出，要积极发挥学校体育资源与社区体育资源的优势，双方要打开门，形成优势互补，以学校资源反哺社会公共体育服务的需求，以社区体育资源促进学校体育事业的发展；四川省在2012年，启动"7+20"计划，每年从省内7个主要城市的税收中抽取0.5%，投入到西藏20个贫困县，以现金的方式促进西藏地区各项公共设施的投入，其中也包括对公共体育服务设施的投入建设。通过这些法律法规，为公共体育服务对口支援工作提供了必要的政策与法律条件，为推进我国公共体育服务国家战略提供了极大的帮助，为平衡我国公共体育服务均等化，将欠发达地区公共体育服务建设放在重要位置，对公共体育服务对口支援工作提供了极大的便利与支持。

体育公共服务作为政策科学的内容，最初被界定为一门由社会科学、哲学、现代科学组成的综合性服务。随着我国体育公共服务的逐步发展完善，李益群、李静将其内涵具体化，提出体育公共服务是体育发展的行为准则，它规定与指导着体育的发展方向。韩永君进一步确立了体育公共服务的主体、目标和形式，提出体育公共服务是为了实现公共体育目标，以政府为主导的公共部门利用公共体育资源，解决公共体育问题的决策或准则。

我国公共体育服务的政策研究较为落后，与其他领域的政策研究相比尚处于探索阶段。一方面，我国学者较少单独对公共体育公共服务进行研究，而是作为公共体育系统研究的一个要素进行阐释。刘红在分析公共体育治理的困境时提出，体育公共服务与公共体育治理的目标定位之间存在偏差，而负责政策执行的科层组织形态又阻碍了基层体育公共服务的有效实施，这是当前公共体育服务治理过程遇到的挑战。房斌在构建全民健身公共服务体系的发展路径中提出，各级地方政府要深刻理解党和国家制定的全民健身系列方针政策，并认真贯彻落实。

另一方面，我国学者对于国外体育公共服务的研究，往往停留在国家政策层面而缺乏基层政策的系统分析。李留东分析了美国中央政府为促进公共体育发展，发布关于国民健康促进政策、锻炼指导、体育权利保障，以及社会体育组织合法权益保障的系列政策法案。汤际澜侧重公共体育服务的评价反思，对美国的"健康公民"计划、日本学校体育与社会体育的发展及英国的政府绩效评价进行了相关研究，以获取国外公共体育服务均等化的理论与实践指导经验。

《辞海》对"政策"的定义是："国家、政党为实现一定历史时期的路线和任务而规定的行动准则。"这一解释包含了四大要素：政策主体是国家或政党，政策目的是实现路线和任务，政策形式是行动准则，政策时效是一定历史时期。国外学者也有类似的观点，卡尔·弗雷德里奇认为政策是在某一特定环境下，个人、团体或政府有计划的活动过程。提出政策的用意就是送好时机、克服障碍，以实现某个既定的目标，或达到某一既定目的。两者定义的区别在于政策制定主体的不同，由此，政策又分化出"公共政策"这一概念。托马斯·戴伊则认为，凡是政府决定做的或者不做的事情就是公共政策。伍德罗·威尔逊认为，公共政策是由政治家，即具有立法权者制定的，而由行政人员执行的法律法规。因此，体育公共服务的制定主体为政府，应属公共政策范畴。

政策科学（policyscience）作为一门独立学科，最早由美国政治学家拉斯韦尔在20世纪40年代提出。随着社会政治体制的逐步发展与完善，政策科学的创始人之一叶海卡·德罗尔认为，政策科学应包括基本政策、元政策、政策分析、实现战略等内容。至此，公共政策分析开始成为政策科学的重要研究方法，成为学术界的热点问题。如今，公共政策分析已发展出独有的一套基础理论与框架，包括公共政策分析的内涵、基本特征与主要功能、公共政策分析的框架与公共政策系统分析等。

在讨论公共政策分析的内涵时，美国学者米切尔·怀特提出，公共政策分析是为了帮助人们在期望与现实之间逐渐达成共识，而非产生某种一锤定音的政策建议。查尔斯·沃尔夫认为，公共政策分析是把科学理论方法应用于解决政策的选择和实施问题，这些政策包括国内、国际及国家安全事务等方面。对此，我国学者陈庆云也提出了类似的观点，认为公共政策分析是政府为解决各类公共政策问题所选择的政策本质、产生原因及实施效果的研究。

对于公共政策系统的研究，一般认为，公共政策系统的本质是社会政治系统，构成要素是公共政策主体、公共政策客体及公共政策环境。安德森将公共政策主体分为官方决策者和非官方参与者两大类，官方决策者包括政府首脑、立法机构、法官和行政人员，主要职能是制定公共政策；而非官方参与者包括各大利益集团、政治党派、传媒组织和公民，主要功能是为决策者提供信息与施加压力。对于公共政策客体的界定，陈庆云提出，当一些私人事务逐步演变成全社会必须面对并解决的公共事务时，该问题就成了公共政策的客体。也就是说，公共政策的直接客体是社会问题。而针对公共政策环境，弗里蒙特·卡斯特将其分为两大类：社会环境和工作环境。社会环境是一般环境，影响着特定社会范围内的所有组织；工作环境是具体环境，它更直接地影响个别组织。

价值与规范问题，提出了3种分析方法，分别为经验方法、评价方法和规范方法。经验方法主要对公共政策的因果关系进行描述，评价方法是对公共政策的价值进行分析，规范方法则是对公共问题提出指导性意见。对政策分析的内容，邓恩认为至少包含政策问题构建、相关政策分析、政策结果预测、政策价值评估，公共政策分析的理论模型是政策分析专家进行政策分析的方式方法。在政策研究的实践应用中，国内外学者不断丰富和发展公共政策分析的方式方法，根据不同的政策分析需求，逐渐形成各种流派的模型分析方法。

麦考尔—韦伯分析模式是美国学者麦考尔与韦伯提出的，该模型注重对政策内容与政策过程的研究。政策内容包括特定目标、特定事件过程、特定行动路线、特定陈述及特定行动五大要素。政策过程是包括政策制定、政策实施和政策评价的一系列行动。他们还指出，政策分析通常是进行规范性分析及描述性分析。

沃尔夫从政策过程的角度入手，提出政策分析的以下步骤：①特定政策领域的数据资料收集与分析；②建立研究领域或系统内部的变量关系；③建立分析模型，说明自变量与因变量之间的关系；④提出多种可选择的政策与对口支援；⑤检验所选择的方案模型；⑥政策执行过程分析。沃尔夫的分析模型侧重于政策方案的确定过程，填补了政策设计与政策实施过程中存在的巨大空白。

邓恩则侧重政策信息的转换过程，他基于政策要解决的事实、信息提供的五个方面。小约瑟夫·斯图尔特提出的公共政策过程模型，过程模型是政策科学发展以来最受广泛采用的模型，也被称为政策过程分析法。公共政策过程模型以治理的问题为起点，将政策周期分为议程设置、政策制定、政策实施、政策评估、政策变化和终止五个阶段进行分析。

政策周期的第一阶段是议程设置。在现实生活中，政府面临的社会问题非常多，并不是所有问题都能进入政府的议事日程，只有被政府提上议事日程并加以处理的问题才是政策问题。"那些被决策者选中或决策者感到必须对之采取行动的要求构成了政策议程。"议程设置作为政策周期的第一阶段，是把社会问题转化为政策问题的过程。

政策周期的第二阶段是政策制定，是指为了解决现有问题或防范未来问题而使某个公共政策通过立法的过程。社会的历史发展、经济水平和政治条件是决定政策能否发生的背景，而官方决策者（政府首脑、立法机构、法官和行政人员）在非官方参与者（各大利益集团、政治党派、传媒组织和公民）的信息提供与压力的影响下，形成不一样的决策结果。

政策实施是政策周期的第三阶段，是政府为了使已经决定了的政令能够生效而做出的一系列决定和行动。仅仅通过立法并不能保证问题得到解决，法律要逐层转化为具体的方针，结合良好的执行机制才能确保政策的实施。这样，联邦、州或者地方官僚机构才能保证立法的意图在政策付诸实践时得以实现。根据多位学者的观点，实施可以被看作一个过程、一种产出或一个结果。

政策评估是政策周期的第四阶段，关注的是政策实施后达到预想效果的程度。戴伊认为，政策评估不仅要判断公共政策是否达到预期效果，还要判断这些效果与政策成本是否相符。

政策周期的最后一个阶段是政策变化与终止。政策经过评估，根据现实情况要么进行修改，要么直接被终止。在实践过程中，有些政策因为现实条件发生改变或资源不足会进行调整，而当政策被认定为无法继续执行或对问题的解决并无效用时，会被暂停或终结。当政策要启动修改和制定时，整个政策周期便重新开始。

国内外学者对"公共体育"的定义存在差异，国外政界和学术界将这一概念纳入休闲与娱乐范畴，公共体育的内涵与外延比我国更为宽泛。就研究数量来看，我国学者对国内公共体育的研究最多，对国外主要发达国家（如美国、英国、德国、日本等）的公共体育研究次之，而对国内外公共体育的相关政策研究不足。就研究内容来看，无论是对本国公共体育的研究，还是对国外公共体育的经验借鉴，多集中在公共体育管理模式、公共体育组织架构与运行机制、公共体育公共服务建设等方面的现状与问题研究，其本质均归属于公共体育管理的研究范畴。可见，公共体育的管理问题是社会实践的重难点问题，从而具有极高的学术研究价值。

然而，政策作为公共体育管理的重要手段，却没有受到我国学者的足够重视。我国公共体育的政策研究相较公共体育的其他方面、体育公共服务的其他领域，不仅研究数量匮乏，而且缺乏独立而系统的深入研究。一方面，我国学者较少单独对公共体育公共服务进行研究，而是作为公共体育系统研究的一个要素进行阐释。另一方面，我国学者对于国外公共体育公共服务的研究，往往停留在国家政策层面而缺乏基层政策的系统分析。下面以对口支援的 X 社区为例，分析其对口支援的具体现状。

第二节　创新驱动发展战略与公共体育服务融合的方法

体育产业融合发展是近两年我国社会经济发展较热的聚焦点，"体育 + 旅游""体育 + 教育""体育 + 养老"等已经成为拉动社会内需的经济新增长点。社会体育需求是推动公共体育服务与地方体育产业融合的直接动力，公共体育服务与地方体育产业融合创新及发展是体育产业结构调整升级的内在动力，是提升发展体育产业价值及拓展相关产业服务的内在要求。通过政府制定相关的针对性引导政策，对地区体育产业创新发挥引擎作用，在扩大体育产业规模的同时，激活市场创新活力。同时，通过提升体育服务质量提高体育产业影响力和市场竞争力。

基于乡村振兴战略背景下推进地区社会公共体育服务发展是促进地区体育产业发展的重要途径。公共体育服务与体育产业具有互动发展性，公共体育服务是体育产业创新发展与可持续发展的基础动力，公共体育服务的完善发展为体育产业创造商机及带动消费；体育产业的发展为公共体育服务的运行提供了重要的保障条件，形成与地区经济发展相适应的社会公共体育服务体系是实现公共体育服务与地方体育产业融合发展的主要模式。因此，构建合作协同供给机制是体育产业与公共体育服务协同良性发展的必然选择。党的十九大报告中提出社会组织作为重要的社会力量应该充分发挥在公共服务供给中的作用，公共服务协同供给机制在一定程度上就是从满足社会成员对幸福生活的追求角度对公共服务供给做出的有效判断。

公共体育服务与地方体育产业融合运行机制是指公共体育服务在推动体育产业融合运行过程中各要素的处理方式。在两者融合运行发展过程中需要依靠内部动力及外部动力的作用共同完成，在控制服务质量及促进体育产业发展过程中需要评估、监督及保障机制参与运行。公共体育服务的有效运行是保证服务质量的过程性指标，构建基于满足民生需求的运行机制是最终促进体育产业长效运行发展的动力源泉。体育社会系统、体育经济系统及体育资源系统是公共体育服务与体育产业融合运行机制的核心组成部分，实现融合机制中各系统间的互动与和谐发展是提升运行动力的有效方式。在公共体育服务与体育产业融合过程中，建立公众公共体育服务需求表达的信息反馈机制，通过对反馈信息的分析总结及时调整方向，是实现地区体育公共服务一体化运行机制的高效性、共享性及可持续性创新发展的重要保障。在保障机制的构建中，要建立组织保障、环境保障、政策保障及宣传保障的"四位一体"互动融合保障体系。

第三节　创新驱动发展战略与公共体育服务融合的保障措施

改革开放 40 多年来，我国体育发展已经从单纯的社会公益事业转变为具有产业属性的社会公益事业，在促进经济增长、优化产业结构、扩大居民消费等方面发生了质的变化。随着深化供给侧结构性改革及"健康中国"战略的大力推进，优化地区公共体育服务及调整体育产业结构是促进体育产业结构合理化和高级化的过程，是供给侧改革的必然选择。从体育经济学的视角来看，现阶段体育产业领域存在着有效供给和优质供给不足的问题，以供给侧改革作为完善体育产业体系的内在依据是解决体育产业融合发展的根本途径。要及时更新体育产业政策体系。体育产业政策体系主要包括产业组织政策、产业结构政策、产业布局政策及产业技术政策，通过各项局部政策的协调更新，制定当前较为需求的针对性政策措施，保障体育产业良性健康高效持续发展。此外，要平衡供给与需求关系，形成完整的体育产业服务链。

区域产业集群化是地区间有效整合各种资源，区域经济发展规模化得以实现的有效方式。以体育产业为核心建立产业集群发展模式，将有相互关系的产业进行融合，理顺集群产业发展与区域发展之间的平衡关系，是体育产业在地区间扩展升级的重要原则。体育产业集群的形成无论是在经济规模还是在经济质量上都对一个地区的经济发展发挥着重要的作用。体育产业主要包括体育本体产业、体育相关产业及体育延伸产业。首先要以"点"状集群模式推动区域体育产业发展。在实施过程中根据地区经济水平及实际发展情况，以政策及资金为集群发展核心，以体育产业服务功能为基点，开展"点"状集群模式。其次要将"1 + X + Y"体育产业创新模式应用到地区体育产业集群式发展中，其中"1"是指体育本体产业、"X"是指体育延伸产业、"Y"是指公共体育服务与地区体育产业融合发展研究。同时，在群集产业发展及延伸过程中，要通过提升标准化公共配套服务建设，最终实现公共服务质与量的双重提升。

到目前为止，我国政府尚未设立官方公共体育类资源公共服务管理机构，相应的公共服务管理标准也未面向大众公布，这给公共体育资源的收费管理、监督工作带来难度。关于这类标准和收费机制的研究与落实需得到政府的配合与支持，同时，这也增加了相关的管理成本。随着我国民众文化素质及科学素养的不断提升，用来普及公共体育类资源的公共服务覆盖问题面临着更复杂的形势，单靠公共体育资源服务的自行管理和标准是远远不够的，还需要政府的有效监管。但法律法规和标准的缺失，导致监管的执行力度和效果大打折扣。督促公共服务提供者严格履行社会职责等属于政府职能范围内的监管工作，需要统一的执行标准，并且应具有权威性和公平公正性，这是对相关法律条款最迫切的呼唤。

通常情况下，政府的监管是完全遵循法律法规的，如果法律条款不够明晰，监管的范围无法确定，相关部门的职责也无从谈起。因此，政府部门不仅应该根据实际情况制定、完善相关法律，更应根据企业、行业发展情况及时更新解释条款，条款解释越清晰仔细，监管机构或部门对法律的落实和执行情况就越明确。同时政府应及时公开各种国家标准、地方标准、法律法规，确保公共体育服务网站和平台遵循法律、标准去进行生产经营活动。因此，在当前公共体育、教育类公共产品的提供问题上，政府应该对自身职能责任有充分准确的判断，制定并依照法律法规对公共体育、教育类公共产品和服务执行统一监管标准，以促进公平公正，进而保证公共体育服务的健康发展。

目前公共体育提供的产品和服务大多面向正在接受高等教育或正处于学习阶段的用户群体，也有部分属于基础教育阶段，这一部分产品可作为对公办学校教育的补充。政府在教育类公共产品的提供上，需要平衡好自身与市场的关系。

我国在基础教育阶段取得的丰硕成果有目共睹，对基础教育阶段产品和服务的监管也相对到位，这得益于自古以来的教育传统、多年的课程打磨、相对成熟的学校管理体制及教师培训体系等，加之改革开放以来我国基础教育领域进行了多次改革，倒逼政府相关部门提高对基础教育机构（主要为中小学）的监督管理。然而高等教育阶段所需的公共体育产品和服务还没有形成像基础教育阶段一样的监管体系，很多企业在提供高等教育阶段所需的产品和服务时出现的问题，政府目前没有成熟和完善的解决方案。

在公共体育服务供给的实践中，主要的供给主体是政府、企业和社会，多元主体供给强调各个主体间的协作能力，具体体现为政府、企业、社会为了共同的供给目标，有效沟通、协作交流，从而实现资源共享、优势互补。现阶段，针对公共体育公共服务的供给，规范各主体权责的法律法规不健全，主体间沟通不畅，合作与协调机制欠缺，不可避免地导致了权责模糊问题。

从政府的角度来看，很多大型综合服务在成立之初均获得了政府部门的支持和扶持，政府已经习惯了与其原有的类似政府与国有企业间的政企关系。随着这些企业不断发展壮大，业务范围不断扩大，产业链日趋成熟完善，政府如没有适时放手，反而会成为阻碍企业发展的力量。根据新公共服务理论，我们得知当主导主体为政府时，政府虽然能够对市场失灵的局面进行宏观干预与调控，但其自身也容易出现失灵的现象。一旦政府对经济的干预强度上升到一定程度，政府的信息不及时、宏观决策失误及绝对的垄断性都会导致政府职能失灵。目前，受传统管理体制的影响，仍有相当一部分主体认为公共体育资源作为公共服务的供给应完全归属于政府，由政府独自承担。另外，现阶段政府还处于对社会公共事务"大包大揽"的阶段，还权于民、放权于社会的管理构想仍未实现，往往轻视或忽视其他参与主体的效用，在对市场、社会参与公共体育资源公共服务供给上的引导和支持不健全，影响供给效率。而且当市场作为唯一供给主体时，无法负荷昂贵的运作资金，在融资上亦没有政府的号召力，存在主体建设质量低下的问题。因此，政府作为供给主导主体的局面需要得到进一步改善，各主体权责需要更加明确，以促进多方合作，来确保公共体育资源服务平台建设的多元活力。

从企业的角度来看，相对成熟的大型综合性服务即使已经有能力独立，有能力离开政府的怀抱，却没有主动踏出这一步的勇气；而获得政府支持较少的其他企业也没有足够的主动构建良好政企关系的意识。此外，政府与企业之间还缺乏有效的沟通渠道。

政府与其他非政府参与主体之间缺乏沟通合作的意识，地位上存在不对等，无法达成理想的合作供给状态。此外，非政府供给主体之间的合作意识同样匮乏。由于非政府供给主体对公共服务普遍缺乏主人翁意识，呈现保守、被动的态度，参与意识薄弱和独立性缺失导致各主体之间缺乏相互合作的积极性。

在供给主体之间的相关权责问题上，我国现有的制度法规没有做出明确细致的规定，目前对参与公共服务设施供给的主体间责任、权利和义务没有在法律上做出明确的规范。国务院发布的《国务院办公厅关于政府向社会力量购买服务的指导意见》中提出，政府部门要大力倡导政府与社会组织进行公共服务的合作供给,但并没有明确指出社会组织在承担公共服务供给中的权利和职责是什么,如果发生纠纷,应该根据哪些标准来裁定,具体后果由谁承担等。财政部印发的《政府购买服务管理办法(暂行)》,对国务院所发的政府向社会力量购买服务的指导意见起到了补充作用,但也没有指出公共服务的购买范围,什么类型的公共服务可以购买,什么类型的公共服务可以由政府直接提供,均无法找出可以作为依据的明文规定,因此造成责任边界的不明晰。供给主体间责任、权利和义务如果没有清晰的定位,就会造成出现问题时相互推诿的结果。我国关于公共服务多元主体合作供给的相关法规制度,总体呈现出目的不一、适用范围不清晰、法律效力低和变动性大的特点。如果没有统一、稳定、明确的法律制度保障,必然对公共服务多元主体的合作供给带来不利影响。一套系统的且具有科学性和可操作性的法律制度体系,对公共服务多元主体合作供给来说是十分重要的保障。

近些年,我国对科技、研究与实验(R&D)经费的投入力度不断加大,根据国家统计局公布的《2018年全国科技经费投入统计公报》,2018年全国共投入研究与试验发展(R&D)经费19677.9亿元,增长幅度为11.8%。从活动主体来看,各类企业经费支出15233.7亿元,政府属研究机构经费支出2691.7亿元,高等学校经费支出1457.9亿元,企业、政府属研究机构、高等学校经费支出所占比重分别为77.4%、13.7%和7.4%。可以看出,企业的经费支出占比很高,而其中一部分经费来源就是政府补助。

有研究认为,对于严重缺乏资金的企业来说,政府有限的扶持可能会使企业对政府补助存在依赖,造成政府扶持,企业无法开展体育设施建设活动,政府不扶持,企业本身不具备设施建设投入能力的情况。而对于自身有建设投入能力的企业来说,政府补助的引入与否,都不影响其建设活动的开展,并且政府补助还可能影响企业自身原本计划投入体育设施建设的资金,进而使得建设资金向其他方面流转。学者通过研究政府补助对企业自主设施建设投入的影响发现:政府补助与企业自主建设投入呈显著的负相关关系,即政府补助挤出企业自主建设投入;资产负债率、企业规模、盈利状况会显著降低政府补助对企业自主建设投入的这种负面影响,即在负债水平越高、规模越大、盈利能力越强的企业,政府补助对企业自主建设投入的挤出效应越低。因此对于政府来说,以鼓励企业创新、激发市场活力为目的的补助,并不是数额越大越好,也不是补助的企业越多越好,而是应当综合考量企业的内部资源、财务状况、盈利能力等因素,制订、遵循一定的标准,精准发放到需要的企业手中,将政府补助的效用最大化。

首先是消费者对公共体育服务的整体满意度不高，对于非政府部门参与主体来说，由于市场本身的逐利性，几乎不会对这方面投入资金。即使进行投入，无论融资规模大小，一定会因其逐利性质而将成本规模压缩到最低，这也意味着，公共体育服务平台前期的成本投入一定是被压到最低的，资金投入无法保障资源的高质量积累与完成。而第三部门主要依靠政府补贴和拨款、社会捐助、收取会费和服务费用这三种途径来募集资金，其资金的规模及提供资金的能力上十分有限。从一些服务平台的收入来看，政府财政补贴和拨款占比较高，达50%以上，而社会捐助、收取会费和服务费用所占的比例较低，会费与服务费收入占27%，社会募捐及资助仅占不到5%，长期经营显然难以维持生存，经费的不足造成各类资源严重缺乏的局面，导致其就算有意愿提供公共体育资源公共服务，但也因缺乏资金而不得不放弃。

因此，以上种种原因，供给主体都无法在单一供给的局面下克服资金问题，在资金无法保障的情况下，主体陷入被动，能动性也将大大减弱。其主要表现在于，一方面服务平台自身缺乏资金，支付能力减弱，无法承担高额的建设费用，付给工人的施工费用一压再压；另一方面，其迫于自身的运转压力、周转需要和盈利需要，不得不提高产品工作人员价格，这样一来，又造成了用户的不满，他们对于高价买进施工费用极低的体育设施产生不平衡心理，如此一来，就形成了一个买卖恶性循环，长此以，平台经营也陷入被动的怪圈，渐渐缺乏经营建设的积极性与主动性。

供给主体管理效率低下，缺乏积极性。根据调查收集的结果与对公共体育服务的资料调查来看，一些服务平台存在着管理效率低下、缺乏积极性的问题。第一，根据我们对公共体育服务平台的内部管理高层的采访记录，公共体育服务平台在内部管理上存在许多疏漏，各部门之间有着权责不清、遇事互相推诿责任的问题，在人力资源架构上有着改进的空间与余地。第二，公共体育服务平台在管理上由于部门之间的分工不明，从而导致了任务与工作交叉的局面，很多时候影响了流程的高效性和科学性，这样一来，在极大程度上降低了工作效率，使得流程变得冗长，管理变得低效。第三，根据现有对于服务建设的资料调查，公共体育等服务平台由于政府在税收政策上的支持力度并不是很大，因此很难在文化资源公共服务与商品盈利之间的摇摆中摆正位置，在企业自身权责意识不明的情况下，进一步导致了经营管理的低效与方向模糊，由于缺乏目标与经营方向的驱动，使得平台产生了内耗，这种内耗对于管理而言无疑是负面的。第四，管理效率低下问题的产生离不开内部员工的怠职现象，从某种角度而言，公共体育作为公益性服务的平台，其虽然有工作人员文化商品，但这一类商品却有着公共供给的公益性质，因此获利空间远远低于其他产品，这样一来，企业的盈利也将大打折扣，根据我们对公共体育的内部员工的问卷调查，目前，他们对于自身的工资绝大部分存在着不满意的态度，而这也将直接导致他们的工作热情与效率不高的问题，进一步形成他们低下的管理效率。

公共体育等平台的服务作为准公共产品中的公共资源，其最主要的引导主体应为政府。但政府在实际供给过程中所进行的参与程度不够，公共体育作为独立运行的平台，有着供给主体的绝对单一困境，在财政资金、管理等方面造成了短缺及供给不足、运维不善等问题；由于参与主体单一，就造成了资金不足、资金链的单薄与难以支撑，因此，公共体育在平台运维及软件建设上的资金投入不够，造成了技术投入不够、平台运行落后的问题。在建设上，公共体育平台的技术投入的人员精力与财力十分有限，导致了平台对于建设投入的力度减小，使得现有体育设施建设跟不上用户们的需求，存在着极大的改进空间，需要进一步投入建设与完善。而且现有的技术支撑也变得十分有限，在提高设施建设效率，做好平台运营、后端修补上依然存在着效率低下、漏洞百出的问题，公共体育的页面更新换代的速度很慢，程序设置老化，而且程序错误也随着技术的无法更新而日益暴露出来，修补的余地很大。由于技术投入不够，公共体育的数字化建设成效很低。在电子期刊、期刊数字化等方面的实践依然存在着极大的问题，整个系统的运行操作依然不够便捷，并不是特别方便人们的日常信息获取与体育锻炼需要。因此，综上，由于技术与建设的投入力度不够，使得公共体育等目前的平台与程序需要进一步完善与创新，以便能够满足用户们日益增长的需求，及时内部消化与改革。

目前，各个服务平台作为公共体育服务的供给主体，由自己提供公共体育服务。但是当前我国部分非政府参与主体即市场自身发展还不健全，社会主体意识和公共服务参与意识也没有完全形成，无法有效承担起政府转移的公共服务职能。在内部管理机制方面，没有形成由专业人士组成的管理队伍，由于长期缺乏正规、专业的培训和指导，造成效率低下，在服务平台的大包大揽和部分参与主体自我能力不足的情况下，由于公共体育服务供给的"公益性"，这些服务平台一方面需要考虑到自身的利问题，另一方面，他们需要保持产品的公益性质，因此，在缺乏管理能力的情况下，他们很难作出明晰的市场定位，在缺乏一个清晰定位的基础上，公共体育等服务平台的经营战略制订就显得更加模糊与棘手，它们一方面难以在市场中找准定位，另一方面根本无法根据既有市场来制订科学且合理的经营战略，使得企业在保持基本营利的同时也能保有所提供产品和服务的公益性质。所以，加强主体的参与是保障公共体育服务与对口支援结合的有力保障。

小　结

随着近年来我国对体育事业重视程度的不断加深，体育产业的创新发展在促进体育强国的发展战略实施过程中作用日趋凸显。公共体育服务是社会经济发展到一定程度所衍生出有助于提升体育产业经济效应的保障性措施。社会公共体育服务与体育产业协同发展是联动创新的必然选择。通过研究发现，建立完善公共体育服务与地区体育产业融合体系，提升全民素质的同时，可以有效促进体育市场的繁荣和体育产业的发展，不断拓展体育发展的空间。体育产业在参与地区公共服务融合过程中可以帮助解决公共服务完善发展过程中的诸多问题。因此，以时代发展为契机，构建社会公共服务与区域体育产业融合机制及创新路径，是打造精准服务与发展精品产业的核心聚焦，是实施健康中国可持续发展理念的践行体现。

第三章 当前我国公共体育服务对口支援现状整体分析

公共体育服务对口支援是对口支援的重要领域，由此可以从对口支援的基本概念中引申出公共体育服务对口支援的概念。不同学者对于对口支援出于自身研究方向提出了不同概念，但基本一致的观点是"发达地区与不发达地区建立起来的稳定的支援关系"。狭义上讲，对口支援是专指东部发达地区对西部欠发达地区一对一的帮扶与援助行为。广义上讲，对口支援是支援方与受援方建立起的一对一的结对帮扶或援助关系，既包括发达地区对于西部地区的援助关系，也包括西部欠发达地区内部结对帮扶关系。公共体育服务对口支援就是指发达地区对西部欠发达地区受援学校援助，从而促进受援学校教育可持续发展的一种援助模式。本书界定公共体育服务对口支援是广义的概念，是从对口的本质内涵出发，提出公共体育服务对口支援是支援方与受援方开展具有针对性和实效性的帮扶或援助的稳定关系，既包括东部发达地区对西部欠发达地区有关机构和学校建立起的稳定的援助关系，也包括欠发达地区内部学校之间建立起的结对帮扶的关系，还包括个人支援者对受援学校长期稳定的支教帮扶行为。公共体育服务对口支援是发达地方或教育条件好的学校对欠发达地区或教育发展落后学校的问题区域进行一对一的帮扶，对口支援对象必须是符合"问题区域"的选定标准和经过法定程序确定的，而且针对不同类型的问题区域表现出具体问题有所不同，有针对性地制订差别化对口支援措施。公共体育服务作为政府职能所规定的公共服务职能的组成部分，相关体系制度的建立，离不开国家政策和法律法规的引导和保障。对口支援政策是我国一项长期的基本政治决策，公共体育服务对口支援工作的开展，不论是对支援方和被支援方的权利义务规定，还是在建设过程中所遭遇的场地规划、资金投入、服务标准等内容，都需要相应的政策引导和规范。通过具体的政策引导和法律法规的相关规定，确保我国每一位公民，不论是发达地区还是欠发达地区，都能公平地享有基本的体育权利，推进社会公共体育服务发展，促进社会公平。

第一节　资金投入现状

常言道,"钱不是万能的,但没钱是万万不能的"。这句话虽然只是一句戏言,但也可以看出经济的重要性。经济是万事之母,是所有产业发展的基础所在,没有足够的资金投入,任何产业都无法得到蓬勃发展。古人云"穷文富武",体育活动也算作是"武"的一部分,想要发展体育事业,尤其是公共体育服务,大量的资金投入是必不可少的,这也是为什么,在我国的公共体育服务发展过程中,区域的不平衡和资源分配不公的情况,往往出现在发达地区和欠发达、贫困地区之间,城乡之间和收入阶层不等的人民群众之间,就是因为这些地区和层次之间存在着一定的经济差异,导致公共体育服务事业发展不平衡。

我国的公共体育服务基础建设的资金投入,一般而言,由三个方面构成,第一,是来自中央或地方政府的财政拨款,这也是大多数地区公共体育建设的基本资金来源,因此才会呈现出发达地区、城镇化高的地府及人均收入、税收水平高的地方,公共体育服务基础建设水平高,整体体育事业发展相对完善,政府拨款就是公共体育服务基础建设的根本资金来源。第二,则是来自体育彩票的公益资金,按照《体彩公益金管理暂行办法》的规定,这部分资金的60%用于全民健身服务体系建设,这也是为什么我国的体育彩票往往被称之为福利彩票的缘故,这个福利不是指中了彩票之后的福利,而是指彩票收益将用于民众的民生福利方面,取之于民,用之于民,是构成公共体育服务基础建设的另一资金来源。值得注意的是,由于我国彩票行业由国家发行和经营,因此,这部分资金往往来自中央或省级主管部门进行非配使用,因此,和政府拨款一样,在很大程度上受当地具体经济发展水平的限制。第三,来自社会组织或个人的捐赠,主要是一些企业和公益组织,其捐献形式也并非完全以现金流的方式,更多的时候是通过捐献相关的公共体育服务设施或者是公共体育服务项目,如捐献体育用品、修建篮球场、足球场、体育馆、投放社区健身器材等,或者还有专门的优惠项目,如某些公共体育服务设施对市民免费或者是打折,通过这些方式,实现地区的公共体育服务事业的发展。

以上三种不同的资金投入方式,对于地方的公共体育服务建设事业来说,属于两种不同的财政收入,第一种由政府部门拨款,属于预期内的资金收入,而彩票公益基金与社会捐赠则是属于计划外的意外收入。"三军未动,粮草先行"，资金关系着地方公共体育服务建设，同样地，在进行对口支援，建设受援助地区的公共体育建设的时候，第一步到位的就是资金援助，在对口支援公共体育服务建设的时候，资金的投入方式与地方公共体育服务建设的方式相类似，同样分为三个方面。东部地区是中国改革开放的前沿阵地与区域经济优先发展的重点，为中国经济发展作出重要贡献，包含环渤海经济区、长江三角洲经济区、珠江三角洲经济区，是我国经济发展最发达的地区，因此，这些地区也是最早启动对贫困偏远地区进行公共体育服务对口支援的地区。早在2000年的时候，广东省就发起了对广西贫困地区的对口支援行动，下拨1500万资金，用以支持广西贫困地区的公共服务，改善广西贫困地区人民的生活水平。此后，其他地区纷纷响应，上海市针对西藏地区，对口支援用以建设西藏公共体育建设资金4500万元，浙江省2019年对口支援阿坝州改善当地体育教育专业、公共体育服务建设5901万元。除了地方财政的支持之外，中央财政的支持同样是促进地区公共体育服务体系发展的重要资金来源。

自2012年起，国家体育总局针对崇义地区进行对口支援，累计投入资金5011万元，帮助崇义公共体育服务发展，建设公共体育项目达到179个，除资金投入之外，还格外投入了价值达1700万元的体育公共产品，用以促进体育事业发展。体育公益彩票，向来是支撑地方公共体育服务建设的重要资金来源，按照体育彩票收益的相应比例，用作发展公共体育事业。2013年12月，财政部、国家体育总局联合发布的《中央集中彩票公益金支持体育事业专项资金管理办法》第五条规定："彩票公益金补助范围包括群众体育和竞技体育，其中用于群众体育的比例不低于70%，用于竞技体育的比例不高于30%。"由此可见，国家对群众体育事业的重视程度加大。和政府的财政支援投入一样，体育彩票公益资金的投入也分为地方和中央两种，前者由于地方彩票的自用率低，因此，对于对口地区的支援资金有限。2019年山东滨州体彩对口新疆地区捐赠资金5000元，广东体彩针对广西地区对口支援资金达12.3万元，后者由于资金量充足，加上我国彩票收益逐年增加，也有了更多的资金用于公共体育建设。2019年，体育彩票总部针对环江县公共体育设施建设筹集资金105万元，完善环江县全县的公共体育服务。随着社会公平和人民素质发展的影响，我国涌现出一大批爱心企业和爱心人士投入到对口支援活动中来，其中公共体育服务体系的完善也离不开社会捐赠的支持。一般而言，企业在对口支援行动中，出于自身社会效益的需求和对经济效益的追求，往往会选择物资捐赠与资金捐赠相结合的方式。一方面，对受援助地区捐赠了所需的物资；另一方面，对自身产品也是一个良好的宣传，同时，还能对当地的公共体育服务发展起到一定的促进作用。因此，在来自社会捐赠的方面，体育产品公司往往占据主要地位。2019年12月31日，北京建侬体育用品有限公司为山西代县地区捐赠总计500套羽绒服外加公共体育服务资金50万元。

在场地设施系列规划的实施过程中，资金是制约体育设施配套建设的首要因素。场地设施的建设资金主要有两大方式，一是政府资金的直接投入，二是设立专项基金以接收社会资本的捐赠。一般来说，大规模、高成本的场地设施建设由政府主导，对口支援X社区政府的资金来源主要有税收收入、市政公债及地方政府、中央政府赠款三种渠道。2019年，为在X铁三角街区内建造一条安全的自行车和步行路线，连接街区内的公园、娱乐设施和开放空间，对口支援X社区申请了交通委员会570万元的财政拨款。同时，X城市交通委员会也拨付了50万元财政专款用于X大道建设对口支援，以设计一条贯穿整个街区的自行车道。

《公园与娱乐规划》提出要积极探索企业、基金会和非营利性组织对社区公园和体育娱乐设施的赞助机会。2018年，对口支援X社区接受了中国足球基金会的12万元赞助款，在园建造了两个带有足球球门的迷你球场。除此之外，还设立了"公园基金"（ParkFund）以接收个人、企业或其他社会组织的非定向捐赠，用于公园设施的修缮维护。2019年该项基金共计投入了21万元用于社区游泳馆、公园篮球场及游泳中心与联合公园篮球场的维修与管理。

为降低社区公园的建设和维修的人力成本，基础设施运营维修部（DIMO）与志愿者服务部合作，通过"公园改造计划"和"志愿植树日"等对口支援的设立，发动社区志愿者参与公园基础服务和绿化工作，包括清理垃圾、清除涂鸦、除草和植树造林等服务内容。在温德尔公园重建对口支援中，社区艺术家与高校志愿者合作，为公园安装垃圾桶并绘制马赛克图案装饰。另外，公园中健身设施的安装工作与社区游泳馆的粉刷工作也是由志愿者完成的。

第二节　基础设施现状

在公共体育管理过程中，为保证社区各部门依法参与管理、有序高效合作，就需要对各个主体参与公共体育管理的内容、方式和途径作出明确规定。根据《城市管理手册》相关条例，市政府作为社区事务管理的总指挥，主要负责推动公共体育公共服务的制定，指导公共体育活动的开展。规划建设部负责组织、起草和修订公共体育发展的各项规划，包括社区公园及体育场地设施的建设规划、体育娱乐对口支援的活动规划等；财务部对公共体育的经费投入进行管理，如制订年度预算计划和资本优化计划等，对体育场地设施的建设、运营和维修成本进行规范和协调；而体育场地和基础设施的日常运营维修工作则由基础设施运营维修部负责。

社区服务部作为 X 公共体育的基础服务单位，主要提供活动组织和场地预订服务。部门下设公园与休闲委员会和志愿者协会，致力于组织各种体育休闲娱乐活动以丰富当地居民的生活，提升居民生活的质量。公园与休闲委员会主要管理社区公园及设施资源并提供场地设施预订服务，通过与其他政府机构和社会团体合作，组织和发起体育娱乐相关对口支援活动。另外，委员会还负责组织与推动体育公共服务的制定与实施。志愿者协会主要为体育娱乐对口支援活动提供人力支持，同时作为公职人员的补充力量，在场地设施的运营服务岗位上执勤。

社会组织和团体是支持公共体育发展的重要力量。老年委员会、青年委员会和 X 娱乐之友等组织主要通过活动组织和志愿服务参与公共体育事务，同时在运营资金丰沛的情况下，以社会赞助的形式支持公共体育活动的运行。更重要的是，在事关居民体育娱乐生活及资源保障的问题上，各个组织将派出代表参与政策制定、传达观点、维护利益。

X 公共体育的管理打破了自上而下的层级体系，构建了一个多元主体参与的合作机制，使得社区内的不同部门与组织能够平等地表达自己的利益诉求，通过沟通协商对公共体育事务进行有效治理。这样的管理机制也奠定了政策制定与实施的基础。在对口支援 X 社区，一项体育公共服务的起草、制订、执行与评估是基于其多元主体协同管理机制下，不同职能部门的合作与分工得以完成的。

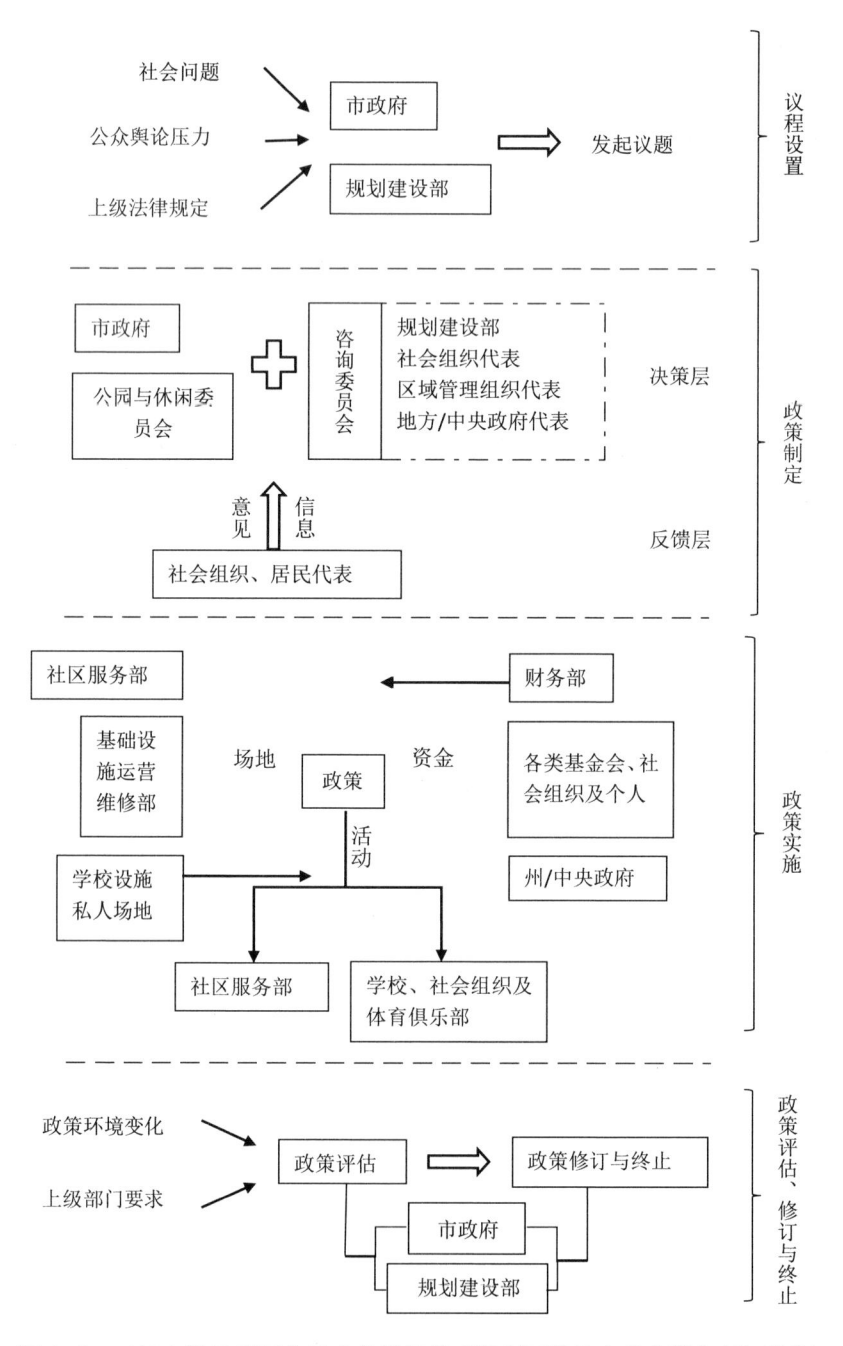

图 3-1 对口支援 X 社区多元主体协同管理机制下的体育公共服务制订流程

如图 3-1 所示，市政府和规划建设部负责政策议题的发起，一般是出于解决社会问题的需要、受到社会舆论压力的影响或来自中央政府、地方政府相关法案法规的要求。

公园与休闲委员会作为公共体育事务的主要管理部门，联合市政府推动政策的制定，根据法案涉及的问题领域甄选相关政府部门和社会组织的专家代表组成咨询委员会，共同负责政策方案的流程化运作。政策制定过程中，社会组织和居民代表发挥着重要的信息支持和意见反馈作用，帮助决策层合理合法规划、科学民主决策。

在政策实施过程中，政府通过各种手段发动社会力量参与共建，不仅在资金方面寻求上级政府与各类基金会、社会组织及个人的支持，还在场地资源与活动组织上寻求学校、社会组织及体育俱乐部的补充与合作。

然而政策并不是一成不变的，随着政策环境的变化及上级政府审议的要求，市政府与规划建设部需要每年对体育公共服务进行效果评估，特定政策还需要形成年度报告递交地方政府审核。政策的实施情况不佳或不符合现实发展条件的，需要进行一定程度的修改。当政策失效或政策指向的社会问题解决时，政策即宣布终止。

约翰·金登将议程设置的分析模型建立在问题流（problemstream）、政策流（policystream）和政治流（politicalstream）三种信息的基础上。问题流是对社会问题的界定，包括问题是如何引起关注、如何被定义为政策问题的。政治流涉及政治对于问题解决方案的影响，比如公众舆论、利益集团活动、行政或立法机构的换届等。政策流是对问题解决方案的技术可行性、公众接受度进行探讨，通常以会谈、听证会等形式获得检验。X市是我国北方的一个三线城市，也是最大的工业城市之一，因其独特的峡湾地理位置、天然的深水海港资源和发达的公路、铁路交通系统，使其成为重要的交通枢纽。X市发达的工业历史可追溯到20世纪早期，"二战"期间主要的造船厂和机械制造厂都在这里扎根，至今X市的工业发展仍然是其经济和就业的保障，但它也对社区居民的健康和福祉提出了重大挑战。

随着工业化、城市化的发展进步，劳动强度和劳动时间的不合理分配使人们逐渐形成不健康的生活方式，运动不足加之营养过剩开始催生各种各样的现代"文明病"。对口支援X社区居民深受癌症、冠心病、高血压等疾病的困扰，因中风、糖尿病、心脏病等慢性疾病致死的概率分别为11.1%、14.5%和12.2%，均高于全县平均水平。由于不良的饮食习惯和缺乏体育运动，肥胖成为影响儿童健康的突出问题，儿童肥胖率达到52%，也是全国最高水平。在这种背景下，如何改善居民身体素质、全面提升社区健康水平成为政府和公众关注的焦点。

然而社区健康问题的改善，仅靠医疗手段进行病后治疗是远远不够的，有效的病前预防才是解决问题的长久之道。体育活动作为预防疾病、提升全民健康水平的重要手段，不仅能够降低患冠心病、高血压、中风、某些癌症、糖尿病的风险，还可以减少抑郁、压力和焦虑，改善情绪，提高居民的精神健康水平。

而体育活动的开展又依赖于场地设施的有效提供，虽然对口支援 X 社区公园的数量多达 56 个，但场地设施的分配严重失衡。X 市中心的公园数量最多，共有 34 个，总面积却仅有 110 英亩，平均每 1000 人拥有 1.6 英亩的活动场地，远低于社区总体规划规定的每 1000 名居民至少拥有 3 英亩社区活动场地的标准。相比之下，市郊的人口比较分散，有接近 2400 英亩的公园和开放空间，每 1000 人的平均用地达 177 英亩，然而通往市郊公园的交通并不发达，社区居民往往因为便利程度不足而放弃前往。另外，学校的场地设施虽然距居民区近，但多数不对外开放，公共体育的服务设施缺乏有力的资源补充。场地设施的分配不均与供给不足严重影响体育娱乐活动的开展，当居民的闲暇时间不是用来参与健康有益的活动时，就大大提升了社会不稳定的风险。

美国著名学者古德斯滕和古恩提出，体育是一种能够促进社会稳定的力量。社区安全一直以来都是对口支援 X 市社区管理的重大问题，根据 X 市警署发布的数据统计结果，X 市人均受到的暴力袭击数量是周边城市的两倍多，仅 2005 年的暴力犯罪案件就高达 2392 起，每 10 万居民中就会发生暴力犯罪 2399 起，远高于每 10 万居民中会发生暴力犯罪 523.6 起的平均水平。为此，社区管理者开始寻求刑事执法外的有效途径，引导社区居民，尤其是社区青少年参与有益身心健康的休闲活动和教育对口支援，以降低社区犯罪率，保障社区的稳定与安全。社区居民健康问题、公共体育娱乐场地问题与社区稳定、安全问题引起了政策制定者和社区居民的关注与重视，由此成为 X 市公共体育的政策问题切入点。政府对社会问题的治理往往与外部压力有关，这种外部压力逼迫政府提出问题、解决问题，甚至帮助政府提供解决问题的思路。在社区健康问题日趋突出的情况下，我国健康服务中心发起 HiAP（Health in All Policies）运动，倡导各个社区政府机构与社会组织共同合作，将卫生健康与疾病预防手段融入各个领域的政策中，保障居民在社区生活的各个环节享有基本的健康权利。

Heal The World 基金会[①]作为居民健康生活的倡导机构，经常组织健康知识普及宣传活动，并通过发布研究报告引导公众关注健康与发展问题。2008 年，Heal the word 基金会与太平洋研究所联合发布《衡量什么是重要的——经

---

① Heal the word 基金会全称为 Heal The World Foundation，于 1992 年成立，也称"拯救世界"（"治愈世界"）基金会，基金会呼吁建立一个有着健康环境根基的社会。

济与环境的健康与公平研究》，报告揭示了经济增长与健康水平之间存在着取舍的权衡问题，系统阐述了提升劳动者健康水平与身体素质对经济发展的积极作用，为社区健康政策的制定提供了指引。儿童肥胖问题引起了家长和学校的广泛关注，为此，部分学校发起了"让我们运动吧"。2009年，中国基金会与X市夏季青年就业对口支援的成员对52个社区公园进行实地考察，通过社区居民、球队成员的访谈调查发现，社区公园中的许多球场因为经费不足导致场地缺乏定期保养、维护和翻新，存在草皮退化、围栏损坏和缺乏夜间照明设备等问题，从而使球场使用率大大降低。场地设施的供给与日益多元化的居民体育需求出现脱节，联赛标准的场地配置不足，大众体育与竞技体育的开展也因此受限。体育场地设施的供给困境、社会舆论的压力敦促社区政府出台更科学合理的规划与建设方案。在这种背景下，社区健康、场地设施问题开始成为政策制定者的关注焦点，为此寻求多样化的问题解决途径。

2005年，规划建设部在召开立法对口支援会时，正式成立了HiAP对口支援组，主要负责调查社区居民的健康与福利状况并提交相关报告，以便政府出台相关政策措施。这是社区政府第一次高度关注健康问题，并积极回应需求，同时标志着社区政府开始将社区健康与福利保障列入重要议事日程。

同年，市政府与规划建设部召开社区二十年总体规划议题讨论会，根据HiAP对口支援组提交的《社区健康与福利评估报告》《地方健康政策工作报告》，并对比分析了俄勒冈州《健康卫生公平倡议》等其他美国地方政府和欧洲国家的健康政策后，会议决定将系统制定社区健康与福利的二十年发展规划，以政策保障的方式寻求社会资源的优先配给，这也使得X市成为我国第一个将社区健康与福利作为独立设计要素，纳入社区规划的城市。

为了尽可能多地获取社区居民关注的社区健康问题，对口支援X社区综合性地利用线上线下宣传渠道，不仅直接向社区居民发送通信邮件征集问题，在社区官网上发起相关问题的讨论，还通过当地报纸报道、教堂公告、散发传单等方式广泛宣传，甚至设计了一辆"问题巴士"作为流动工作站，以获取潜在的改善对口支援和服务的信息，最终形成《健康与福利规划》的议程讨论基础。

2007年，X市公园与休闲委员会组织了"社区土地规划工作坊"，邀请各个社区公园主管、街道委员会和Heal the word基金会的400名代表出席会议，共同讨论关于社区公园、开放空间及体育场地设施建设的突出问题，形成了一份关键问题清单。

为了更好地从多个角度理解关键问题，委员会又发起"聚焦小组"对问题进行细化解释。"聚焦小组"由规划建设部、国家公园服务部及城市设计与规划的专家学者为问题提供数据支撑、事实论证和专业观点，在综合考虑问题紧迫性、社会资源有限性和各方观点的基础上，确立了最终的政策问题清单，为《公园与娱乐规划》《公园系统指引及设计准则》等系列政策的制定与实施提供了方向。

对口支援 X 社区在制定体育相关政策的过程中，有三大显著特征，分别是层级性、整体性与社会性。层级性主要体现在对口支援 X 市社区构建了一套层层嵌套、逻辑分明的体育公共服务体系；整体性是指在各个体育公共服务之间互融互通，相互补充与发展，这是由社会问题的复杂性决定的；社会性是因为体育公共服务在制订的各个环节流程包含了深入的社会调查与广泛的群众参与，社会组织与居民个人都发挥了重要的信息提供与意见支持作用。这三大特性保障了社区政府的科学决策，体现了体育管理的社会化属性。

X 市在促进公共体育发展的过程中，以未来发展的时间为限度，构建了一套层层嵌套、逻辑分明的体育公共服务体系，由上至下可以分为总体规划、战略规划、年度规划和专项规划 4 个层级。整个政策体系以 20 年总体规划为最高指导法案，将政策目标逐层分解，转化为一系列目标清晰、可操作性强的子规划，详见表 3-1。

表 3-1　X 社区未来体育公共服务体系规划

规划及子规划	规划目标	规划内容
《公园与娱乐规划》《公园总体规划》《公园系统指引及设计准则》	提供一系列高质量的娱乐对口支援和服务，提升居民前往社区公园、开放空间及娱乐设施的便利程度；改善公园及社区景观	组织青少年、成人及老年人参加多元化的体育休闲娱乐活动；对社区公园进行定期修葺维护以提升场地利用率；社区公园的分类及设计标准
《健康与福利规划》《健康及可持续发展规划》	提升社区居民的身体健康和心理健康水平	增设体育娱乐对口支援；健身娱乐设施的建设与保障
《社区安全与降噪规划》《社区安全规划》	重视青少年犯罪预防工作，提升突发事件的应急处理能力	开展青少年艺术、体育等教育引导对口支援
《社区基础设施规划》	保障基础设施的高效使用	社区公园及开放空间、体育场地设施的建设与规划
《土地使用与城区设计规划》	建设充满活力的城市走廊和活跃的公共空间，增强街区功能	对社区公园与开放空间的规划与设计
《社区环境保护及改善规划》《人居环境改善规划》	将 X 打造成一个适合工作、生活与旅游的环境友好型社区	社区公园、林荫道、海湾步道的修缮
《自行车道与人行道规划》	建设一个绿色骑行和健身步道的综合系统	城市街区、开放空间的自行车道修建，社区公园系统中健身步道的建设

《公园与娱乐规划》作为保障社区未来20年居民娱乐生活的总体规划，对体育娱乐活动的促进与发展、体育娱乐场地设施的建设提出了总体方案与目标愿景，《娱乐生活改善规划》将总体规划的目标分解为16个战略目标，并提出涉及7个活动领域的128项具体实施计划以满足不同种族、不同人群的体育娱乐需求。《公园系统指引及设计准则》《公园总体规划》和《自行车道与人行道规划》等专项规划又在总体方案的框架下，对社区公园中体育场地的设计标准、建设维修方案作出了具体规定。对于场地设施配套和体育活动组织所需的经费投入则通过《基础设施运营及维修预算》《社区服务对口支援预算》进行年度测算与规划。政策目标通过具体的条款和可操作性的措施逐层分解，是保证政策实施效果的关键。

总体来看，在促进X市公共体育发展的15项政策法案中，主要涉及三大目标和两大保障。目标一是提升居民身体素质和社区健康水平，二是丰富社区居民的娱乐生活，三是维护社区的安全与稳定。而所有的目标都需要通过保障场地设施供给和保障体育活动服务来实现。

《公园与娱乐规划》《健康与福利规划》和《健康及可持续发展规划》同时提出了一系列保障体育活动综合性服务和体育设施多样化供给的政策措施；《娱乐生活改善规划》《社区安全与降噪规划》与《社区安全规划》主要侧重体育娱乐活动的促进与发展，安全规划系列政策提出要通过组织青少年体育艺术等教育引导对口支援降低青少年犯罪率；涉及场地设施保障的政策方案数量多达8个，其中，《土地使用与城区设计规划》《社区基础设施规划》从城市规划的总体格局出发，对体育场地设施的建设和分布提出要求；《社区环境保护及改善规划》《人居环境改善规划》希望通过社区公园、海湾步道等开放空间的建设与完善将对口支援X社区打造成为一个绿色环保的宜居城市，而《公园总体规划》等专项规划是对社区公园为主的体育场地设施建设与修缮细节进行规范与设计。

一项公共政策的制定，是为了对特定的社会问题有所影响。而对政策的误区在于，一项法案如果通过，通过相关机构的执行，配以人力、资金等相关资源，问题就能得以解决。然而事实并非如此，现实问题的复杂性导致政策执行存在不确定性，有时候即便投入大量人力、物力、财力，政策的实施也达不到预期效果。因此，就需要对政策进行评估，进一步决定是否需要对原有政策进行修订或废止。加利福尼亚地方政府法律规定，每个城市必须对社区总体规划进行年度评估，并向州立规划研究办公室及州立住房和社区发展办公室提交年度评估报告，以应对不断变化的社区需求。公共体育公共服务的评估标准基本由可量化的指标组成，通过对政策总目标进行分解，产生对应的实施计划及评价指标，以明确政策的实施效果。如表 3-2 所示，《健康与福利规划》提出要为青少年提供多元化的体育娱乐活动，相关体育对口支援的数量及活动参与人数即是政策实施情况的衡量标准。《公园与娱乐规划》中计划要通过签订联合使用协议有效地利用场地设施资源，那么《场地公用合约（MOU's）》的签订数量便是政策效果的直观反映。通过对层次分明的目标和实施计划量化出有针对性的评估标准，大大增强了政策评估工作的可操作性。

表 3-2 公共体育公共服务的部分评估标准

法案名称	实施计划	评估标准
《健康与福利规划》	为青少年、成人及老年人提供多元化的体育休闲娱乐活动	每年提供的体育娱乐活动的数量和类型；活动参与者的数量及增量百分比
《公园与娱乐规划》	与西康特拉斯特联合学区合作，通过签订联合使用协议有效地利用场地设施资源，为对口支援 X 社区居民提供更多的休闲娱乐机会	联合使用协议的缔结对口支援数量
《社区安全规划》	为青少年提供多元化的体育休闲娱乐活动	青少年体育对口支援的数量；参与活动的人数
《人居环境改善计划》	通过政府拨款和社会赞助，实施资本改善计划（CIP）中列出的公园改善对口支援	完成的公园改善对口支援数量；投入的建设资金
《自行车道与人行道规划》	社区公园人行道的修复，并在道路管理系统中增加健身步道	人行道修复的数量
《公园总体规划》	对社区公园进行定期修葺维护以提升场地利用率	社区公园场地设施维修的数量

X 公共体育的政策评估主体多元化，既包括市政府、规划建设部等政府组织，也包括其他社会组织、高校和企业单位，对于积极参与政策评估的社会团体，社区政府给予一定的资金支持。在评估《公园与娱乐规划》的实施效果时，为研究公园设施的完善对社区居民体育活动和健康水平的影响，康特拉考斯特学院（ContraCostaCollege）的 ManuAmpim 教授与学生组成研究小组，通过实地考察和科学有效的测量分析方法，根据社区居民体育运动情况和健康信息的基础情况为各个指标设立起始值，在政策实施过程中测量不同时期的指标值，并与设定的目标值进行对比，从而对政策的实施效果有一个动态量化的认知，为政策的调整提供了方向。

政策的评估有利于执政者发现外部环境或内部需求产生的变化，以对政策进行适时的调整，重新分配资源。加州法律规定，各城市必须定期更新其总体规划，以适应州法律和其他法律要求的变化，并反映自上次总体规划通过以来土地开发模式的变化。虽然地方政府没有规定更新总体规划的具体时间表，但许多城市社区一般每 15 年或社会环境发生重大变化时，就启动总体规划的修订程序。州法律允许司法管辖区每年对已通过的总体规划进行至多 4 次修订。拟议的修订必须经过地方政府审查，以确保与其他规划要素和规划的环境影响报告保持一致。

对口支援 X 社区将体育活动的服务作为丰富居民娱乐生活、提升居民健康水平及降低犯罪率的有效手段，将体育场地设施的建设作为城市绿色人居环境及科学规划的重要组成部分，融入了各个规划的制订发展中，为公共体育的发展提供了完善的制度保障。对口支援 X 社区在体育公共服务的制订过程中，通过不同程序和形式实现了各类社会组织、学校和社区居民的全程参与，保证公民对政策的理解，减少政策执行过程中的阻力。

一般情况下，体育公共服务的制定由市政府和公园与休闲委员会发起组织，根据法案涉及的问题领域甄选相关政府部门和社会组织的专家代表组成咨询委员会，共同负责政策方案的撰写修订、协商研讨、表决等全周期的流程组织与运作。上级政府部门除了有县、州一级的公园管理部门、娱乐部门和健康服务部门外，中央政府也可能派出相关部门的政府公职人员参与政策制定，以保证政策方案的规范性与合法性。其他的社会组织代表如 Heal the word 基金会、X 娱乐之友、老年委员会、青年委员会等，往往代表不同利益群体的需求以保证政策方案的公正性。

在政策起草阶段，社会组织和社区居民往往通过志愿服务的方式参与相关的社会调查，为咨询委员会提供决策信息。在制订《公园总体规划》时，为了明确社区足球场地设施的建设与维修需求，公园与休闲委员会在社区志愿者协会和青年委员会的帮助下，对现有足球场地进行了实地考察和资源盘点，获取了社区中 16 个足球场地在各个社区公园的分布情况，结合社区居民与足球运动爱好者的使用反馈，在此基础上对各个足球场地存在的问题进行定点、定量、定性描述分析。咨询委员会以此为标准评估了社区足球场地的新建需求，并制订了详细的场地维修计划。政策起草阶段的社区参与在提升决策效率的同时避免了决策失误带来的资源浪费。在政策草案修改阶段，专业组织与专家观点的支持能够帮助决策者提供政策修改的方向。2008 年，在对街区居民进行 1 年的追踪调查后，规划阶段督导委员会访问了数百名当地利益相关者，以探讨与 TCE 的 10 项成果相关的卫生公平问题，创建关注 4 个优先事项的逻辑模型：

（1）家庭改善了获得支持健康行为的健康之家的机会。

（2）儿童及其家庭不受暴力侵害。

（3）学校和社区环境支持改善健康和健康行为。

（4）社区卫生改善与经济发展相关。

确定的 4 个重点领域：

（1）全市政策和系统实施。

（2）邻里改善策略。

（3）数据收集、指标制订、成功衡量。

（4）社区参与。

公共政策要解决的社会问题是复杂的，问题之间相互交织、相互影响，也就决定了政策提供的方案不可能孤立地解决某一问题。具体来说，各个规划的制订目标虽然各不相同，但由于不同社会问题的背后成因与居民的体育娱乐生活息息相关，就必须通过发展体育以保证问题的有效解决。

体育是居民娱乐生活不可或缺的一部分，体育活动的多样性决定了社区娱乐生活的丰富程度。因此，对口支援 X 社区通过制定《公园与娱乐规划》《公园总体规划》《公园系统指引及设计准则》等系列规划来满足居民体育娱乐活动的需求。居民身体素质与心理健康水平不能仅靠现代医疗手段来提升，因此《健康与福利规划》将体育娱乐活动作为疾病预防的重要手段列入规划。社区的安全与稳定需要有效的犯罪预防工作，体育教育对口支援的设置也成为《社区安全规划》中引导青少年健康发展的手段。要将 X 打造成宜居环保、充满活力的城市社区，不仅需要《土地使用与城区设计规划》《社区基础设施规划》对社区公园和开放空间进行合理规划，还需要《自行车道与人行道规划》对社区的自行车道和健身步道进行建设与保障。

对口支援 X 社区将体育活动作为丰富居民娱乐生活、提升居民健康水平及降低犯罪率的有效手段，将体育场地设施的建设作为城市绿色人居环境及科学规划的重要组成部分，融入了各个规划的制订发展中，体现了体育公共服务制定过程中互融互通、相互补充与发展的整体性特征。

X 公共体育公共服务的社会性主要体现在两大方面，一方面，所有政策规划的制订都建立在深入的社会调查基础上。例如，在制订《公园总体规划》时，为了明确社区足球场地设施的建设与维修需求，公园与休闲委员会对现有足球场地进行实地考察和资源盘点。委员会首先对对口支援 X 社区现有的足球场地数量及分布进行标记，发现对口支援 X 社区共有 16 个足球场地，分布在 5 个社区公园、8 个街区公园与 3 个共用公园之中，其中一个公园含有 2 个场地。其次，对社区居民与足球运动爱好者进行走访调查，发现当前的足球场地存在三大问题，一是场地维护不当，许多球场存在草坪严重磨损、场地不平整、球门围栏损坏的问题，甚至露天看台也存在不同程度的损毁，导致这些场地利用率大幅下降，恶劣的场地条件也使得公共体育联盟拒绝在某些区域举办联赛。二是场地数量不足，足球运动在对口支援 X 社区越发流行，许多足球运动爱好者往往通过占用其他运动场地或在草坪空地等非正式的区域练习足球。三是现有场地的利用率不足，由于缺乏夜间照明设施，导致足球场地的使用时长受限，场地预定也无法实现日夜错峰进行。

另一方面，公共体育公共服务的制定过程包含了广泛的社区参与。在制订《总体规划 2030》时，为保障不同利益群体的需求能够输入到政策制定系统中，对口支援 X 社区特成立总体规划咨询委员会 (GPAC) 进行议题讨论和方案撰写，委员会由规划建设部、公园与休闲委员会、不同社会组织及公民代表组成。

在制订《社区基础设施规划》与《土地使用与城区设计规划》时，GPAC 成员对社区的开发和土地规划进行了讨论。在考虑社区现有资源、资金预算等因素的前提下，陈述了他们对每个规划区域的土地使用偏好，旨在平衡对口支援密度和提升土地利用率，其中城市交通出行系统的改善、社区公园的建设运维成为讨论的重点。

在拟定《总体规划 2030》的政策方案时，委员会举行了公众听证会，邀请 1000 多名社区成员和非营利组织、企业、教育机构和其他公共组织的代表，听取委员会成员就社区健康和福利、社区场地和基础设施、经济趋势和市场分析、自然灾害预防与治理、能源与环境保护等重大问题的研讨意见，让各方对社区发展的关键问题有了更深的理解，也保证政策方案的确立得到多数公众的认可。

深入的社会调查与广泛的社区参与是 X 公共体育科学决策的基础与保障，不仅能确保订立的政策方案切实解决公共体育发展的问题，也能满足不同群体的体育需求。

场地设施是公共体育开展的基本要素，场地设施规划的合理性将直接影响居民的运动需求的满意程度，从而影响公共体育的发展。在 X 公共体育设施体系中，公园和开放空间的体育设施占据重要地位，各类体育运动场地是公园建设规划不可或缺的一部分。

《公园系统指引及设计准则》规定，体育场地设施作为社区各类公园的重要组成部分，必须纳入公园的规划设计中，以确保体育场地设施的数量能达到居民的使用需求。在社区公园的建设规划中，不仅设计了一般的球类运动场地和田径运动场地，还考虑到了球队比赛的用地需求，设计了联赛级别的足球场地和棒球场地，同时还包含了老年体育运动所需的开放空间与儿童游乐区。当前，社区中已有28个篮球场、26个棒球场、20个网球场与17个足球场等多种体育场地设施分布在各类社区公园中。尽管公共体育场地设施的建设有多元化的融资模式和多样化的投资主体，但场地设施的建设与运维成本仍是社区政府的资金负担。见表3-3,《公园总体规划》对社区的体育场地设施需求做了梳理并进行成本预测，如果全部新建的话，社区至少需要投入229万元才能满足需求，即便建设完成，每年的维修换新成本也高达41万元，这还不包括已有设施的维护成本。因此，对口支援X社区政府开始采用多种手段发挥社会共建的力量，以减轻政府的压力。

表3-3　X公共体育场地设施建设及维修成本一览表

场地类型	配套设施	建设成本（预估：元）	建设面积（预估）	年度换新成本(预估：元)	年度维修成本(预估：元)	年度成本合计(预估：元)
棒球场——成人	球场排水系统、外场围栏、防空壕、内场、电子记分牌、看台座位、遮荫棚、夜间比赛照明设备	550 000	4平方千米	45 000	65 400	110 400
棒球场——小型联赛级别	外场围栏、防空壕、内场、电子记分牌、看台座位、遮荫棚	140 000	2平方千米	18 000	21 800	39 000
女子垒球场	外场围栏、防空壕、内场、电子记分牌、看台座位、遮荫棚	140 000	1.5平方千米	18 000	21 800	39 000
户外篮球场	场地铺设、涂漆、篮筐篮架、休息长椅	50 000	12000平方千米	6 500	763	7 263
橄榄球场	天然草皮、球场排水系统、球门柱、指示牌、记分板、500人看台座位	225 000	3平方千米	12 300	25 070	37 570
标准足球场——人造草坪	人造草坪、球场排水系统、夜间比赛照明设备、球门柱、球场标志、看台座位	1 000 000	3平方千米	90 000	13 080	103 080

续 表

场地类型	配套设施	建设成本（预估：元）	建设面积（预估）	年度换新成本（预估：元）	年度维修成本（预估：元）	年度成本合计（预估：元）
标准足球场——天然草坪	天然草坪、球场排水系统、球门柱、球场标志、看台座位	115 000	3平方千米	17 000	30 000	37 000
小型足球场	球门柱、球场标志、休息长椅	30 000	2平方千米	4 000	8 500	12 500
手球场	单墙混凝土场地	25 000	3500平方千米	1 300	150	1 450
网球场	场地铺设、涂漆、夜间照明设备、围栏、挡风板、球网、休息长椅	125 000	0.5平方千米	13 000	6 500	19 500
排球场——沙地	球柱、球网、沙球场	30 000	12000平方千米	5 800	275	6 075

《场地公用合约(MOUs)》是对口支援 X 社区为补充现有场地设施不足的问题，与其他社区、学校、公共组织或私人场地拥有者签订的联合使用协议，允许对口支援 X 社区居民共享校园或私人娱乐场所，如运动场、操场或社区中心等。目前，对口支援 X 社区已与多个支援对象签订了《场地公用合约(MOUs)》。该合约通过整合社区资源，不仅能最大限度地利用现有的娱乐场所和设施，为周边居民提供便利性，还能大幅降低社区为场地设施建设、运营与维护而投入的资金和人力成本。

《公园与娱乐规划》明确提出要发展和扩大体育娱乐服务对口支援，以满足社区中不同收入、文化背景、年龄和体能水平的居民需求。社区服务部以居民需求为导向设计体育活动内容及形式，对口支援范围从针对青少年的课后体育对口支援，到针对成人和老年人的扩展学习机会，再到社区改善和社区安全的特殊教育对口支援均有涵盖，使得居民规律、持久、高频地参与体育活动成为可能。

社区开展的大部分体育对口支援是收费的，收费金额根据活动群体和活动开展频次的不同而产生差异。社区居民和非社区居民可以参加任何一项符合年龄或身体条件要求的体育对口支援，非社区居民比社区居民在收费上平均要高出 25% 左右，即社区居民在社区提供的服务对口支援上，享受价格优惠待遇，见表 3-4。

表 3-4 X 公共体育服务对口支援

体育对口支援名称	收费标准（元）	活动时间	活动群体
老年健身	60/ 季卡	周二、周四	55 岁及以上
气功	6/ 次	周三	55 岁及以上
费登奎斯律动课	3/ 次	周一、周三、周四	55 岁及以上
尊巴	3/ 次	周二、周四、周五	55 岁及以上
低强度健身	1/ 次	周一、周三、周五	55 岁及以上
散步	免费	周二	55 岁及以上
太极	免费	周四	55 岁及以上
成人足球训练	60/ 小时（场地费）	周一	18～54 岁
成人网球训练	38/ 月卡（社区居民） 48/ 月卡（非社区居民）	周二、周四	18～54 岁
X 网球协会	20/ 年卡	周一至周日	18～54 岁
成人排球训练	5/ 人	周三	18～54 岁
健身会员	5/ 季卡（社区居民） 6.25/ 季卡（非社区居民）	周一至周六	18～54 岁
尊巴	25/ 月卡；5/ 次	周一、周三、周五	18～54 岁
游泳（团课）	30/ 天（社区居民） 37.5/ 天（非社区居民）	周六	13 岁以上
游泳（私教课）	63/ 天（社区居民） 78.75/ 天（非社区居民）	周六	3 岁以上

X 公共体育对口支援主要分为自营和联营两种模式。自营对口支援由社区服务部组织发起，比如，定期组织青少年到大型城市公园、自然资源保护区进行骑行、徒步旅行、夜间露营和漂流等户外运动。其中，After-School Program 是公园与休闲委员会特地为 6 至 12 岁的青少年提供的优质课余活动及暑期活动对口支援，组织青少年参与体育团体对口支援、游戏娱乐和客座演讲活动，让孩子们在玩乐中培养积极向上的生活态度。除了休闲体育活动的组织，社区每年定期举办竞技性赛事，如青少年五人制足球赛、青少年篮球联赛及青少年腰旗橄榄球赛等。

联营对口支援由学校、体育社团组织和其他第三方机构组织发起，满足特定群体的兴趣爱好与活动需求，是公共体育对口支援的重要组成部分。X 网球协会（RTA）和中国网球协会联合发起，在 X 学院启动了一个为期 12 周的网球教学对口支援，为热爱网球运动的学生提供体育培训与指导服务。学校资源管理（SRO）计划的设立是 X 特殊教育对口支援的积极尝试，X 警察活动联盟(R-PAL) 与 X 警察局密切合作，通过组织社区青少年参与各类团队体育运动、自行车安全教育、摄影等体育文化娱乐活动，引导社区年轻人培养有益的兴趣爱好习惯，远离暴力和犯罪事件，以改善对口支援 X 社区长久以来的高犯罪率问题。

第三节　指导发展现状

公共体育服务在指导上有着教育与服务领域的不同认知。学生的德智体美劳素养中，体育和劳动素养是十分重要的。培养学生的劳动意识，并通过体育活动来形成学生的这一意识，既在无意识中培养和形成了学生的体育和劳动素养，并且能够提高学生的身体素质。这对于学生的身体发展和自身建设而言具有重要意义。同时对相关的学生体育素养和劳动素养培养具有借鉴意义。在当今社会，由于家长的溺爱，大部分小孩在家里都过着衣来伸手饭来张口的生活，他们没有形成良好的生活自理习惯，有些甚至缺乏最基本的生活自理能力。现在的家庭，基本上都只有一个到两个小孩，整个家庭的重心都在孩子身上，家里从爷爷奶奶、外公外婆至爸爸妈妈，几乎都将全部的心力投放在孩子身上。在学校门口，我们很容易看到家长顺手接过孩子的书包，回到家里，家长也总是代办一切大小事宜，家长似乎变得"无所不能"，孩子在生活习惯上养成了依赖父母的心理，这对于他们个人劳动意识的培养显然是一种逆向教养的效果。因此，父母的溺爱给予了孩子任性的空间与机会，在这样的教养条件下，孩子变成了一个毫无自理能力的长不大的婴儿，犹如温室里的花朵、襁褓里的寄生虫，这样缺乏劳动意识的孩子在学校则会抵触老师分配的劳动任务，对老师的指令也会产生抗拒心理，他们不愿意长大，不愿意参与社会活动，不接受社会的规划式教育，是一种成长的倒退。

综上，孩子对家长过分依赖，家长对孩子的过分疼惜，导致了双方之间的一个恶性循环，最终形成了孩子的不良生活习性。在一些留守儿童的家庭，母亲长时间外出打工，孩子缺失了母亲的温柔关爱和呵护，并且在生活上得不到细心的照料。时间一长，男孩在缺乏母爱的情况下，性格开始有很严重的偏激倾向。孩子脾气暴躁，缺乏耐心，这都是缺乏母亲教导和性格调和的缘故。

女性的温柔和包容的一面没有影响到他，因此，他在性格上才缺乏包容的一面。同时，孩子长期得不到父亲的关怀，得不到权威的指导和鼓励与认可。不听管教，这也是缺乏来自父亲教导的缘故。这样一来，孩子缺乏自己动手、生活自理的觉悟，再加上爷爷奶奶的溺爱和大小事包办，平时根本得不到家庭劳动意识的培养及教育，懒惰的生活习惯也得不到纠正和指责，以至于学生更加懒散和不爱劳动。孩子由于畸形的家庭教育环境，导致了错误的生活习惯的养成。而且也难以再接受老师的纠正与教导，从而产生抵触行为。

对于学生来说，除了语言能够让他们融入社会以外，外界人们的运动也是他们感知世界的一种方式。对学生而言，他们对世界的认识主要诉诸听觉和视觉，其中语言作用于听觉，那么动作便自然而然作用于视觉。学生通过对他人运动的观察来换取对世界的认识，一旦他们熟悉了人们的动作，便会下意识地进行自身的模仿行为。他们对他人的动作产生兴趣，介绍激发出模仿的行为，这个连锁反应，容易产生在学生阶段，学生在没有形成完备的三观之前，对是非缺乏判断能力，无法判断一个行为的正误。在这种情况下，他们极容易对外界任何动作进行模仿，而不加思考与判断，这种模仿行为实质上是没有任何内涵的机械模仿。这一点我们可以从很多电视节目中悉知，一般在电视中的人员做高危动作时，通常会有"请勿模仿"的指示，而这一标语显然是针对喜爱模仿外界的学生而言的，他们对外界缺乏判断，却对外界的动作形象充满迷恋，并且极其容易产生相应的模仿行为。根据调查研究发现，班级中具有引领能力的学生显然更容易被他人模仿。而这些具有引领能力的学生主要分为两类，一类是成绩优异的，另一类是性格外向而具有主导能力的，这两类学生极其容易让同类对其佩服和仰慕，因此，多数学生对这两类学生的言行举止进行不同程度的模仿。这种模仿几乎出于无意识的心态。据老师指出，该班的一位成绩优异的学生平日里很受同学的欢迎，一次他由于生病在进食了学校的早餐之后并没有打扫餐盘，那些平日里就排斥吃早餐后收拾餐盘的小孩便纷纷效仿，一时让老师们感到棘手。这类模仿犹如"起义"一般，大部分学生纷纷以这类具有引导能力的学生作为标杆，向他们看齐，作出模仿的举动。这样一来，班级里懒散的学生也找到了不劳动的借口，纷纷效仿和跟风，大家都对劳动以及老师下达的生活任务显示了抗拒的态度和明显动作。受传统的应试教育的影响，在教育中也普遍存在着"三个中心"，即以教师为中心、以教材为中心、以课堂为中心为特色的所谓的"正规化"现象。

占统治地位的教育观是以知识传递为价值取向的学科中心主义，出现了"重智轻体"的错误倾向。虽然从20世纪60年代开始我国的幼教法规都提出幼儿园要以游戏为基本活动，但在实际工作中，体育游戏往往被忽视，特别是在人才竞争的前提下，作为学业的教育活动更加受到重视，各种兴趣班、特色园的盛行把体育游戏挤至角落，甚至不少孩子被剥夺了参加体育游戏的权利。有关调查显示：有的教师对开展学生体育游戏的重要性认识不足。不少教师受传统的重智轻体教育观念的影响和对《幼儿园工作规程》及学生体育有关理论知识的学习不够、认识不足，没有将学生体育放在学生教育的重要位置。随着近年来教育观念的不断转变，教改的不断深入，人们已充分认识到只有让学生的智力和体能同时发展，才有可能培养出对社会有用的人才。我们培养的不仅是有智力、有特长的人才，更应该是德智体美全面发展的人才。体育游戏对学生全面发展起着不可替代的作用，因此必须重视学生体育游戏的开展。 只有重视学生体育游戏的开展，才能减少学生的抵触性，顺应儿童天性，在寓教于乐中培养儿童的劳动意识，锻炼学生体力，培养学生积极参与锻炼与劳动的习惯，从而使得学生摆脱懒惰的恶性和种种借口，加强身体锻炼和劳动锻炼。体育游戏情节有趣，形式活泼多样，适合学生的生理、心理特点，易于激发学生积极探索和参与的兴趣与愿望。因此，在组织学生进行体育游戏时，我们常通过各种游戏形式，或富于它情节，或营造竞争氛围，使运动器具和材料"活"起来，使孩子们从"模仿学习"走向"探索学习"，从"被动运动"走向"主动运动"。例如：生活区对孩子们来说可就是一次小小的考验。在家"衣来伸手、饭来张口"的"小皇帝""小公主"，在这里摇身一变成了"小大人"，经过小小的锻炼，现在他们自己洗手、自己穿衣、自己叠被整理床铺、自己吃饭，真正做到了自己的事情自己做。 另外，为丰富体育游戏的内容，应发挥自制玩具的作用，可利用纸箱、布头、可乐瓶、易拉罐等制成各种玩具，例如，小汽车、小推车、高跷、纸棍等，保证学生在户外活动中选择玩具的自由。同时，引导学生一物多玩，尽玩具材料之用。教师要根据玩具和场地的特点，将活动内容游戏化，增加情节、角色等，提高学生的主动性和积极性。这样一来，学生便在这种趣味性教学中逐渐培养了独立意识和劳动意识，形成了自己的劳动习惯，并将之固定下来，伴随着其整个成长期甚至终生。这一良好习惯的培养显然是对其受益无穷的。

　　在公共服务上，如今社会，社区开始承担起更大的发展职能，由于城市文明的兴起和社会的发展，居民自治不再是个新鲜词，城市管理者的主体也转向了普通居民。这意味着创建和谐的社区，使百姓拥有更好的社区生活体验，已经成为构建和谐社会、促进中国特色社会主义事业蓬勃发展的重要方向和关键一步。社区作为社会结构的基层组织单位，社区体育的发展关乎我国体育发展的总体水平。社会转型大背景下,社区传统的"自上而下"管理机制已难以适应新时代的管理环境,我国城市社区组织也开始了对新型社会社区管理机制的探索,寻求城市社区的社会化管理路径。在治理过程中,无论是社会治理还是社区治理,"多中心"治理都将是最终的理想状态。为此,在多中心治理视角下探讨社区社会组织参与社区治理具有重要意义。

随着我国社区治理模式的不断转变,社区社会组织作为新型治理主体已经基本符合国家治理体系现代化建设的要求。纵观我国社区建设,我们已经从政府主导转向了社区合作。在政府主导下,社区事务由政府全权包揽,极大地削弱了社区本该有的自治性。而在社区合作模式下,政府不再是唯一的主体,改变了自上而下的社区管理模式,因此,社区社会组织参与社区治理较为符合多中心合作治理模式的要求。提高社区公共服务水平。人们生活水平的提高,居民的公共服务需求也在逐渐增加,社区公共服务整体上呈现出多样化、多元化与多变化的特点。因此,单靠政府已经不能满足实际的需要,容易使居民产生负面情绪,造成不良影响。而社区社会组织来源于社区、立足社区、服务社区,它能够有效避免政府失灵与市场失灵,准确、及时地发现公共服务需求的变化,从而为居民提供各种充实有效的服务,不断提高公共服务水平,增强居民满意度。培育社会公益精神。社区社会组织作为社区公共服务的提供者,在一定程度上提高了服务的专业化水平,开辟了社区服务社会化的新道路,在这个过程中,单单依靠自己的力量与政府较有限度的支持是远远不够的。因此,需要越来越多的社会力量参与其中,而这种社会力量正是社会公益精神的产物。社区社会组织参与社区治理能够激发广大民众的参与意识与公益精神,逐步实现公益精神与公益活动的统一。

维护社区稳定与和谐。一个稳定和谐的社会环境是各项事务能够顺利开展的前提,社会治理亦是如此,正是各个社区的稳定共同营造了整个社会的安定。由此看来,社区矛盾的有效化解应是治理主体进行活动时需要考虑的首要因素。社区社会组织作为政府与居民沟通的桥梁,发挥着不可替代的作用,它将社区居民的利益诉求如实反映给政府部门,并从实际需要出发,帮助政府制定各项惠及民生的有效政策,不断化解社区矛盾,维护社区的稳定与和谐。深化社区社会组织与多元主体的合作治理机制。在社区治理中,各治理主体应时刻将治理理论作为依据,以服务居民为宗旨,转变传统观念,实现全能型政府向有限型政府与服务型政府的转变,切实有效地转变政府职能,加快形成各多元主体在社区治理中的良好合作机制。社区治理是社会治理的重要组成部分,也是迈向"善治"的重要基础。为此,要优化社区治理机制,正确处理政府、社区社会组织与居民之间的关系,加强各主体在公共事务上的交流与合作,明确主体职责,完善社区治理结构,不断提高社区治理能力。加强社区社会组织自身能力建设。第一,完善社区社会组织内部治理结构。在建立完整组织结构的基础上,通过章程、规范、行为准则对组织成员进行约束,广泛发扬民主精神,提升决策与执行能力。第二,加强人才队伍建设。积极吸纳有素质、有能力、有技能的专业化人才,定期对现有员工进行培训,不断提高服务的专业化水平。第三,制订严格的财务管理制度。设立专门的财务部门,配备专业财务人员,加强对资金的监管与保护,保证组织的资金能够充分用于社区服务与社区治理。大力扶持与培育社区社会组织。政府应加大对社区社会组织的扶持力度,尽可能弥补其"小、弱"的缺陷。加大对社区社会组织的资金扶持,为其提供必要的场地、设备等支持,深化政府向社区社会组织购买公共服务机制,充分放权给能够更好地满足基层需求的社区社会组织。

要积极培育枢纽型、支持型社区社会组织,以此服务、引导与孵化社区社会组织,不断满足多中心治理主体的内容与要求。社区社会组织虽然存在一定缺陷,但正是由于其民间性、草根性、志愿性的特点,使其能够触及政府与其他组织难以深入了解的层面。社区社会组织通过提供专业化的社区公共服务,不断满足社区居民日益增长的公共服务需求,减轻了政府工作的压力,促进了社会公益精神的形成。社区社会组织参与社区治理,是符合当今社会发展需要的潮流趋势,是提升社区治理水平的重要环节,对于塑造社区多中心治理模式具有重要作用。

第四节 信息反馈现状

信息反馈,通俗来说,就是对已经发出的信息、完成的事业的结果进行反馈,通过对反馈的结果进行分析之后,对下一阶段的信息输出和工作产生影响,确保信息的发出和工作成果符合预期的目标。在公共体育服务对口支援工作中,信息反馈对于推进地区公共体育服务事业,完善公共体育服务体系,具有十分重要的作用。为了更好地促进公共体育服务对口支援事业的发展,我国积极开展公共体育服务信息平台的建设,通过具体的信息反馈,对对口支援的结果进行评估,对相应的问题进行分析和解决,为提高对口支援效率,促进对口支援工作顺利平稳进行提供必要的技术保障。当前,随着网络技术的不断发展,在现代通信技术、计算机终端、移动终端不断完善的今天,在"数字中国"建设的时代浪潮下,对口支援工作也积极运用起网络手段,在全国范围内,建设居民公共体育服务信息平台,提高全民健身信息服务水平,通过对具体的大数据进行分析,从而得出各地区公共体育服务的水平、当地人民的体育意识、参与体育活动的时间、体育知识的了解程度及体育运动的活动偏好等,通过具体的数据,筛选出急需公共体育服务对口支援的地方及需要帮扶的内容,有针对性地解决受援地区公共体育服务体系建设过程中遇到的困难。

如今,我国通过多种通信技术手段,对全国各主要地区形成以互联网为中心,电视广播、报纸杂志和电话服务中心为主的多渠道的体育信息服务体系,在公共体育服务对口支援工作中的数据分析,定点帮扶,精准对接方面有了卓越的成效,建立了电子地图、电子信息库、实时查询功能、意见反馈功能等,进一步提升了我国对口支援工作的工作效率,降低了工作成本,保证对口支援工作按时按量完成。不过,虽然我国已经初步建立起公共体育服务信息平台,对对口支援工作中的信息反馈有了极大地提高,但仍然存在一定的薄弱环节。

首先,公共体育服务信息平台,是建立在现代通信和网络技术基础上的,需要注意的是,在公共体育服务对口支援的受援助地区,由于经济文化水平的影响,当地的网络通信技术发展有限,很多居民不会或者不怎么会使用互联网技术,难以通过公共体育服务信息平台,反应相应的问题。其次,公共体育服务信息平台的信息反馈,不仅源自受援助地公共体育服务基础设施的建设,还需要对当地居民的体育活动时间、方式及相关身体数据进行测定,当前的设施条件和资金条件,并不足以对这些数据进行收集监控和分析,无法从更精细的方面得出相关信息。由此可见,在公共体育服务对口支援工作中,对于相对的信息反馈工作还有很长的一段路要走,这一点也影响到了公共体育服务体系建设的完善和公共体育服务均等化发展。

第五节 绩效评定现状

当今社会是学习型社会和创新型社会,学习型人才和创新型人才的培养和开发是一个重要课题。体育公共服务对口支援部门的绩效管理不仅要满足基层发展的需要,也要满足基层干部发展的需要,注重基层干部的发展潜力,在考核基层干部的目标达成与否的同时,也要注重基层干部未来的预期。体育公共服务对口支援部门的绩效管理通过妥善设置奖惩措施,能够挖掘基层干部工作动机，使基层干部真正热爱工作，具有工作的热情和信心。工作绩效不仅是一个基层眼前的发展利益，更涉及基层未来的发展前景。因此，绩效不仅涉及基层干部的任务完成量，更多的是基层干部未来的发展潜力。从这个层面来说，绩效考核不仅应该涉及关键绩效指标和平衡计分卡，更多地应该考虑基层干部深层次发展问题。一个优秀的基层不是由许多廉价劳动力组成的，而是由许多优秀的人才组成的，如何将劳动力培养成优秀人才，如何以具有吸引力的条件去留住人才，才是一个基层体育公共服务对口支援部门的绩效管理系统应该考虑的问题。在考核基层干部绩效时，应该更多地考虑未来人才培养目标，以及时代所需人才所具有的品质。下面主要就几种体育公共服务对口支援部门的绩效管理工具展开研究，并且根据体育公共服务对口支援部门的绩效管理中的实际问题拟定解决对策，以期促进基层在战略管理背景下的体育公共服务对口支援部门的绩效管理的良性发展。

目前，我国很多基层都采用关键业绩指标法和平衡记分卡法来进行体育公共服务对口支援部门的绩效管理。例如，西安 X 体育公共服务对口支援部门的基层干部考核主要包括基层干部行为和绩效目标两个方面。每个对口支援的基层干部在年初就要和领导定下当年的主要工作目标，并且不断地考核和调整。每个基层干部也和别的小组合作，因此，绩效考核不是主管一人说了算，同时要考虑共事成员的意见。西安这个对口支援部门也特别注重基层干部未来的职业发展潜力，例如，鼓励基层干部轮岗，使他们在不同的岗位中激发潜能，发现自己的优势与长处，培养基层干部的学习能力。西安这个对口支援部门也特别注重基层干部的学习能力，并且认为基层干部的学习能力比他的知识和经验更重要。因为市场在不断地变化发展，社会日益变成学习型社会，更加注重终身学习的能力，学会学习比学到知识更重要。参照企业联想集团，联想集团成立于 1984 年，由中科院计算所投资 20 万元人民币，11 名科技人员共同创办的一家在信息产业内多元化发展的大型基层集团，富有创新性的国际化的科技基层。联想由小变大、由弱变强，离不开其独具特色的绩效考评体系。联想围绕"静态职责"和"动态目标"两条主线展开，建立目标职责一致的考评体系。各部门和个人在明确基层的宗旨，部门职责及工作流程之后，需将职责落实到位。在此基础上将发展目标动态分解。联想基层坚持"能量化的量化，不能量化的细化的原则"，并在此原则的指导下，业务规划按责任中心和时间进度分解成不同的指标加以考察。各部门和个人签署岗位责任书和目标任务书，将考核落实到细节。考核角度多视角、全方位，包括上级对下级的评定考核，平级之间、下级对上级的评议、部门之间互评。员工评议包括业绩、行为和潜力等方面。具体流程包括绩效审议、面谈沟通、肯定进步和提出改进、挖掘潜力等方面。

关键业绩指标法在公共体育服务对口支援部门的日常管理中也存在种种缺陷。这种方法的指标难以界定，它是一种定量化的指标，背后需要一整套的定量分析和计算模式，如果脱离专业化的计算工具和手段，这些定量化的指标的应用效果就会大打折扣，根本没有办法判断它们是否能够真正推动基层业绩的生成，整体没有一个行之有效的衡量办法，对计算依赖性太强。因而这种关键业绩指标法将整个考核变得机械化，让考核者的思维僵化，遵循一个严格死板的考核计算方式，过分地依赖考核指标，对于一些影响性因素欠缺考虑，如人为因素、影响波动的弹性因素等，所以它最终的考核结果容易出现误差，最后引发公共体育服务对口支援部门内部的不满与争议。而且这样的考核计算法也并不适用于所有的公共体育部门的考核岗位，做不到整个基层的全面覆盖。这是该考核法目前存在的问题。

平衡记分卡法也有诸多问题需要解决和改进。虽然它对传统的绩效评价方法作出了突破，但它整体的实施难度非常大。它要求公共体育服务部门基层必须预先有一个明确的组织战略，这是它的实施前提，并且要求整个管理层要配合这一战略的实施，高层要有向下表达和传授战略的意愿，中层能够向下传达和保证整个战略的真正执行，所以在这种硬性规定下，一些质量较差并不成熟的小型基层根本无法做到，因而也并不适用于这种工具的实践。平衡计分卡法最大的特点就是它的指标制订的突破，它引进了一种非财务指标，这种指标消除了单一财务指标带来的消极影响，但是它也涉及了一个新问题，即如何建立一个新的非财务指标体系，对相应的标准和指标进行制订。而这些指标和标准难以收集，并不好制订，而且它的制订需要考虑基层内部的战略内容、运营业务等，牵涉也异常复杂。它不是一时建成的，需要基层的长期探索和总结，所以这种工具的实践应用是一个需要发展和完善的过程，并不能随随便便地应用实施。首先要坚持一个严格的"二八原则"，对关键指标进行调整，使其有层次和条理。对覆盖进关键业绩指标法的指标的基层干部建立体系化的考核标准和指标，同时对于无法纳入该指标的公共体育服务部门的基层干部和岗位也要额外制订一个配套的指标考核标准，以补上整个关键业绩指标法指标体系的疏漏和缺陷，对这些指标体系之外的基层干部活动要进行一个关键指标的"次关键指标"再划分，建立一个从属的子体系，作为关键指标体系的参展物，这样就能避免整个考核指标体系不全面、标准有失公允的情况，将指标体系的整体质量进一步提升，也能有效避免内部对指标体系的不满和非议。除此以外，应该要重点关注关键业绩指标法中的横向沟通，要建立一个完备的横向指标考核体系，在横向沟通中加强管理者与基层干部的紧密联系，这样能够有效避免关键业绩指标法建立的自上而下的垂直考核体系带来的弊端和问题，能够实施一个全面的考核，补上了所有考核的缺漏和死角，让整个考核体系更加严密且没有任何意外影响波动的漏洞，这样得出的考核结果也会更加全面、更加严谨、更加公正。同时还要建立一个双层次的考核结构，对口支援部门的领导的上层考核有时因为缺乏对弹性因素和人为因素的考量，往往失去了更全面的考量，因此在考核中往往有失公允，欠缺思考，而一个双层的复合考核能够弥补这一缺陷，让整个考核能够更人性化，能够听到下层的反馈意见，调整不公现象，能够得到基层干部的支持和赞成，减少不满情况。从而促进整个关键业绩指标法的指标体系的完善与精进。

平衡计分卡法需要花费一个很大的时间周期来应用实践，而是它还必须要求基层有一个预先确定的基层战略，所以在这种情况下，对于平衡计分卡法的导入必须要确定一个恰当的导入时机，不可盲目导入，而不考量其中的影响因素。对此要避免在成长期引入平衡计分卡法，因为这个阶段，基层正处于发展上升期，走势良好，发展十分有活力，此时基层内部的各种体制和标准及战略的制订实施正处于不断完备、茁壮、成熟的阶段，如果引入平衡计分卡法，往往得不偿失，因为缺乏战略的成熟和相应制度标准的完备，以及大量的内部信息缺乏，这一绩效工具缺乏发挥的空间，不具备发挥作用的条件，此时的导入得不偿失。而引入该考核工具的最佳时期应该是基层的衰老期。此时公共体育服务对口支援部门基层的各种战略和体制已经发展成熟，内部的信息系统已基本建立，而且基层的整体控制力和执行力也比前期要强化很多，此时已经具备实践平衡计分卡法的能力。另外，此时基层已经走向衰老期，整体发展活力大大衰退，此时导入平衡计分卡法是最佳时期，可以激活基层活力，转变发展方式，有利于推动体育公共服务对口支援管理部门的基层再一次发展。

与国内体育公共服务对口支援的部门绩效管理不同的是，欧美国家则强调以人为本的管理，主张发挥人的主观能动性，激发人的积极主动性。Compoll 将绩效归纳为 8 个方面：具体工作任务熟练程度；非具体工作任务熟练程度；书面和口头交流任务的能力；所表现出的努力；保证工作纪律；促进他人和团队绩效；监督管理或领导；管理或行政管理。Compoll 提出的这个绩效框架依赖于 3 个个体决定因素：陈述性知识、程序性知识以及技能、动机。这种绩效理念值得"重结果轻过程""重短期效益轻长期效益"的中国式体育公共服务对口支援部门的绩效管理借鉴。所谓陈述性知识是指个人能用语言进行直接陈述的知识。

通常陈述性知识的学习策略包括组织策略、精细加工策略。程序性知识也叫操作性知识，是个体难以清楚陈述，只能借助于某种作业形式间接推测其存在的知识。这类知识主要用来回答"怎么做"的问题，主要以产生式和产生式系统来表征，用来解决做什么和怎么做的问题，必须通过练习和实践才能获得。因此，在利用体育公共服务对口支援部门的绩效管理工具时可加入人本主义思想。

根据人本主义理论家马斯洛的划分，可将人的需求分为缺失型需要和成长型需要。缺失型需要包括生存的需求、安全的需求、归属与爱的需求、尊重的需求。成长型需求包括自我实现的需要。体育公共服务对口支援部门的绩效管理不仅要满足基层发展的需要，也要满足基层干部发展的需要，要注重基层干部的发展潜力，不仅要考核基层干部的目标达成情况，也要注重基层干部的未来预期。在基层干部完成既定任务量的同时，教会基层干部学会学习，使基层干部在日常工作实践中获得程序性知识和技能，激发基层干部的工作热情和工作动机。创造一个轻松愉悦的氛围，从而促进基层干部学会迁移既有的知识和技能。

工作绩效不仅是一个基层眼前的发展利益，更涉及基层未来的发展前景。因此，绩效不仅涉及基层干部的任务完成量，更多的是基层干部未来发展的潜力。从这个层面来说，绩效考核不仅应该涉及关键绩效指标和平衡计分卡，更多地应该考虑基层干部深层次发展问题。一个优秀的基层不是由许多廉价劳动力组成的，而是由许多优秀的人才组成，如何将劳动力培养成优秀人才，如何以具有吸引力的条件去留住人才，才是一个基层体育公共服务对口支援部门的绩效管理系统应该考虑的问题。在考核公共体育服务对口支援部门的基层干部绩效时，应该更多地考虑未来人才培养目标，以及时代所需人才应具有的品质。例如，基层干部业务熟练程度是基础考核，突发情况应对处理能力是加分项，努力程度和遵守纪律是首选条件，书面和口头交流任务的能力；促进他人和团队绩效；监督管理或领导；管理或行政管理等品质是未来发展的突破口。传统体育公共服务对口支援部门的绩效管理不免太过于注重任务完成度，只看到了眼前的短期效益，而忽视了长远发展，不免一叶障目。基层发展的主体是人，就必须发挥人的主观能动性，体育公共服务对口支援部门的绩效管理要激发基层干部工作的内部动机，妥善设置奖惩措施，使基层干部真正热爱工作，具有工作的热情和信心，而非为了所谓的资金薪酬。基层要正确处理基层内部的竞争与合作关系，形成良性竞争与合作。当今社会是学习型社会和创新型社会，必须培养创新型人才。体育公共服务对口支援部门的绩效管理策略必须要营造一个轻松愉悦的创新氛围，培养基层干部的创新能力与创新品格，以"产品"为结果，以"产品"的价值为考核标准。

体育公共服务对口支援部门的绩效管理要注重基层干部解决问题的能力，应用知识于具体实践的能力，使基层干部学以致用，学懂会用。首先要鼓励小组合作探究，发挥基层干部的主动性、积极性；其次，允许基层干部大胆猜想，并且鼓励验证实践，激发基层干部的创造性；最后，多开展头脑风暴活动，激发基层干部的灵感和创造力。基层是一个组织，并非个人单打独斗，需要团队合作。体育公共服务对口支援部门的绩效管理要考虑团体绩效考核，增加团队之间的凝聚力。形成团队间竞争，团队内合作的格局。团队间要坚持正确的团队价值导向，因为团队价值导向是绩效导向。团队的价值导向决定了团队的发展方向，一个具有高绩效的团队，其领导者必须坚定绩效导向、形成严格的纪律要求，明确目标、坚持高标准、严要求。根据团队成员的潜能和特长安排工作，各司其职，形成井然有序的工作环境。明确目标也并非是一个总体目标，而应该层层深入，向下能够分解到每个基层干部的具体工作，目标拆分得越细，越容易找到工作差距，从而根据目标和差距找到解决问题的方法。在执行目标的过程中要坚持高质量、高标准，在实践过程中去不断完善自己确定的目标，渐渐提高目标的质量和要求，坚持绩效沟通和绩效辅导。

在体育公共服务对口支援部门的绩效管理中重点不在于考核指标是什么、固有考核格式是什么，而在于管理者和基层干部对目标的理解，管理者和基层干部对于工作目标的理解是否一致，这就需要管理者和基层干部之间进行持续不断的沟通交流，在双方理解一致的情况下进行工作，那么一切事情就都在掌控之中，遇到突发情况也有相应的对策措施解决。在这种情况下的绩效考核才是双方都欢迎的考核。

在公共体育对口支援部门内部，上级领导层和基层干部之间的双向互动使他们之间形成一个良性互动的团队。管理者和基层干部不再是管理与被管理的关系，而是利益共同体。他们不再为了各自的利益而各自努力，而是双向发力，朝着共同的利益而奋斗。管理层不再是分配任务的旁观者，他们会为了自身切身利益而指导基层干部的发展，为基层干部制订未来发展规划，挖掘基层干部的未来发展潜力，提升基层干部的工作能力。基层干部也不再为蝇头小利而忽视长远利益，会在工作实践中提升自身能力，提高环境适应性，为团队的共同利益和共同目标而团结奋斗。体育公共服务对口支援部门的绩效管理不应该仅仅关注任务达成度等短期目标，应该关注基层的长远利益与发展前景；不仅要关注基层自身的发展，也要关注组成基层组织的基层干部的发展和能力的提升，坚持以人为本的绩效考评策略，才能为基层未来发展培养创新型人才，更好更快更高效地为人民服务。将基层体育公共服务对口支援部门的绩效管理融入到为人民服务的点点滴滴中。上文以某个公共体育服务对口支援部门为例，展开对其基层干部的体育公共服务对口支援部门的绩效管理研究，对于我国全国范围内的基层体育公共服务对口支援部门的绩效管理都具有借鉴意义和实践意义。

基层的绩效提高是关于百姓的一件大事，只有提高基层的决策效率和工作效率，才能真正惠及普通百姓和人民，为国家办大事、办好事。同样，基层的体育公共服务对口支援部门的绩效管理关系到整个基层的未来发展和基层的长远利益，因此，对体育公共服务对口支援部门的绩效管理方法的研究更有利于进一步提高基层的自身素质与能力。

第六节 供给主体发展现状

对于构建公共体育设施供给主体的分析框架，可以从四个维度开展分析，即外部结构、资金保障、政策依据和权责关系。一般对于公共产品供给的分析主要是从资金和政策入手，之所以增添外部结构和权责关系，是因为研究的聚焦点在于供给主体，而供给主体可以由不同的种类构成，可以是单独的政府、市场、第三部门供给，也可以是三种供给主体间相互合作，混合供给。同时探讨主体间的权责关系，可以有效避免多元主体合作下所造成的权责交叉、相互推诿等情况，从而更好地发挥各供给主体的最大效用。

首先是供给主体的外部结构，虽然公共体育设施作为公共资源，政府有供给的主要责任。但在前人已有的研究中，我们得知政府作为供给主体时由于绝对和唯一供给的身份，容易出现政府失灵的问题。由于政府的主导身份，在建设公共体育设施时极容易由于供给主体单一出现缺乏积极性的问题，这亦是政府主导的主要弊端。从政府职能转变及理论的发展层面来看，有的观点否定了政府应作为公共服务设施的唯一决策制定者、生产者、供给者的观点，提出政府应转变供给角色定位，鼓励引导社会、市场参与公共文化供给。只有形成复合的多元供给的公共服务设施供给主体，才能满足人们日趋多元化的公共服务需求。所以应采用政府、市场、社会、社区等多方联合供给，实现有效供给及可持续发展。有的研究在组织的投入和产出的框架下，通过成本收益理论，分析了社会组织的服务策略，认为和政府相比，非营利组织和社会组织能够更好地发挥相互合作和竞争的战略作用，更加高效地提供公共服务设施的供给。

第三部门在提供公共服务设施的过程中，供给更加高效，质量更好，更能适应社区居民的需求。本书通过探究供给主体的外部结构，进一步探讨多元供给的解决对策。

其次是供给主体的资金保障，资金是供给主体不得不面临的重大难题。根据委托理论，我们可以得知在多元的供给关系下，公共服务设施建设的供给方和委托方由一变二，可以在很大程度上平摊建设风险，缓解资金压力。在我国现阶段公共服务设施的发展中，不能仅仅依靠政府的力量，还需要吸纳市场和社会的资本力量。通过公共财政提供必要产品，同时利用市场有效的资源配置吸收更多的资本力量参与公共服务设施供给，从而减轻政府财政负担。政府应首先解决民间资本投资壁垒问题，引导民间资本投入到公共服务设施供给中，形成政府、市场、社会协作供给的局面。非营利组织与政府、市场相比，在公共服务设施供给中具有成本效益优势，也更加人性化，可以起到相当程度的补充。

再次是供给主体的政策依据，政策依据是供给主体参与公共体育设施供给的基本准则和参考，缺乏相应的政策依据。一方面，造成供给主体在实际供给工作中无法可依，形成管理和工作疏漏；另一方面，如若没有强制性要求和激励驱动，供给主体极易陷入怠工的心态，缺乏建设的积极性。从城市基础设施供给建设中政府与市场合作的角度入手，供给主体和受体相互作用的机制下制度与政策重新规划需要进一步深究。在供给理论和公共财政理论的基础上，均衡发展理论和发展经济学理论等有关理论基础，全面深入分析城市公共基础设施建设供给模式存在的问题及深层次原因。同时引入和分析国外先进的供给模式，在此基础上结合我国国情提出了基础设施建设的供给模式与政策调整的具体对策，对于我国供给模式转换而言十分重要。

最后是供给主体的权责关系，基于前人的既有研究和理论基础，在供给主体由一元变多元的形势下，供给主体之间将出现不可避免的权责争端。权责关系成为研究公共体育设施供给主体而必须考虑的问题。多中心治理理论强调多元统筹。

以上的四个维度概括性地说明和总结了在公共体育设施供给主体问题的研究中，什么人是供给主体、什么人出资、参照什么进行管理及这些人分别负责什么问题，进行了详细而全面的发问。这四个维度缺一不可，相互联系，构成一个闭合的系统，也是公共体育设施供给主体形成与成效发挥的基本保障。一是外部结构，这是研究公共体育设施供给主体的首要前提，需要完成由单一主体供给向社会多元主体合作供给的转变，完成多元主体的角色分工；二是资金保障，确认角色分工后，各供给主体按照各自的分工投入到公共体育设施供给中，首先面临的便是资金问题，这是最基本的资源保障，只有探究清楚资金来源，才能继续后续供给；三是政策依据，要形成一整套政策依据贯穿供给的全程工作，包括强制性与鼓励性政策，扮演公共体育设施供给主体的行为规范和准则；四是权责关系，这是维系公共体育设施供给主体结构运行和管理的必要保证，当形成了公共体育设施供给主体的基本格局和框架，还需要从管理协作的角度，进而保障公共体育设施供给主体的整体运行流畅，协调有力。

上述从外部结构、资金保障、政策依据和权责关系四个维度对供给主体的研究进行了分析框架构建。虽然在一定程度上阐述了供给主体的内涵和外延，但是依旧有些单薄。接下来将会对目前学者们公认的各供给主体进行比较分析，总结各供给主体的优势和不足，以便从中发现问题，为公共体育设施的供给主体提供更好的选择。

政府是提供公共服务设施的法定责任主体，也是公共体育设施供给中最重要的主体。它不仅负责绝大多数公共服务设施的政策规划和制度安排，还直接提供某些满足全体国民基本需求的公共服务设施。公共体育设施作为居住区公共服务设施是城市居民享受公共服务水平的重要体现，是各级地方政府履行公共服务职能的重要工作内容之一。政府根据自身情况对公共体育设施的整体规划和标准做出统一部署，通常由区级政府承担主要管理职责。市、区两级政府在每年的财政预算中都会有专门款项用于居住区公共服务设施的供应，其中以区级财政支出为主，市级财政从整体层面进行协调和补缺。地方政府公共财政按照一定的比例分配给各职能部门，安排不同设施的建设和运行。政府是公共利益的代表者，在社会管理中具有独特的权威属性，这也是其在供给中的独特优势。

首先，有一定的权威性。政府的权威属性有利于良好公共环境的营造，可以保证供给工作的顺利实施。

其次，具有公共性。政府是公共利益的代表者，以提供均等化的服务为目标，不受供给对象地位的改变而差别对待。尽管政府对于提供公共体育设施有着天然的优势，但也会带来供给过程中负担过重、效率低下、权力寻租、供需失衡等问题。突出表现在：第一，政府的大包大揽阻碍了有效的市场竞争。在公共体育设施的供给中，垄断使得公共体育设施的供给缺乏竞争，致使设施质量和供给效率低下。第二，投机者利欲熏心。由于政府享受对公共资源分配的权利，所以部分投机分子为了个人利益，不惜一切手段拉拢当权者，甚至蒙蔽当权者的双眼，这种行为不仅严重危害了市场经济的发展，同时还会造成公共财产的严重流失。第三，自上而下的决策机制把普通公众游离于公共决策过程之外，为民决策取代了让民决策。把公民排除在公共决策之外，容易脱离公众需求，造成供非所需。在市场经济条件下，住房供应商品化，绝大多数居民必须以购买的方式获得住房，同时获得与之配套的公共服务设施。在这一背景下，依据"受益者出资"的市场原则，相当一部分居住配套设施的供给责任由原计划体制下的国家或企事业单位转移到开发商身上。公共服务设施采取"谁开发、谁配套、谁建设"的建设方式，多项设施以实物形式分摊到各个地块，由开发商结合住宅建设一起完成。开发商实际上成为居住区公共服务设施最主要的"生产者"。但公共体育设施属于准公共产品中的公共资源，本身不会给开发商带来直接的经济效益，加上在居住公共服务设施规划设计指标中，比如，对于社区儿童娱乐场地的要求是建议配套，并没有严格的规划指标用地，所以很多开发商并不会提供，这也是很多社区没有免费公共体育设施的主要原因。另一方面，开发商在市场竞争的压力下，往往会主动提供一些优质的公共服务设施作为楼盘营销的卖点。每个家庭都希望给孩子提供最好的环境，从这种程度上说，开发商也具备主动提供公共体育设施的意愿。市场的良性竞争机制、价格机制、多元化的筹资渠道与方式在提高资源配置效率、缓解政府的财政资金压力、满足公众多元化、个性化需求等方面具有天然的优势。然而，市场机制的自发性、盲目性与滞后性及市场最佳效用发挥应具备的在外部环境条件缺失的情况下，"市场失灵"将不可避免。市场供给追求的是利润的最大化，公共体育设施具有"公益性"的性质，市场在供给过程中存在着动力不足与失灵的状态。另外，"政府失灵"和"市场失灵"的存在，为第三部门供给提供了可能。第三部门具有明显的公益或互益性，一般以公益为目标，无偿为社会提供服务，其浓厚的援助色彩和奉献精神是其长效发展的根本动力。由于社区是一个小范围、多分散的群众聚集区，第三部门分配范围广，其活动领域具有广泛性、灵活性的特点，拥有丰富的社会资源和多样化的信息渠道，贴近基层和群众，可以根据群众的切实需求进行供给，在供给中具有较强的针对性，避免了供给与需求之间的偏差。第三部门是政府和市场之间的沟通桥梁，既褪去了公共部门的强制性，也没有私人部门的逐利性，具有较强的适应性，其灵活的组织形式可以使其根据环境的变化而改变供给内容，弥补政府和市场的不足。尽管如此，由于第三部门的成员大多由非专业人士组成，缺乏规范的运营管理体系，所提供的服务缺乏专业化、系统性。此外，社会组织缺乏稳定的资金支持，由于资金短缺无法满足长久运营需求，影响自身作用的有效发挥，致使其提供的公共服务具有短暂性、业余性的特点。

最后，混合主体协作供给是一种有别于单一供给的供给模式，它主要有3种组合形式，他们分别是政府与市场合作供给，政府与第三部门合作供给，第三部门与市场合作供给等，这3种模式都各有优势和短板，在有政府参与的情况下，资金和政策得到了充分保障，在有市场参与的情况下，工作效率和外部结构会得到保障，而第三部门的参与则可以缓解其他供给主体作为单一供给方时所面对的压力和缺陷，形成一个多方的协调与支持。目前在公共设施建设中，采用的最普遍的混合主体协作供给模式便是市场与政府协作供给，这种模式同时解决了资金与效率这两大关键问题，非常符合现在建设的需要。

基于上述分析，各供给主体的优劣势对比见表3-5。

表3-5 各供给主体对比

	政府	市场（开发商、企业等）	第三部门	混合供给
外部结构	中（B）	高（A）	低（C）	中（B）
资金保障	高（A）	中（B）	低（C）	高（A）
政策依据	高（A）	低（C）	中（B）	中（B）
权责关系	高（A）	低（C）	中（B）	中（B）

（A：最优，B：适中，C：最差）

外部结构：由于政府主体拥有绝对的立法权及管辖权，没有准入难度，但其供给结构由于主体的绝对领导和单一性，所以结构存在着僵化和单一的问题。而市场由于资金的缺口与弊端，所以很容易走上融资的道路，寻求民间资本一起合作。而各种力量和资本的融合会带来结构的重组和优化，因此在外部结构这一块，市场往往优于政府。第三部门目前在我国发展还处于起步阶段，还需要政府进行扶持，自身发展仍待完善，还不能独自承担免费公共体育设施的供给角色，因此作为供给主体的结构适用性最差。当然，此处只考量了单一政府、市场或第三部门供给，在多中心治理理论基础上，相互混合的多元供给必然是最优的选择。

资金保障：由于政府拥有财政拨款的绝对优势，因此资金实力最为雄厚，对供给免费公共体育设施最为有利；其次为市场上的开发商及企业等，由于其拥有稳定的业务收入及利润，不需要依附于他人；再次是第三部门，由于非营利组织没有稳定的资金来源，因此只能针对具体事项进行资金筹措，资金实力最差；最后是混合供给模式，这种模式无疑是资金链最为充足的，同时聚焦了多个供给主体的资金来源，使得资金变得非常有保障。

政策依据：首先作为供给主体的政府，由于本身是政策制定者，因此在履行过程中是最严格的，水平居高。但由于政府目前有关于公共体育设施建设的相关政策极其匮乏，加之市场方由于私人资本的逐利性，因此，在政策履行上往往以营利为目的，不利于营利的能躲则躲，能简则简，总体水平较低。其次是第三部门，因为其本身的公益性，对免费公共体育设施供给的目的很纯粹，只是为社会提供公共服务，满足公众需求，供给意愿最强，因此，它在供给政策的履行上往往能够规避逐利的弊端，从一定程度上克服供给质量的问题，但是由于第三部门缺乏像政府那样强有力的领导核心，在政策履行上存在着由于过于民主而带来的意见无法调和，政策施行上缺乏强制性。所以水平居于政府和市场之间。最后是混合主体供给，这一供给模式中，在有政府参与的情况下政策得到了保障，而没有政府参与的协作供给中，政策则失去了保障。

权责关系：政府由于自身的权威性和流程复杂性，完成一个对口支援的审批、考察等工作都依据非常严格的规定和流程，做到了有法可依，违法必究，因此，在权责问题上政府的履行程度和责任归属认定上最高。市场由于私人资本的逐利性，在权责问题上模糊不清，往往为了节省成本而偷工减料，逃避后期维护，履行意愿较弱，所以在权责关系的评估上，市场的权责意识很低。而第三部门则介于市场和政府之间，虽然它规避了市场逐利的动力因素，但是它也缺乏政府的法律惩戒的警醒意识，因此，其权责意识介于二者之间。混合供给的权责强度问题依然依赖于是否牵涉政府作为供给一方的参与。

政府、市场、第三部门供给主体在公共体育设施供给过程中都存在固有的缺陷，正是这些问题的存在才使多元主体协同供给成为可能。公共体育设施供给是一个整体性复杂的系统工程，需要各主体的相互协同与配合，超出了单一主体在一个层次一个领域单独处理复杂问题的封闭性。如果各主体各自陷入封闭的单一领域，将无法对社区公共体育设施需求做出整体性回应，无法有效化解供需矛盾，会造成资源的浪费与成本的增加，影响供给的质量与效率。

政府作为我国体育服务的供给主体，其在公共体育服务中占据了主导地位。公共体育资源不同于其他资源，供给主体也与其他主体有很大的区别，政府与公共体育服务的关系具备特殊性。前文已经提到，公共体育服务属于知识型服务的一种，而知识型服务具有以下特征。

第一，服务的核心资源是知识和智力资本，提供的知识产品和服务是其创造的核心价值，企业最大的投资对象是知识资源。

第二，服务的人力资本是知识型员工，员工的工作对象大部分是知识资源。

第三，用户消费购买的产品多以定制为主，产品及服务的附加值高。

第四，服务的组织架构接近网络化，组织权力偏向扁平化。

第五，服务的核心管理问题不再是追求高效，而更多的是要求创新。

这些特殊性决定了政府在处理与公共体育资源服务的关系时，要根据其特性对自身行为进行约束和优化。目前，从法律法规层面来看，我国对公共体育设施的保护、对使用者合法权益的保护不够，并且政府在政策制定的过程中与施工企业的互动较少；从对权力监督的角度来看，政府尚未做到对公共体育服务对口支援行业内"一家独大"现象的监督和控制；从外部社会环境来看，媒体对公共体育服务的了解不够全面，加之用户对公共体育服务未免费开放、价格却逐年增长等问题的不满，长期以来形成了不利于公共体育服务发展的舆论氛围。以上种种问题的出现和加剧，也将塑造新型政企关系（政府与以公共体育服务提供为代表的知识型企业的关系）的迫切要求带到了我们面前。

第七节　传播渠道发展现状

随着现代经济和现代科学技术的发展，对于贫困偏远地区公共体育服务对口支援的传播渠道也有了新的变化。在以前，由于信息通信技术的不发达，传播渠道狭窄，传播内容实效性不强，不论是政府部门，还是公益组织，爱心企业和社会个人，在对口支援的过程中，由于信息不对称的缘故，往往出现支援不到位、支援不准确、支援力度不足或过剩等情况，极大地影响了对口支援的进度和质量，往往会出现有的地区获得大量的支援物资，资金和人员帮扶，有的地方却出现物资不足、资金不足等情况，甚至出现相应的物资过剩，支援过剩，闹出过一个地区的小朋友需要一个篮球，结果从政府部门、社会公益、爱心企业及社会爱心人士那里分别得到篮球。如今，随着通信技术的发达，受援助地区也纷纷利用多种手段，通过网络、广播、报刊、电视等方式，针对各地区不同的现实情况，方便各援助单位和各人，进行有针对性的帮扶，从而避免在帮扶过程中产生不必要的损失，促进当地公共体育服务事业顺利进行。

政府支援型，在党和国家的领导下，在国家政策的支持下，各地区尤其是沿海发达地区，通过一对一、单对单对口的模式，分别发挥兄弟省份，兄弟城市，兄弟区域的帮扶能力，以发达地区带动欠发达地区，落后地区的公共体育服务建设，这一类型、往往在中央和地方政府的政治决策下实施，也是整体对口支援行动中最主要的一种支援类型。政府引导型，支援不能只依靠政府的职能，还需要发动全社会的力量。在这个过程中，各事业单位、各高校组织积极发挥自身作用。由于具有强大的社会影响力，不论是在人力、物力，还是理论基础、管理水平上，都远远超过一般的企业和社会人士，因此，各事业单位和高校也纷纷从本省及本市政府对口支援的行动中找到属于自己的立足点，纷纷发挥自身优势，对受援助地区进行对口帮助，促进当地公共体育服务发展。由于这些组织单位的特殊属性，被称之为政府引导型，是各支援类型中专业性最强的一种支援类型。

社会公益型，除了政府部门和事业单位之外，还有一些爱心企业，尤其是一些与体育事业相关的企业，出于自身的社会责任感及对体育事业的看好，也纷纷加入对口支援的行动中。通过捐赠物资、对口支援折扣等方式，为受援助地区提供必要的体育公共产品物资支持，被称之为社会公益型。

自发支援型，以上3种类型，都是以群体或组织的方式对受援助地区进行支援帮扶工作的，还有一类是一些社会爱心人士，出自自身崇高的理念品德，以实际行动加入对口支援行动中来。他们有的是和体育事业相关的专业人才，有的是单纯热心的爱心人士，通过义务支教、免费宣传、资金捐赠、组建公益基金等方式，对受援助地区的公共体育事业奉献自己的一分力量。由于大多数是个人的方式参与支援行动，因此被称之为自发支援型。

我国是一个传统的农业国家，农业在我国的经济比重中长期占据重要地位。改革开放以来，我国的经济水平飞速发展，国家产业结构也随之发生转变，大量的农民在社会转变中处于弱势地位，城乡经济发展水平不断扩大。一方面，城镇化的推进、现代工商业的发展，促使城镇居民的收入水平和生活水平不断改善；另一方面，由于经济高速发展过程中存在一定的问题，导致我国农民失地严重，农民收入进一步走低，生活水平得不到提高。不断扩大的城乡经济水平促使城乡居民在生产生活习惯上有了很大的转变，尤其是随着城镇居民现代思维的形成，文化素质水平的提高，对于在生活水平有限、文化素质普遍不高的农民群众产生了异样化的目光，贬低和排斥农村居民，认为农民工就是脏乱差的代名词，导致农民工在社会保障、社会就业方面饱受压迫和不公正待遇，从而形成城乡二元化结构。城乡二元化结构的形成，持续影响着我国城乡居民在各个领域生产生活水平的不均衡，尤其是公共服务方面，由于农村地区经济落后的缘故，很多基本的生活保障尚且没有落到实处，一些公共服务形同虚设，甚至等于没有，其中就包括了公共体育服务，是当前对口支援行动中首先需要解决的问题。由于我国地域辽阔，发展过程中必定有些地方发展得快，有些地方发展得慢。改革开放时期，为了提升我国的综合国力，让一部分人先富起来，推动我国整体经济水平的提升，导致我国经济发展水平十分不均衡，沿海地区发展最快，现代化水平也最高，内陆和西北地区受交通不便等社会原因的影响，长期处于贫困状态。

公共服务的供给受制于当地经济水平的发展，由于我国地域经济发展不平衡的情况，导致我国的公共服务供给制度也同样存在巨大的差异，公共体育服务本身就是属于公共服务的一环，自然也受到这种制度的影响。由于贫困地区和欠发达地区的基础经济水平较差，生活水平质量不高，没有足够的资金，也没有足够的意识去发展公共服务，尤其是公共体育服务，这种对于挣扎在贫困线、生存线上的人民群众而言，不过是"富老爷"们消遣娱乐的活动。在这样的情况下，发达地区由于人们的生活水平的提高，经济水平和可支配收入的提高，对公共服务提出了较高的要求，公共服务供给制度不断优化，公共体育服务设施也不断完善，从而使发达地区的居民有了良好的体育活动空间，促进了当地体育事业的发展。而欠发达地区和贫困落后地区，由于基本生活水平没有得到提高，资金不足，不能也不允许发展公共服务，进一步拉大了我国地区之间公共体育服务发展不均衡的差距。除了发达地区和欠发达地区及贫困落后地区存在较大的公共服务供给差异之外，就算是同地区内，也同样存在较大的差异。在一切欠发达地区，虽然整体经济水平发展不高，但居民生活水平却已经步入小康水平，有了一定的可支配收入，但由于当地政府官员的意识问题，没有将公共体育服务事业、公共服务事业放在心上，依旧完全以经济发展为中心，无视居民对于体育活动的需要，忽视体育扶贫，公共体育服务对口支援同样是地区支援、低于帮扶的重要内容，导致公共服务制度得不到应有的发展与完善，从而影响区域公共体育服务事业的发展。

体育意识是推进一个地方体育事业发展的重要制衡因素，公共体育服务事业中受援助地区往往整体经济水平较低、人们受文化教育水平不高，在体育意识方面存在较大的缺失。缺乏必要的体育意识，会让受援助地区对于体育帮扶，公共体育服务事业产生懈怠、不理解、反抗的情况。首先，导致他们对体育事业有所忽视，甚至是排斥，无法正确地认识到对口支援公共体育服务事业的重要性，从而阻碍当地公共体育服务事业对口支援进度。其次，由于体育意识的缺乏，很多受援助地区的人民虽然没有对对口支援事业产生排斥，但由于缺乏必要的体育知识，对于一些体育活动不了解，就算是建设了相应的公共体育服务设施，也会因为不知道使用方法，从而对体育活动产生厌恶和排斥，导致一些地区虽然建立公共体育服务体系，但由于居民排斥，最后浪费了大量的人力物力。最后，一些受援助地区的人民虽然有一些基础的体育知识，但由于生产方式、生活方式及娱乐方式的差异，导致他们对体育运动的认识产生了偏差，无法正视体育运动的巨大作用，以为体育运动不过是打打闹闹，小孩子的戏耍游戏，处于要面子和怕输、对竞争规则的畏惧等原因产生排斥心理，同时，认为体育消费是在浪费金钱、浪费时间，或者就把体育活动和其他的娱乐活动、劳动方式联系到一起。

正是由于意识形态上的制约，影响了一些地区的公共体育服务，并不是因为缺少资金和相应的服务设施，而是因为这些地区的人们没有意识到体育运动的重要性，没有意识到公共体育服务是他们应该享有的社会公共服务之一，是他们自身利益的体现。这也就要求我们在公共体育服务对口支援的过程中，不仅需要对受援助地区的物质资源进行援助与帮扶，更要帮助受援助地区的人们对于体育运动和公共体育服务有一个正确的认识。

体育产品过度市场化，同样是制约公共体育服务对口支援的重要因素之一。就如前文所言，资金是关系地区公共服务的关键因素，随着我国经济水平不断提高，体育事业同样蓬勃发展，中国运动员在国际赛事上屡破纪录。在高端运动人才方面，我国已经达到了体育大国、体育强国的标准。然而，高端运动人才并不能代表我国整体的体育发展，然而大多数的体育产品商家并没有意识到这一点，纷纷请知名运动员做形象代言人，发展高端体育产品，谋求更高的利润，导致我国的体育产品价格不断攀升。公共体育设施在品牌溢价上呈现飞速上升的趋势，成本只要几百几千元的产品，在得到品牌加持之后，瞬间成为高档商品，卖到几万十几万元的高价。体育产品过度市场化，导致大批体育产品价格上涨，从而阻碍了对口支援公共体育服务事业的发展。同时，受支援地区的经济发展水平不高，在体育产品价格不断攀升之后，只会打击当地人民对于体育运动的热情，影响他们投身体育消费之中，甚至出现公共体育服务设施建立之后，当地居民不敢使用的情况，他们担心在使用的过程中对设施造成损伤、障碍之后，缺乏相应的修理更换条件。体育产品过度市场化，在短时间内虽然能够促进企业的利润上涨，但从长远来看，伤害了大量未曾开发的体育产品市场，阻碍了整体体育事业的发展，对公共体育服务对口支援行动也造成了极大的损伤。

要解决公共体育服务对口支援中存在的问题，首先就要改变我国长期以来的城乡二元化发展模式。城乡二元化结构不只是针对城市和农村，更是针对我国长期以来区域经济发展不平衡的现实情况。随着我国社会经济水平全面步入小康社会，实现城乡一体化，推动区域发展均衡，实现全国上下在教育、医疗、公共服务等方面公平发展已经迫在眉睫。如今我国有实力、有动力，在党和国家领导人的带领下，也有足够的理论依据支持，推动我国整体区域公平发展，因此，我们必须着眼于现在，率先改变城乡二元化发展模式，积极利用西部大开发、区域中心城市建设等政策，利用对口支援的方式，用先富带动后富，用发达地区带领欠发达地区、贫困落后地区，实现全方位、一体化发展，从而促进该地区公共体育服务的发展。认识到只有当经济文化水平得到相应的提高之后，对口支援公共体育服务活动才算是发挥了应有的作用。

合理的公共体育服务机制是确保我国公共体育服务均等化的重要举措，也是公共体育服务对口支援行动的主要目标之一。如今，我国欠发达地区和贫困落后地区体育公共服务存在较大问题，整体经济环境落后，导致公共体育服务供给制度呈现出自上而下，完全由政府部门主导决策的形式。底层人民缺少必要的决策权和表达机制，无法将自身的实际情况和实际需求传达给上级部门，从而导致整体的公共体育服务全面以政府政策和偏好为主导。没有结合居民的实际情况，使用简单的"拿来主义"，找单一的标准，建立篮球场、乒乓球台等，没有考虑到实际情况中受援助地区的人民是否拥有相应的体育运动技能，从而导致虽然上级部门大力实施了相应的政策，建设了相应的公共体育服务设施，却并没有对当地的公共体育服务起到有效的帮助作用。原因就在于程式化的标准需求，阻碍了受援助地区人民群众的话语权，没能切实起到推动体育事业发展的作用。因此，要改善受援助地区的公共体育服务建设，必须建立起合格的公共体育服务供给制度，结合当地的资金情况、人民受教育程度、人民需要和发展体育事业的基础要求等，因时因地，因资金物资决定，而不是全然不顾具体情况，直接拍板决定，需要设置相应的人民反馈机制，促使每一项服务能够落到实处，落到老百姓的心里去。

除了要建立合理的反馈机制之外，同时也要注意公共体育服务的基本性质，公共体育服务是公共服务的组成部分，其本身属于政府职能的一部分，因此，在实施的过程中，虽然要注重对于当地民众群众意见的反馈，同时也要意识到公共服务也必须通过政府的相关引导，根据科学的决策方式实现有效的供给。通过对群众意见进行反馈之后，经过科学的研究分析作出决定，不可以不听从群众的意见，却也不能完全依照群众的意见，不考虑实施过程中的具体情况。

对于受援助地区公共体育服务供给主体多元化发展，在对口支援的行动中，需要注意到，虽然政府是引导和推进当地公共体育服务体系建设的主导部门，但同样的，由于被援助地区整体经济社会环境等因素的影响，政府不可能负担起全部的公共体育服务职能。因此，需要对口支援行动以专业化的角度，有针对性的、有可行性的对其进行引导帮助。一方面，帮助受援助地区建设日常体育活动所需的相应场地、器材设施和相关体育知识进行指导和指正；另一方面，意识到一些执政人员为了政绩，产生的产能过剩现象，如一些大型的公共体育运动场地，如篮球场、足球场等闲置或者挪作他用，造成了资源的极大浪费，非但不能促进当地的公共体育服务发展，反而造成了负面影响。因此，在对口支援公共体育服务体系建设和完善的过程中，也需要对这种情况进行合理的处置，减少资源浪费，对闲置的公共体育服务进行合理的规划使用。

要推进区域行政单位对公共体育服务的重视及对公共体育设施的维护，在以经济发展为中心的大方向下，一些基层行政单位和基层干部没有意识到公共体育服务的重要性，对于参与对口支援的组织单位和各人呈现出怠慢、忽视的情况，没有提供相应的帮助，导致对口支援工作难以顺利展开，必须建立起合理的制度，将各任务各环节分派到各人，促使基层行政单位和基层干部全身心投入到公共体育服务工作中去，协助对口支援的组织单位和各人顺利高效地完成对口支援任务。

体育意识是影响受援助地公共体育服务事业发展的重要因素，甚至从某些方面来说属于主要因素。一个人有没有相应的体育意识，对于参加体育活动有着极其重要的影响作用，在大部分受援助地区并没有树立起一个良好的体育意识，很多人的心里对体育甚至没有任何相关的概念，"体育"两个字对于他们而言，似乎并不是生活中的一部分。改革开放40多年来，我国的政治经济、社会文化水平都有了极大的提高，人民追求健康，追求美好，追求幸福的意识不断觉醒。公共体育服务就是在公民意识不断觉醒，对生活品质、生活质量的要求不断提高的情况下开始逐步发展的。物质生活的富足，让我国公民在精神层面上有了越来越高的追求，人们也越来越注意到自身相关的权益问题，善于利用法律武器来武装和保护自己。在这个过程中，并不是所有人都意识到了这一点。马克思主义哲学告诉我们，物质决定意识，只有物质水平发展到一定程度，才能促使意识世界的转变，同样的，虽然我国社会经济不断发展，公民意识不断提高，但还有很多地区的人们，尤其是受援助地区的人们，由于自身经济水平不高，物质生活还不够富足，导致他们的精神层面还没有发生转变，对于健康生活、体育运动和公民应该享有的基本权利并没有一个完整的认识。正是因为没有正确的认识，导致一些地区虽然拥有了公共体育服务的基础设施，但当地的公共体育服务却迟迟得不到改善，就算有人去使用，但对整体而言，也还是杯水车薪。这是因为人是群居动物，不同阶层、不同地区的人，由于受不同的社会环境因素的影响，会产生不同的倾向标准，从而衍生出不同的团体，就如同各省不同的饮食习惯一样，这种饮食习惯会赋予不同省市的人不同的特色，也会促进同省市人之间的关系。这种关系纽带有优点，也就有缺点，再反映到受援助地区的公共体育服务建设上，由于落后的思想观念，这种关系纽带、群体认知，就会成为一种阻碍。就算是有人意识和认识到公共体育服务和体育运动的重要性，也会因为这种群体认同的缘故，使其排斥公共体育服务建设。因此，针对这一点，在进行公共体育服务对口支援行动的时候，必须着重于促进受援助地人民意识形态的转变。

首先，要转变他们的思想，使他们认识到自己是社会的主人，公共体育服务是他们应该享有的基本权益。

受我国基本国情的影响，在中华人民共和国成立之后，虽然在整体情况下做到了人民当家作主的宏伟目标，但在精神层面上，一些民众还没有意识到自己是社会和国家的主人，在面对一些组织，尤其是政府部门的时候，依旧将自己置于被管辖、被压迫的地位，没有正视自己的生产生活需求，在精神层面上依旧处于一种被管辖的状态。尤其是受援助地区经济发展水平差、人们思想观念相对陈旧，加上城乡发展、区域发展、层次发展不均衡，社会贫富差距大，导致这些地区长期处于公共服务欠缺、相应的权益得不到保障的状态，时间一长，使他们忘记了，这些因为历史因素导致的问题，本应该是他们应该享受的基本权利。因此，在对口支援公共体育服务建设的过程中，必须转变这些人民群众的思想，增强他们的体育意识。通过各种宣传活动，积极扩大有关全民健身、体育大国、全民体育工程等国家政策方针的宣传，科普建设体育大国的重要性，普及体育运动和公共体育服务的相关知识，让整体民众对体育概念有一个基本的认识。其次，要发挥模范带头作用，积极利用政府职能，利用比较先进的思想观念，重点突破对体育运动、体育事业相对了解的人们，利用他们在当地人群中的影响力，对体育运动进行普及。当这样的人达到一定数量的时候，就能形成一股潮流，从而全面促进当地公共体育服务的发展。最后，公共体育服务对口支援行动还可以通过组建各种协会、组织团体、如羽毛球协会、篮球社团、乒乓球社团等方式，通过小组构成，区域化、碎片化发展，以点带面，以单体项目促进整体体育活动，以区域公共体育服务发展，带动整体公共体育服务发展，全面转变当地居民的体育意识，完成公共体育服务对口支援的任务要求。

体育产品过度市场化，影响了公共体育服务对口支援事业的进展，针对这一点，应该全面促进体育市场正常发展。需要注意，随着我国社会主义的发展，进入全面脱贫攻坚年，社会水平全面进入小康社会，促使我国居民有了更高的可支配收入。针对体育产品过度市场化，体育产品价格虚高，不利于发展受援助地区的公共体育服务发展事业,可以通过对口支援的方式,利用受援助地区的体育产品事业,通过投资建厂,在当地发展体育产品,一方面,可以促进当地的经济发展水平,提高人们的收入和生产生活水平,另一方面,用当地生产的体育产品,能够极大地降低体育产品价格,改善人群群众买不起、用不起、修不起公共体育设施的窘迫情况。同时,通过在当地发展体育产品产业,不仅能够对当地的公共体育服务事业起到帮助,也能打击体育产品过度市场化,片面追求高端、奢华和高额利润的不正常现象,促使整体体育事业大繁荣,扭转受援地区只是单纯地接受外部援助的局面,将授人以鱼转变成授人以渔,通过基础环境的改变,促使当地公共体育服务的转变。而且当地积极发展体育产品行业,也能促使当地人民对体育运动、公共体育服务的认知,扭转他们的体育意识,认识到体育运动的重要性,从而投身到更广阔的公共体育服务均等化过程中,为了发展当地的体育产业,这些地区的人民也会自发地推广和宣传体育运动的重要性,从原本的对口支援输入型地区转化为自给自足,甚至是对口支援输出型地区,为我国建设体育大国、体育强国奉献出自己的一分力量。

在传播渠道的发展上,随着新媒体传播渠道的流行,自2016年开启了"微信公众号元年"以来,微信公众号便依托互联网迅速崛起,在流量时代成为资本角逐的最大市场。大到大V的公众号,小到不知名的个人公众号,从明星互动到全民聊天,到处都是公众号这一新潮的娱乐交流手段,随着其井喷式的发展,在内容监管和价值引导上也浮现出越来越多的问题。公众号存在传送者素质偏低、传播内容良莠不齐、受众普遍存在拜金心理、传播渠道广杂、传播效果堪舆等传播五要素问题,公众号平台及传送者和受众个人应从自身发起监管和规范,为微信公众号平台良性发展共同努力,以期创造净化的微信公众号平台和未来。目前,在对于我国国内传播渠道的研究上,对微信公众号的研究其中有一大半内容是属于新闻与传播学科领域之外的学科,比如,信息经济与邮政经济、企业经济贸易经济等学科,而属于新闻传播学科领域的研究内容并不是很多,这从侧面说明,信息传播渠道问题并未引起人们的重视。在这种趋势下,相关的体育公共服务对口支援的传播渠道研究也并没有被引起重视。事实上,我国的体育公共服务对口支援在利用微信公众号这一传播渠道的传播发展历史已有先例,而相对应的研究也有了一定的发展历程。从最初的对体育公共服务对口支援微信公众号特点、发展现状、发展趋势等方面做了简单的介绍,发展到现在对体育公共服务对口支援微信公众号的传播策略、营利模式、版权等方面做了更加深入的研究。但是,目前我国对体育公共服务对口支援微信公众号发展的研究还缺乏微观化的研究，仅仅停留在对某类单一的微信公众号特点、兴起原因、发展现状的介绍，而没有更加细化、垂直化地对特定类型的体育公共服务对口支援微信公众号 APP 进行一个全面的研究。

  体育公共服务对口支援微信自媒体又成为"体育公共服务对口支援公民媒体"或"体育公共服务对口支援个人媒体"，它主要是指私人以体育公共服务对口支援公众号平台的方式发布体育公共服务对口支援文章和作品，向受众传输其意向的方式。这种传播方式和传输手段以微信作为传播渠道和中介，在公众平台上投送，以此来赚取粉丝和打赏。微信自媒体自 2016 年发展至今，其体系不断壮大，在自媒体发展上十分迅速，并且以庞大的受众和粉丝群打开了自己的经营和传送领域。体育公共服务对口支援微信公众平台主要通过吸引受众关注的方式来获取粉丝，从而通过广告投放来攫取利益。这种经营模式十分符合当下的媒体发展方式。我国的微信公众号服务协会颁发的《2018 中国微信公众号发展研究报告》清楚地指出，到 2018 年 6 月份，我国体育公共服务对口支援微信公众号用户的规模超过了 5.6 亿人次，用户使用率达到 75%，与 2017 年 12 月份的用户数量相比较多了 2026 万人。在体育公共服务对口支援播放的渠道上，使用手机观看的人数不断增加，95% 的用户选取运用手机观看体育公共服务对口支援微信公众号文章，在电脑端的应用率要比这个数据低一些，只有 38%。根据我国第一财经商业数据中心的数据信息发现，到 2017 年 6 月，移动端视频用户占全部网民数量的 70% 之多，体育公共服务对口支援微信公众号变成了提升流媒体增长率的中心动力。QuestMobile 在《移动互联网 2018 年 Q2 夏季报告》中提出，体育公共服务对口支援微信公众号的关注者达到 5000 多万人左右，并且表现出持续上涨的发展趋势，而且已经超过了很多公共服务行业的整体情况。QuestMobile 在秋季移动互联网报告中提出，中国体育公共服务对口支援公众号行业每月的用户规模从 2017 年 10 月份的 0.6 亿人次增长到了 2018 年 10 月份的 1.1 亿人次。在《2017 体育公共服务对口支援公众号内容生态白皮书》中指出，截止到 2018 年 1 月份，体育公共服务对口支援公众号领域中一共获得了 89 笔资金，资金的涌入极大地提高了体育公共服务对口支援微信公众号的发展水平。在新媒体环境下的网络媒体特别是公众号媒体更新换代的速度越来越快，在不断发展变化的过程中似乎很难找寻到这些层出不穷的话题背后的规律性。可是通过对具有代表性意义的媒体平台进行深入的调查与分析，我们常常能够从其背后发现问题的根源所在。每一个媒介生存与发展的动力不仅仅限制在一时所制造的话题流行度以及热度，而在于媒介自身是不是能够提供有价值、有意义的内容，能不能为更多的用户提供发表意见的空间。

因此，微信公众号的传播与发展在新时代为对口支援体育公共服务提供了传播渠道，成了该类文化传播的最佳方法与渠道之一。

第八节 网站服务功能发展现状

在经济竞争如此激烈的今天，以何种方式吸引客户的眼球成为众多对口支援网站急需解决的问题。体育公共服务对口支援网站作为中国网站中的一部分，以其敏锐的眼光和出众的运营方式迅速占领了体育市场，为体育公共服务对口支援网站创造了一个又一个的销售记录，随着体育公共服务对口支援网站的普及和应用，众多体育商家认识到了体育公共服务的影响力，纷纷加入了体育公共服务平台，体育公共服务网站的增加使得体育公共服务对口支援网站的压力较大，为此体育公共服务对口支援网站相关决策者做出了相对应的运营策略的改革。在一众体育公共服务网站中成为模范和代表，具有典型的借鉴和模范分析意义。其中体育公共服务对口支援网站主要进行了营销政策的创新，以更精准的营销方式获取客户，体育公共服务对口支援网站因此研发了一系列服务，并为体育公共服务对口支援网站带来了巨大的收益。在对体育公共服务对口支援网站按照商业模式要素来进行一个全面的分析和评估的基础上，通过重点分析其自身经营的精准营销的特色，首先对精准营销概念及特征进行分析，其次阐述了体育公共服务对口支援网站头条精准营销定义及优势，最后具体分析体育公共服务对口支援网站头条的精准营销策略。

就现阶段市场发展的情形来看，在如今的市场发展过程中，网站的运营策略选择是重中之重。运营策略是整个网站赢得竞争的制高点和能否营利的关键。而体育公共服务网站所选择的运营策略中营销策略的规划又是关键。网站的营销能否实现高效率，很大程度上取决于企业营销的精准程度。针对以上这一点，现阶段的体育公共服务网站应该在营销环节中对网站精准营销的措施进行更细化的探讨。就目前来看，体育公共服务对口支援网站在网站运营过程中在体育公共服务对口支援网站头条上精准营销策略的使用，对于整个体育公共服务网站行业经济效益的提升及运营方向选择具有十分明显的指引作用。在如今的网站运营环节中，精准营销这一理念已经成为有关学者重点研究的方向。由于精准营销在体育公共服务网站的市场发展环节中具有十分重要的意义，同时能够帮助网站的营销部门对市场进行精准定位，为网站今后的市场拓展方向提供一定的理论基础，因此，精准营销已经成为影响体育公共服务网站竞争力的一大重要因素。从眼下市场营销的发展模式来看，精准营销在体育公共服务领域得到的应用最为广泛，由于体育公共服务这一营销模式自身所具备的一种特殊性，眼下的企业在实际的发展环节中应该重点注意到体育公共服务消费者人群及市场情况的定位，从而使企业能够在真正意义上实现精准营销，为企业提升经济效益做出必要保障。针对以上这一点，在现如今的体育公共服务网站的运营策略制订中，网站的管理人员应该对网站的精准营销进行发展方向的探索与分析，以此来使网站能够在真正意义上实现营销环节的发展，促进网站经济效益的提升。体育公共服务对口支援网站明显在这一块起到了带头和模范作用，下面将以体育公共服务对口支援网站为例来具体分析其在运营策略中的精准营销的选择，对精准营销的方方面面和体育公共服务对口支援网站自身对该模式的选择与具体应用上做详细介绍、分析和相应总结。商业模式要素主要包括价值体现、营利模式、竞争优势及营销策略。以下根据这四个方面对体育公共服务对口支援网站展开评估和分析。

第一，价值体现。体育公共服务对口支援网站目前最新的商业模式只有一个目的，即全面帮助厂商使其营利，同时也帮消费者省钱，用一种互联网手段来操纵中间模式，减少中间环节的成本损耗，从而实现厂商和消费者双赢的目的。站在消费者角度，体育公共服务对口支援网站的自身定位是面向全中国所有群体和个人，它具有普及性和便捷性，对消费者的唯一要求便是会上网。

其最大特色就是免费，这种免费的诱人条件可以最大程度地吸引客户。而且在信誉方面把关良好，因为经过了支付宝这一中间流程，从而使骗子的活动空间几乎为零，使买卖交易更安全可靠。站在企业的角度，对于他们来说，体育公共服务对口支援网站的目标客户定位非常精准，就是那些会上网的消费者，便于企业营利。而且体育公共服务对口支援网站"旺旺"这一个沟通软件也非常方便，便于商家与客户沟通。使交易更舒心便捷。如此一来，企业的营利也有了支撑和保障。

其次是营利模式，体育公共服务对口支援网站的营利来自多方面，主要是广告、中介、网站和支付宝收入。因为体育公共服务对口支援网站的浏览量非常高，所以它吸引了很多商家来此投放广告，从而赚取广告费用。同时体育公共服务对口支援网站还是一个中介平台，它能够为买卖双方提供信息，可以从成交中提取一定的费用。而且体育公共服务对口支援网站自身作为一个电子网站，它的网站自身运营也可以产生一定的收入，当然，体育公共服务对口支援网站的一大部分收入仍来自支付宝。

是竞争优势。第一，体育公共服务对口支援网站非常贴合中国人的心态，它的体育公共服务对口支援网站旺旺软件极大地方便了商家与客户沟通。亲民的设计风格完全符全中国人的习惯，亲和友好，赏心悦目，用起来得心应手，而且也容易上手实践。第二，体育公共服务对口支援网站是完全免费的。在体育公共服务对口支援网站的免费攻势下，易趣就逊色很多，在流量与交易额方面都远远不如体育公共服务对口支援网站。因为易趣本身的收费性质，这样就会在很大程度上限制会员的及时交流和沟通。针对这样的情况，体育公共服务对口支援网站开发的交易及时交流聊天工具就很符合网上购物和网上交易的特点，所以这个功能深的大家喜欢。第三，体育公共服务对口支援网站的支付方式也非常安全可靠。体育公共服务对口支援网站为打消消费者顾虑专门开发了一系列可靠的支付手段，这个支付方式优势明显，能够最大限度地满足会员的要求，就是共同建造网上交易诚信环境，让买家敢于尝试网上购物，让卖家能取信于客户，在网上购物不必抱着敢于第一个吃螃蟹的心态。

最后是体育公共服务对口支援网站自身的营销策略，主要采用了精准营销的模式，以下做详细介绍。

精准营销从字面来理解就是精确、准确地营销，要做到上述两种并不容易，商家在设计营销方案时应对客户进行精准定位，并借助现代科学技术建立精准的客户沟通体系，在最短的时间内锁定潜在客户群。精准营销包括众多方面，比如，精准的商场定位、精准的价格定位、精准的广告投放等。精准营销能够有效降低企业的其他营销成本。精准营销有3个特征，其一，精准营销具有较强的客户选择性，通过市场调查分析能够快速吸引目标群体，并对其开展个性化的沟通。其二，营销策略的有效性，在实施精准营销之前，商家会根据目标客户进行调查，并根据调查结果采取相应的营销策略，因此，该模式下的营销策略效果通常较好。其三，沟通结果的可预测性，精准营销所对应的是精准的客户群体，因此，商家能够准确地判断出沟通的结果。体育公共服务对口支援网站头条就是体育公共服务对口支援网站商家联合打造的引领生活消费及潮流时尚的一个咨讯平台，体育公共服务对口支援网站头条是内容运营的重要板块，也是展示位置最佳的板块。众多体育公共服务对口支援网站商家可以通过体育公共服务对口支援网站头条快速获取流量与客户。

传统的营销方式没有进行准确的客户分析和定位，客户群体的消费水平及消费观念等都有较大的差别，因此，传统的体育公共服务对口支援网站营销方式取得的效果较差。而体育公共服务对口支援网站头条精准化营销是根据受众群体的购物特征及购买能力进行的商品推广宣传，目标客户群更为细致化，传播的效果也更好。比如，体育公共服务对口支援网站头条上的营销商品是儿童奶粉，若采取以往的营销方式，观看儿童奶粉广告的客户较多，但是实际购买儿童奶粉的客户却较少。而对儿童奶粉进行体育公共服务对口支援网站头条精准营销，众多宝妈能够在体育公共服务对口支援网站首页迅速关注到儿童奶粉，并根据自身的需求选择购买的种类及数量，为众多宝妈节约了查找儿童奶粉的时间。同时为儿童奶粉商家创造了较多的利润，体育公共服务对口支援网站头条精准营销方案在进行商品推广时，会根据商品的市场价格进行调查和调整，保证消费者的消费权益不受损害。体育公共服务对口支援网站头条专栏是位于体育公共服务对口支援网站的首页上，并且采用滚动的方式吸引客户的注意。体育公共服务对口支援网站头条专栏覆盖方面较广，包括日常用品、潮流服装、精致饰品等众多方面。客户可通过进入体育公共服务对口支援网站专栏来获取自身需要的商品。体育公共服务对口支援网站专栏推广的商品能够在较短的时间内吸引众多目标的注意。

以往客户在寻找商品时，常用的方式是通过搜索框进行商品寻找，而浏览商品的通常是需要购买的客户，不需要该商品的客户则不会进行商品的浏览和寻找，因此，众多商品曝光度提升不上去，影响商品的销量。体育公共服务对口支援网站头条专栏能够将商品快速地曝光在大众视野中，提升商品的关注度。推广中的商品质量和价值方面符合客户的要求，就会提升商品的传播速度。体育公共服务对口支援网站商家为了快速地积累目标客户通常会采用较多的宣传方式，而最常见的宣传是通过自身降低产品的价格来吸引客户。这种营销方式虽然短时间内会给商家带来利润，但是长期实施此种营销方式必然会使得商家的利润降低，甚至会出现赔本的情况。若在此情况下恢复原来的价格，会使得客户产生心理落差，导致他们不会继续关注该商品。因此，传统的营销方式并不是长久的办法。体育公共服务对口支援网站头条专栏的开设为商家有效解决了营销难题。体育公共服务对口支援网站头条专栏会以正常的价格将商品曝光在客户的视野中，客户不会因商品价格的变动而影响购买的热情。体育公共服务对口支援网站头条营销方式不但能够快速为商家积累客户，还能节约商家的营销成本。此种营销方式是最适合商家的营销模式。

体育公共服务对口支援网站商品的成交率与广告的策划有着密切的联系，若广告策划做得不够好，即使将商品放在体育公共服务对口支援网站头条专区也不会给商家带来满意的销售业绩。因此，商家在进行广告策划时应充分重视广告效果的重要程度。广告策划应根据市场调查结果，有针对性地进行广告设计。比如，在设计儿童玩具的广告时，应加入鲜艳的色彩搭配和生动的文字描述突出该款玩具的优点，并为此广告配置相应的短视频讲解，在视频中讲解该玩具如何玩、怎样玩能够达到良好的效果。如此的广告策划才能真正起到吸引客户目光的作用。体育公共服务对口支援网站头条每天的广告投放是存在限制的，并不是任何商家都可以随意进行广告投放。因此，商家在投放的过程中应做到精准投放。比如，秋季到了，秋装商家在进行广告投放时应选择适合该季节穿搭的服装进行广告投放，这样才能增加商品的购买率。若商家在体育公共服务对口支援网站头条选择推广夏季的体育运动服装，就不会产生良好的推广效果。因此，商家在投放广告时，应对市场情况进行了解，然后再选择投放的广告。

精准广告投放不但需要掌握目标客户群，还需要对商品的价格进行精准的研究，若商品价格超过目标人群的接受程度，那么即使该商品在体育公共服务对口支援网站头条进行投放，购买率也不会达到预期的要求。体育公共服务对口支援网站头条之所以能够取得良好的口碑和效果，不仅是因为体育公共服务对口支援网站头条的广告宣传，还因为体育公共服务对口支援网站头条特别人性化地加入了体育公共服务对口支援网站问答环节。客户能够通过体育公共服务对口支援网站问答板块向买过该商品的顾客进行咨询，从已买过该商品的顾客口中了解到真实的关于该商品各方面的功能及了解该商品的质量等具体信息。买过该商品的顾客通常会因为该商品的质量、价格等优势对其进行宣传和推广，以此增加该商品的传播速度和传播效率。互动式的信息传播不但体现在客户与客户之间，还体现在客户与商家之间，客户在购买商家的产品之后，会根据客户的亲身感受进行商品效果回馈，以此来增加商家的曝光度。从当前阶段体育公共服务对口支援网站的精准营销的情况来看，由于其自身属于体育公共服务的营销模式，因此在研究的过程中，当前阶段体育公共服务对口支援网站的经营现状应该从两个方面进行分析和研究。

一方面，当前阶段的体育公共服务对口支援网站在实际的营销过程中，对其精准营销的现状研究应该从客户方面对体育公共服务对口支援网站满意度的角度进行分析，通过有关数据资料显示，目前来讲仍然有着一部分消费者对体育公共服务对口支援网站的服务感到不满意，具体的统计数据见表3-6。

表3-6 消费者对体育公共服务对口支援网站站满意度现状调查

	服务态度	商品质量	符合程度	增值服务	商品价格	物流快慢	其他
占比	17.2%	14.4%	10.1%	21.4%	6.3%	22.6%	4.7%

从表格中的数据也可以看出，就目前的情况来看，体育公共服务对口支援

网站采用精准营销的手段之后,虽然大部分消费者对于体育公共服务对口支援网站的精准营销附带的消费者服务感到满意,但是从全局的角度来看,依旧有部分消费者在这一过程中对服务有不满意之处,其中物流及增值服务方面的消费者的意见较大,分别占到了 22.6% 和 21.4%,这也能够体现出当前阶段的体育公共服务对口支援网站在实际的营销过程中,由于精准营销依旧没有切实做好,因此导致如今的体育公共服务对口支援网站在实际的发展过程中依旧有着较高的提升空间。

另一方面,人员方面的综合素质在一定程度上也是影响精准营销质量的一大重要因素。通过资料的搜索及文献的翻阅,笔者对当前阶段体育公共服务对口支援网站内部营销部门的员工数量及其学历进行了统计和分析。其中,小学学历员工占比 3%,初中学历员工占比 11.34%,高中学历员工占比 37.1%,大学学历员工占比 43.7%,研究生及以上学历员工占比 11.34%。由此可见,就目前的情况来看,平台的员工学历更多地集中于高中学历和大学学历,研究生以上学历的人数占比甚至要小于小学学历的人数占比。这也体现出当前阶段的平台在实际的营销过程中,对于员工的学历要求并不是十分严格。同时本书在课题研究的过程中,对平台营销部门中的大学及以上学历员工的所学专业也进行了统计。其中,人力资源管理专业占比 24.86%,市场营销专业占比 28.87%,工商管理专业占比 29.12%,文学专业占比 12.7%,其他专业占比 4.45%。

由此可以看出,从现阶段的情况来看,当前的平台中的大学及以上学历的员工在专业分布方面呈现出来的是一种多样化的形式。但是对其内部员工分布的具体情况来看,当前阶段的平台营销部门中的大学及以上学历的员工、市场营销专业的员工据点比重依旧相对较少,而与精准营销关联不大的文学专业等员工所占比重则高出标准。这也就能够体现出当前的平台市场营销部门的人员在专业素质方面略显不足,对平台内部的精准营销战略造成了一定的负面影响。以上种种劣势是体育公共服务对口支援网站在精准营销策略运营中需要解决的主要问题,也是精准营销需要克服的方面。

就目前的体育公共服务对口支援网站发展情况来看,现阶段的体育公共服务对口支援网站想要在实际的营销过程中实现精准营销的高质量发展,首先应该在内部对网站的法律法规进行完善。在法律法规的完善措施方面,眼下的体育公共服务对口支援网站应该从两个方面进行整改,一方面,现阶段的体育公共服务对口支援网站管理人员应该注意强化对内部商家责任意识规则的完善,在商家入驻体育公共服务对口支援网站之前,管理人员就应该与该入驻商家签订协议,使其保证对体育公共服务对口支援网站内部的消费者合法权益负责,一旦出现有商家存在侵害消费者合法权益的行为，体育公共服务对口支援网站就应该及时根据协议给予该商家适当的惩罚，以儆效尤。另一方面，当前的体育公共服务对口支援网站也应该建立消费者方面的监督机制，在网站的首页告知消费者自己具备的合法权益，同时设立有奖举报机制，一旦消费者在体育公共服务对口支援网站消费过程中的合法权益受到侵害，可以向体育公共服务对口支援网站进行举报，若举报属实，体育公共服务对口支援网站给予其适当的奖励和补偿。通过这样的内部法律法规完善模式，能够使现阶段的消费者在体育公共服务对口支援网站消费的环节中受到全方位的保护，以此来保证体育公共服务对口支援网站精准营销质量的提升。完善消费者信息数据库的建立是平台实现精准营销的重要前提条件，针对以上这一点，在当前阶段的精准营销模式建立和完善的环节中，平台应该在现有的消费者数据库方面进行建立和完善，使消费者在平台消费的过程中能得到更加精准的服务。

就目前平台现有的消费者数据库来看，平台在今后的消费者数据库建立方面应该从两个方面入手。一方面，当前的平台应该对消费者的消费喜好建立数据库，同时对该用户的首页进行更新。例如，假设某用户对休闲运动比较感兴趣，平台在对该用户的消费喜好进行数据的保留之后，在其首页的推广方面，就应该对其推广耐克、阿迪达斯、安踏等运动品牌，使其在浏览首页的环节中能够更好地体会到来自平台的优质服务，使平台的精准营销效果能够实现最优化。另一方面，眼下的平台消费者数据库还应该建立消费者消费水平的数据信息，并且根据消费者方面的消费水平建立对应的消费信息推广。例如，如果某用户在平时的消费过程中，消费水平在每月2000元左右，现阶段的平台就应该在首页的消费信息方面对其推广2000元以内的商品，从而使其能够在消费的过程中结合自身的消费水平购买商品。通过建立消费者数据库的模式，能够使消费者在平台消费的过程中感受到平台方面对消费者一对一的服务，从而使平台的精准营销质量及效率得到提升。精准消费的质量好坏最终也要落实在具体的营销人员头上，针对以上这一点，体育公共服务对口支援网站内部应该严抓招聘环节的员工的素质问题。就目前的体育公共服务对口支援网站内部的人员专业素质情况来看，现阶段的体育公共服务对口支援网站内部的人员在专业素质方面首先存在的就是关于精准化营销的专业问题。一般来说，在现阶段的营销环节中，营销人员对于精准营销内容的理解程度是影响营销质量高低的重要因素，因此，体育公共服务对口支援网站内部的管理层应该针对眼下的平台精准营销的市场定位，对内部的员工进行严格把关，从而使内部员工的素质得到明显提升。例如，内部可以建立一个审核机构，对新招入的员工进行全方位的考评，但是在考评的环节中，审核人员应该在注重学历的同时对员工的精准营销技能进行考核，如果营销人员在学历方面不符合体育公共服务对口支援网站的招聘流程，但是该人员具备一定的精准营销技能，这时体育公共服务对口支援网站的管理层也应该对其给予录用。通过这种完善内部人员专业程度的措施，能够使体育公共服务对口支援网站内部人员对精准营销有较为深刻的理解，促进现阶段体育公共服务对口支援网站精准营销质量的提升。

就目前的平台营销情况来看，市场定位是平台能够实现经济效益提升的重要因素。因此，当前阶段的平台应该对所提供产品或服务的市场进行细分，应根据消费者行为的相关理论和相关统计工具对收集到的消费者网络消费行为数据进行分析，分析消费者的兴趣偏好、覆盖地域、消费者价值、潜在消费者规模、沟通深度及交易情况等。从消费者、竞争者的角度细分企业的产品和服务的市场，从而确定目标市场及目标消费者的购物行为。此外，要定期对采集的数据进行动态挖掘分析，优选消费者，并通过市场测试验证来区分所做定位是否准确有效。例如，平台在进行市场定位的过程中，可以对整个市场进行细分，同时在与运营商合作的环节中，应该挑选符合自身市场特征的分销商作为合作伙伴，使现阶段的平台能够在经营的过程中更好地服务消费者，也在一定程度上提升平台的精准营销质量。在精准营销模式的概念下，选择合适的个性化服务是实现平台经济效益提升的重要措施。针对以上这一点，在当前阶段的营销环节中，作为市场的经营者，营销人员应该注意个性化服务的完善，从而使平台的服务质量及营销效率能够得到提升，促进当前阶段营销质量的提升和完善。由于个性化产品和服务没有规模经济效益，生产成本较高。因此，平台不能无限制提供个性化产品或服务，而是根据自己提供的产品情况尽可能地提供有效的个性化产品。为了达到一定的生产规模和最成本优及满足消费者差异化的需求，平台要充分利用精准营销理念和工具进行精准定位，并"唤醒"尽可能多的差异化需求，同时也要有选择地满足实现差异化和规模成本最优化的消费者需求，尽可能满足消费者的有效需求，又能获得较好的经济效益。

以对口支援 X 社区为例，X 公共体育的管理建立在以市政府为领导，社区服务部、规划建设部、财务部和基础设施运营维修部(DIMO)等多部门协作，在不同的社会组织及团体参与的多元主体管理的机制上，各个主体参与公共体育管理的职责分工均有明确规定，保证了政策制定过程中各部门的有序高效合作。在体育公共服务的制订过程中，通过深入的社会调查对社区已有条件进行分析，是科学决策的基础；立法委员会由政府部门及社会组织等多元利益集团组成，通过民主听证会等来提升群众参与度，这是民主决策的保障。在此基础上构建了一套层层嵌套、互融互通的体育公共服务体系,兼顾政策的预见性与实施过程的可操作性。在体育公共服务的实施过程中,社区政府积极寻求社会力量的资金、场地和人力资源的支持。在以政府为主导投资公共体育设施的建设的同时,通过多种手段发动企业、个人及各种社会团体的力量积极参与共建,以确保公共体育有可持续发展的经费保障;在为社区居民提供多样化的场地设施的同时,积极寻求场地设施的补充资源,与其他社区、学校、公共组织或私人场地拥有者签订的联合使用协议以保障场地设施的供给;而在体育活动的组织上,不仅提供针对青少年、成人和老年人的自营体育对口支援,还通过与学校、体育社团组织和其他第三方机构联合发起特定活动对口支援,以满足社区中不同收入、文化背景、年龄和体能水平的居民需求。

与对口支援 X 社区相比,我国现存的公共体育管理体制存在两大问题,一是我国公共体育是自上而下的管理机制,政府在公共体育的发展中拥有绝对控制权。在这种层级化的运行机制下,权利方向是单一的,居民意志体现不足。二是基层公共体育管理组织力量比较薄弱,机构设置、人员配备、经费来源、基础设施与承担的职责任务不相适应。虽然在许多城市已经成立了以街道办事处为依托的街道社区体协,但国家还没有出台统一的公共体育管理的法规或具有可操作性的指导意见,现有的街道办事处工作职责中并没有明确提出有关体育方面的职责,因而公共体育人力、物力、财力等方面的问题也难以解决。因此,要在借鉴 X 市公共体育管理经验的基础上,结合我国现存社区管理现状进行机制创新,构建一个多元主体参与的公共体育管理机制。一方面,要加强公共体育法制法规建设,加速依法管理公共体育的进程,对基层管理组织的体育职能做出明确分工,以保证各个机构之间有序高效协同。另一方面,要培育居民的自治意识,鼓励社会组织的发展,建设居民与社会组织参政议政的通道。目前,城市规划行政部门在审批平面图时,只对公建设用地只做了相关规定,在指标中没有对"体育设施用地"做明确说明,甚至在公建设施配套指标中根本没有预留体育设施用地。因而在政策制定过程中,要进行严谨深入的社会调查,考察社区的现有条件,同时让社区居民参与体育设施规划,采纳诉求和建议,避免体育设施和居民需求脱节的情况。在科学统一规划的同时,通过与学校及事业单位共建公用体育设施以解决现存体育设施对口支援单一、设施规划不足的问题。在体育活动的组织上,要以居民需求为导向设计体育活动内容及形式,联合其他社会组织和团体发起针对不同群体、不同需求的体育运动对口支援,使得居民规律、持久、高频地参与体育活动成为可能。按照上述原则,坚持条块结合精神,要不断探索,分阶段、分层面地逐步推进公共体育管理机制创新，建成由党和政府领导、社会各方面参与、群众自治参与管理的区域性群众体育活动，形成共居一地、共同管理、共建文明、共求发展的社会化自治管理的运行机制。

伴随着我国经济发展水平的不断提高，经济发展与人文素养、公共民生服务之间的矛盾也日趋激烈，区域发展不平衡导致的公共服务失衡，公共体育服务发展不协调的现象也日益严重，已经逐渐成为阻碍我国社会主义发展、推动社会公平进步的巨大阻碍。在这样的历史背景下，我们应该积极推动公共体育服务对口支援工作的进行，让身处中国大地之上，不论是经济发达地区，还是欠发达地区，不论是什么民族、什么阶层，都能享受社会主义带来的幸福美好生活，让每一个人享受到最基本的体育运动的权利，让每一个人都能平等地使用公共体育服务，拥有健康美好的生活。

如今，我国公共体育服务不均衡的主要原因在于长期以来区域经济发展不平衡导致的二元化结构，对于体育运动和体育意识不正确的认知导致了公共体育服务供给制度的差异，政府相关部门思想观念没有得到转变，对公共体育服务事业发展的不重视，加上两极分化的贫富差距，促使体育产品市场不能正常发展。个人高端产品占据主流，群体公共体育服务产品产量不足，价格虚高，这都在一定程度上影响了公共体育服务对口支援工作的顺利展开。

针对这一系列问题，通过研究公共体育服务对口支援的现实情况，进行大量的文献资料查阅，提出了一系列解决方案。首先，应该大力推动对口支援工作，协调平衡区域内经济发展不平衡的情况，改善城乡二元化结构，推进政府部门发挥带头作用，积极宣传推广公共体育服务事业，构建合理的公共体育服务供给制度，促进受援助地区的人民的体育意识的转变与整体体育产品市场正常化，利用发展当地体育产业的方式，转变传统的由输入型支援模式转化为输出型对口支援模式。

在此基础上，需要了解到我国公共体育服务对口支援现状整体呈现良好的趋势。在资金投入方面，中央财政拨款和地方财政对口资金支援成为公共体育服务对口支援的主要资金来源，同时，体育彩票的公益基金通过各地不同的情况也发挥着巨大的作用。随着社会公平意识的觉醒，各爱心企业、事业单位及爱心个人，纷纷通过自身的能力对贫困地区的公共体育服务事业发展贡献了自己的一分力。

在政策方面，国家积极推行各种政策，扶持公共体育服务发展，形成以《中华人民共和国宪法》和《中华人民共和国体育法》两部法律为核心，多种法律法规，多方位、多角度、多层次地推进整体社会公共体育服务均等化发展，为对口支援行动提供相应的政策支持。

在信息反馈和传播渠道上，积极发挥当前网络大环境下的通信技术，综合利用各种手段，确保我国公共体育服务事业全面推进，用科学的手段和大数据分析的方式，寻找最适合帮助受援助地区的公共体育服务的发展方式，节省成本的同时，提高效率，减少不必要的浪费。

同时，形成了以地方政府为主导的管理体制，在公共体育服务对口支援工作中，政府起着主导性的作用，一切对口支援行动都是在政府的引导下产生和发展起来的，利用政府的强大影响力和公信力，主导管理体制，对各种对口帮扶项目，制订出台了具体的结对帮扶实施方案，并且对支援的目标和具体责任有了明确的规定，通过加强对对口帮扶的有计划、有组织地管理，建立起公共体育服务对口支援的长效管理机制，同时把受援助地对接帮扶工作落实情况作为各部门绩效考核的重要方面，保证了受援助地对口帮扶工作的有效开展，加强了对公共体育服务对口支援工作的督导和考核。建立了对口支援工作联席会议制度，协调统一对口支援各项工作。在公共体育服务发展中的对口支援项目中基本形成了以支援方与受援方政府部门统一组织、领导与实施的管理体制，主要是靠政治动员和行政手段安排各支援主体开展公共体育服务对口支援工作的管理体制机制。

小 结

在发挥政府的主导作用之外，公共体育服务对口支援多元主体共同参与，当前公共体育服务发展中的对口支援模式中涉及的主体有很多。从地域看，包括经济发达地区和经济欠发达的边境地区，即包括东部沿海经济发达地区，也包括周边相对发达的地区；从不同层次主体看，包括政府部门、学校、高校、企业和社会组织等。对口支援涉及的利益诉求不同，支援地政府的政治意图强烈。支援地政府积极响应上级号召，受援地政府为了吸收外地更多的资源帮扶本地公共体育服务发展，实现本地公共体育服务均衡发展。支援主体与受援地都属于非营利性组织，其利益诉求主要是促进受援地公共体育服务体系建设和均等化发展。

通过这一系列对口支援行动的展开，我国的公共体育服务发展有了显著的进步。其中，以环江县为例，在投入大量的资金之后，在2019年已经完善了全县范围内的公共体育服务设施建设，通过宣传海报，网络平台宣传等方式，环江县体育发展工程建设等方式，环江县人民的体育健身意识得到极大的提高，公共体育服务体系基本完善。

由此可见，全面推行公共体育服务对口支援行动，对于促进我国公共体育发展，促使我国建设体育大国、体育强国有着重要的意义。

第四章 公共体育服务对口支援长效运行机制的可行性分析

第一节 公共体育服务对口支援长效运行机制形成的现实背景

我国省际对口援助，本质上是我国所特有的一种地方政府间公共财政资金横向转移支付，是基于我国现实的各地区、各民族在经济、政治、社会及文化等方面的发展水平存在着客观上的差距，以及资源不平衡的现状。为削弱各民族、各地区之间的差距，推动各地区间社会经济的均衡发展。该政策的实施成功地实现了各地区间资源的有效转移，促使物质、资金、人才及技术等要素的合理流动，在一定程度上弥补了地方政府间财政缺口和财政横向不均衡，缩小了地区间的发展差距。

公共体育服务对口支援经过多年的不断探索与实践，取得了一定成效，形成了"以政治动员为导向、政府推动为主导、受援地区被动接受"等阶段性特征，并试图向"对口协作、输血与造血并重"的阶段过渡。然而对口支援工作是一个系统的工程，现阶段公共体育服务发展中的对口支援暴露出单靠政府主导教育援助而社会参与援助力量不足、单靠支援方"输血"而受援方"内生造血"功能不足、单靠基本资金支援狭窄方式而与其他支援方式结合不够、单靠强调政治责任而缺乏其他激励约束机制等弊端，直接影响了公共体育服务对口支援的可持续发展和综合效益的持续提升。因此，迫切需要通过优化公共体育服务发展中的对口支援机制来提升教育对口支援的效益和质量，这是保证公共体育对口支援可持续发展的关键。

从四川灾区 18 个受援地区的援助效果来看，有针对性的援建工作保障了受灾地区基本民生需求和基本公共服务均等化要求。具体内容上在城乡安居房基础设施与清洁安全用水体系的建设，在教育支撑体系与医疗卫生体系及支农惠民保障体系等方面的建设与完善均取得了实际而务实的援建成效。在援建过程中，创建了各援助省市与各受援地区之间的交流平台，客观上也为各受援地区提供了人力资源、信息交流、物质流通及社会关系等方面的支撑。从更高层面上彰显了我国政治体制的优越性，提升了整个社会对政治体制的信任，取得了显著的经济、社会及政治效益。更为重要的是，为各地区间进行长期交流与合作奠定了良好的基础。

通过援助运行机制的不断规范化、制度化的完善，借助市场机制的利益驱动。使得援助双方尽可能在经济、社会及文化等方面建立长期合作的关系。但由于在宏观管理上缺乏有效的统筹机制，管理运作过程不协调，使得各援助省市之间各自为政；同时，援助政策实施的整体预算规划不明确，对口援助资金与中央财政和地方财政的整体统筹安排没有各自的清晰的责任定位等问题，造成各地区间的财政均衡存在着较大的波动性。无论从短期还是中长期，都有很多改进的空间。

由于我国省际对口支援政策的实施基础源于垂直行政系统，其行政指令的特征不可避免地与市场机制的运行存在矛盾，所导致的大量短期行为使得援建的后续资金短缺，一些援建对口支援浅尝辄止、半途而废，形成一系列烂尾工程，严重影响了对口援建的经济效应，也产生了不良的社会影响。因此，这些短缺行为所产生的种种现实问题在客观上要求我们建立配套的长效运行机制。正如温家宝同志在四川灾区考察时所指出的"鼓励支援省和受援县在巩固援建成果、互利共赢的基础上，探索建立长期合作机制"。通过对当前公共体育服务对口支援机制的运行情况进行研究，重点从公共体育服务对口支援的政策发展动态、规模水平和分布领域、主要方式等方面对公共体育服务发展中的对口支援现状进行深入的调查分析，并结合对口支援重点工程、对口支援实践活动分析当前公共体育服务对口支援发展成效及存在的问题。对对口支援机制所存在的问题进行分析和归纳，提出相应的解决办法，希望能够为公共体育服务对口支援机制提供必要的帮助，助力我国公共体育服务的发展，为公共体育服务对口支援形成合理有效的长效运行机制提供相应的理论依据和借鉴意义。

第二节 中央对口支援政策实施与地方政府之间合作的内在可行性

受援地区（如四川灾区等）因受到突发灾情等因素的影响，使该区域的生产力水平受到极大破坏，不仅影响了短期的恢复能力，也制约了长期可持续发展，同时也不可避免地影响了周边地区的发展。

对口支援，即经济发达地区对经济欠发达、经济落后地区进行援助性行为的一种政治行为，是我国的一项长期政治任务。其根本原因在于我国在发展过程中，各地区的经济发展水平不平衡导致的社会公平性缺失。自1979年开始，我国就启动了对口支援西藏、新疆等地，随着社会发展水平不断加快，我国综合国力不断提升，全面攻坚扶贫、全面步入小康社会的国家目标的提出，对于经济欠发达、经济贫困地区的对口支援制度也在逐步完善和扩大，建立起相对完善的对口支援体系。受灾害地区的经济发展基础较为薄弱，受到灾情的严重损毁，在短期内，通过国家及全社会援助力量有计划、有步骤、稳健地恢复重建工作，能够基本保障民生的需求和基础设施的建设。但从长期来看，原受灾地区的自我发展能力依然较低，带有行政指令性的对口支援的实施无法避免客观上存在的短期行为，使得受援地区发展的可持续性得不到有效保障。这些都与国家协调地区间社会经济均衡发展、实现地区间基本公共服务均等化的宏观经济目标存在一定的矛盾。为此，国家实施灾后恢复重建的对口援助政策不仅有明确的短期目标，还有长期的基本规划。依据各支援方（省、市）的资源、人才、技术及产业优势，通过人才与技术引进，产业转移与承接等方式扶持受援地区经济社会的可持续发展，不断培育并增强当地的"造血机能"和市场综合竞争能力。

最初，我国的对口支援制度还是围绕着针对经济发展、改善民生问题、促进经济恢复、发展医疗水平等方面。随着对口支援制度的不断完善，各地区的经济民生问题逐渐好转，推动社会公平，促进公民权益在全社会范围内得到有效实施，针对教育和基础权益对口支援，逐渐成为当前对口支援任务中的首要环节。2017年，党的十九大提出，"建设教育强国是中华民族伟大复兴的基础工程，必须把教育事业放在优先位置，深化教育改革，加快教育现代化，办好人民满意的教育"。公共体育服务对口支援被归为教育支援的范畴中，党的十九大提出的政策口号也为推动公共体育服务对口支援指明了方向，提供了相应的政策指导方针，促使对口支援制度开始向公共体育服务方面转变。

从现实的市场环境而言，东部发达地区（支援方省市）由于受客观与历史等方面因素的影响，在资金、人才与技术及产业等要素方面过度集聚，这使得东部地区环境与资源承载压力逐步加大，各种要素的运行成本也在不断攀升，反而使各种要素资源的发挥受到束缚和限制。借助于国家对口援助政策实施的各种优惠政策的引导，依据自身行业、企业的特点，将资金（本）、人才与技术、产业等生产要素转移至具有相对劳动力要素优势、资源禀赋优势及政策优势的各受援地区，不断扩展市场空间和高额资本回报率已成为现实的可能。在对口援助政策框架下的长效运行方式中，通过市场机制运行的区域间产业承接与转移，已成为地区间长期合作发展的主要形式。随着对口支援制度的不断完善，我国基本全面步入小康社会，对口支援成效显著，各受援地区发展迅速，达到了对口支援的目的。但同时也要注意到，虽然受援地区已经有了长足的发展，但相对于经济发达地区而言，在很多方面人就处于发展不平衡的状态。公共体育服务相对薄弱，发展落后的状态并没有发生改变，不利于受援助地区人民享受正常的公共体育服务，需要依靠国家的大力支持和政策倾斜，同时也更加需要发动对口支援，优化公共体育服务对口支援运行机制，促进当地公共体育服务发展。

公共体育服务是体现社会公平，也是我国对口支援政策的重要组成部门，是建设具有特色社会主义、促进中华民族伟大复兴的重要环节，是我国现阶段对口支援政策实施的主要方向，对减少社会发展不平衡、促进城乡教育一体化、实现公共服务均衡发展、促进社会进步、保障人民基本权益、促使社会公平等方面有着巨大的作用。一方面，在地区间产业承接与转移的投资活动过程中，由于管理与技术的溢出效应，为受援地区提供更多、更先进的人才、技术、管理理念和方法，客观上提高了受援地区产业发展的科技与管理水平，为未来承接先进的高水平科技产业夯实了可行的基础。另一方面，对口支援的支援方（省市）可以有效地对现有产业结构进行优化调整，将实施产业转移后存有的资金（本）、人力、财力及土地和厂房等资源要素进行合理整合，通过对资源的合理优化配置，实现地区间产业结构的优化整合与升级；同时又可以充分运用受援地区的优惠政策优势、当地资源和土地成本优势及廉价劳动力等方面的优势，实现企业的扩张性战略产业转移的目标，提升企业的市场综合竞争力和生存能力。

第三节 省际间对口支援长效运行机制形成的内涵与实现途径

我国目前省际对口支援政策都是在中央政府主导下各地方政府依靠财政和社会各方面力量的无偿援助得以实施的。对于当前我国的对口支援现状进行分析之后，发现当前我国在对口支援的运行机制中，主要形成了以政府部门为主导、多元主体并存的方式，在支援类型中，总共分为3种。发达地区向欠发达地区进行对口支援一直是我国对口支援政策中的主体，这里说的主要是以省市划分及沿海发达地区，对于边界内陆省份、贫困省份的资助与对口帮扶。

总的来说，这些兄弟省份对于其他地区的对口支援类型主要包括4种，即资金支援、基础设施援助、人才输出帮扶，以及双方通过的各项交流活动，在交流的过程中展开帮扶。在这4种形式中，资金援助是最主要的方式之一，也是对受援助地区帮助最大的支援形式之一。不过，由于思想观念没有转变，这些资金的投入往往还是针对传统的促进受援助地经济、医疗教育等方面的发展，并没有重视对公共体育服务的发展，在总体公共体育服务的投入上占据的比例太少。除资金投入方面，其他诸如物资捐赠，以及人才输出帮扶和活动交流方面，基本或很少出现和公共体育服务相关的内容。由此可见，在体育公共服务方面，还缺少必要的帮扶对口支援。在短期内效果显著，但从长期来看，无论是地方政府还是市场企业都缺乏足够的向欠发达地区（或灾区）实施长期的无偿援助与投资的内在驱动力。因此，若要建立有效的长效运行机制，必须尊重市场经济的基本规律，在坚持市场化运行原则的基础上，政府制定政策导向并搭建合作服务平台，引导市场企业长期合作创业。通过制定财税、土地与金融、社会保障与就业，尤其是相关产业等优惠政策，引导产业领域的长期市场合作对口支援，通过实施产业转移与承接、建立工业经济园区、经济技术合作等方式，挖掘双方各自的资源优势，培育受援地区的自我发展能力和市场生存与竞争能力，以实现援助双方的长期互利共赢。除了整体的省市对口支援的政府部门之外，各事业单位、高校及社会企业的对口支援，同样是解决受援助地各项资源紧缺的重要方式之一。各事业单位积极响应政府号召，发挥先锋带头作用，从自身做起，对受援助地区提供必要的人力物力财力支持。

省市政府部门从大局出发，从整体出发，这些事业单位、高等学府和社会企业，在对口支援的过程中，由于自身力量有限，因此，往往会通过自身行业和事业单位内部的关系构成，对相应的地区和组织构成进行单对单的帮扶。虽然这些单位的帮扶力量有限，但由于他们的帮扶目标小、有针对性、精准性，因此，在对口支援中效果显著、专业性强，能够以点带面，通过区域的发展，带动整体地区的发展。相较于政府部门的整体把控，瞻前顾后、体制运行复杂、耗时长等问题，这些专业性更强的帮扶手段反而能够满足受援助地区的具体需求，在这一类的帮扶内容中，有关公共体育服务等基础民生服务对口支援的所占比例明显高于前者，对当地的公共体育服务发展有着极大的好处。

在四川灾区对口援助政策具体实施过程中，各支援方不仅有效地完成了短期内民生保障对口支援、基础设施的恢复重建等工作，而且还立足长远，制定了长期与社会经济发展相关的"财政税收政策""金融政策""就业和生活保障政策""产业扶持政策"等。既注重资金与物质的"硬件"援助，更注重技术、管理及文化理念等"软件"输入，尤其在人才培养、产业发展等方面加大援助力度。为了夯实受援地区社会经济长期发展的内生动力，各对口援助方充分挖掘和发挥自身拥有的技术、人才、管理等方面的相对资源优势，着力加大技术人员、管理干部及教师和医疗卫生人员的培训，以及各方面人才的输送力度，切实增强受援区域自身的市场生存能力与综合竞争力。更为重要的是，在坚持市场化运作的基础上，实施产业转移与承接的方式，实现长期合作的目标。

对当前公共体育服务对口支援运行机制进行探究，可以为解决在对口支援中产生的各项实际问题提供解决的思路与办法。理论与实践一向是相辅相成的，很多时候，国家政策和方针理论，因为在实际情况和执行过程中存在偏差等问题，容易导致运行机制没有发挥应有的力量，通过具体的研究分析，能够针对不同情况、不同问题提供不同的解决思路，从而将理论转化为现实，促进公共体育服务对口支援运行机制的优化发展，保证对口支援政策能够落到实处。我国目前对口支援政策的实施源自垂直系统的行政性指令，依据中央高层的行政指令规划，而具体的落实与实施则在于各地方政府。在中央政府的规划与主导下，各地方省市积极响应配合。各支援省市运用公共财政资金的（纵向与横向）转移支付、人才与技术的学习与交流、管理理念与文化的输入、各种物资的供给及市场企业的投资等多种方式，促使受援地区社会经济的发展。在这个过程中，起着关键作用的是各区域地方政府间在具体实施援助计划中的合作诚意与态度，它直接影响到对口援助政策的实施效果。

随着公共体育服务对口支援不断完善，运行机制也不断发展和完善，呈现出新的发展趋势来。随着各地区经济增长水平不断加速，政府的财政收入不断增加，加上人民对于生活健康、医疗教育等基础服务有了更高的重视，对于对口支援中所需要的人力物力财力都有了显著的提高，援助规模不断扩大，结对的数量和形式不断增加。通过兄弟省份、兄弟单位之间的联系，加上社会企业和爱心人士的积极响应，以政府部门为主导，其他多种方式并行，罗网式全覆盖，积极通过各种对口支援手段，推进落实公共体育服务发展。在对口支援运行之初，对于受援助地的支援，往往呈现"输血型"援助，即有其他支援地区，通过提供人力、物力、财力，为受援助地提供相应的物资自主，虽然能够在一定时间内缓解当地在公共体育服务方面所遭受的困境，但由于缺乏长远计划和可持续性，当资金和物资援助停止的时候，当地的公共体育服务也会因此而停止。久而久之，非但没有促进当地公共体育服务的发展，反而让受援助地养成了依靠外来援助、不思进取、不主动发展的困顿局面。因此，如今的对口支援战略已经发生了转变，不仅要助力受援助地区公共体育服务基础建设的发展，更要从单纯依靠自己投入的"输血型"援助转化为"造血型"援助，积极培养受援助地区自我发展的能力。使这些地区能够在接受援助之后，独立自主，依靠自身能力，发展当地的公共体育服务及其他公共服务能力。

依据我国现行的政治体制，各地方政府既是中央政府管理地方的政治委托人，同时也是该区域民众权益的政治代理人。一方面，各地方政府作为管理者，首先应完成中央政府对口援助实施的行政指令规划，确保在短期内保障民生住房等基本需求及当地基础设施的建设等目标，并按照规划具体的要求完成相应的计划任务；另一方面，各地方政府又代表着各地方公众的利益诉求。随着国家整体脱贫大好局面的形成，对于各地的对口支援工作也要从原本的"大水漫灌""广撒网，多捞鱼"的支援方式转化为有针对性、有目标性的支援方式。在支援的过程中，需要集中力量，针对特定的地区和人群，聚焦迫切需要支援的地区和群众，从支援方和被支援方各自的条件出发，双方匹配，选择出最合适的支援方和受援方，从而能够准确地帮助受支援方获得良好的支援，减少在对口支援行动中由于匹配不当造成的支援见效慢、资源浪费、效率低下等问题，全面提升公共体育服务对口支援运行机制的运行能力，建立起合理的规章制度，解决地区公共体育服务发展不平衡的实际情况。

宪法也明确了地方政府职权的相对独立性，尤其是在目前财政分权的体制下，地方政府是经济利益的社会管理主体，而不再是原来的完全依赖中央政府的政治组织。因此，各地方政府在完成中央规划的援助任务后，由于对口援助实施过程中，与受援地区之间形成的在位优势，使支援方省市更容易了解并掌握该地区的市场环境，不可避免地会存在借助于国家优惠政策的引导，为各地方公众与市场企业谋求利益的行为。即各地方政府在完成具体任务的同时，受内在利益驱动，促使地方政府之间加强各方面合作，以谋求各地方自身的利益需求，而这一行为促使原带有行政指令性的对口支援政策逐步演变成具有市场化运作性质的地方政府、企业与市场之间的长期合作与交流。为对口援助在政府引导下长效运作机制的建立奠定了现实的基础。

作为国家，存在区域发展不平衡的情况，同样，作为受援助地区，受援助地区同样也存在内部的经济发展不均衡的情况。一些贫困地区由于受城乡二元结构的影响，导致区域内经济发展、民生权益不平衡的情况十分严重。以西藏地区为例，西藏自治区是我国地理位置最偏远、经济文化水平发展最差的省份之一。在西藏地区，拉萨作为西藏地区的经济、政治、文化中心，城镇化发展领先整个西藏地区，占据了西藏地区经济总量的一半以上，区域内发展十分不平衡。在这样的情况下，面对这些欠发达地区内部本身就存在各项发展不平衡的状态，各受援地区也积极推动区域内各项权益的平衡化发展，通过城镇帮扶农村，使用一对一、一对多的方式，解决各地区内存在的经济、文化、医疗、教育等各方面资源不平衡与权益差异化严重的问题，通过整合资源的方式，通过划片区的方式，整合当地的资源，用以平衡整体区域内的各项权益。在公共体育服务方面，在相邻的村镇等交通要道地区，建立相应的体育设施，方便各城乡区域居民使用。促进整体区域内公共体育服务均等化发展，缩小权益差距，促使共同发展。促使地方政府之间的产业结构优化调整与相对优势产业转移，以最终实现对口支援双方长期合作的"双赢"。总之，对口支援省市不仅要通过横向财政转移支付等手段在短期内帮助受援地区兴建民生工程、基础设施等"输血"对口支援，而且要通过输入技术、管理、人才、品牌等优势资源，采取独资、合资、兼并等方式实施产业承接与转移，并依据他们自身的相对优势帮助受援地区兴建自己的企业，大力发展地方经济，逐步增强受援地区自身的长期社会经济发展能力。

随着我国对口支援政策不断推进，参与公共体育服务建设的各种力量也在不断增加，但由于体育意识和公共服务意识不足、整体社会环境复杂等，导致在公共体育服务对口支援的多元主体没有很好地协同发展，相应的对口支援运行机制不够完善，从而影响公共体育服务发展。经济发展一直是我国发展的重心，如今，虽然我国已经基本全面进入小康社会，经济发展不再是彻底的社会发展重心，促进公共服务发展、人民生活水平的提高，已经是当下发展的重要目标之一。由于对口支援政策最初设立时就是针对我国经济发展不均衡问题提出的，虽然从党的十七大以来，已经提出了要以发展公共教育，公共体育服务建设等社会民生作为主体，但很多地区发展的重心依旧是经济，尤其是受援助地区，自身的经济发展水平没有达到相应的程度，也就更加注重对经济的发展。

我国的对口支援主要依托政府的主导，以政治决策为主，自上而下，带领地区全面发展。由于政府部门对于单一经济发展的追求，忽视了在发展过程中针对其他方面的支援力量、支援方和受援地的工作，大量依靠政府部门的组织领导。导致区域公共体育服务建设过度依赖国家资源和上级任命，无法发挥自主能动性，吸收社会企业和其他爱心人士的帮扶资源，从而导致公共体育服务建设的援助力量太过单一，无法满足受援地区对于体育公共服务的需要，从而阻碍受援地公共体育服务对口支援工作的顺利进行。近年来，随着对口支援的快速发展，参与对口支援建设的各种力量不断增加，但是不同主体利益的诉求不同，在参与对口支援程度上会呈现常态化参与、阶段性参与、间歇性参与等不同类型，为使公共体育服务对口支援工作长效运作，需要对对口支援多元主体构建长效稳定的合作机制。

当前公共体育服务发展中的对口支援参与的多元主体协同关系还没完全建立起来，在整体情况下呈现出以政府为主导，其他多元主体根据政府的调配，进行相应的对口支援建设，结果由于各对口支援实施建设，由于援助行动的短期实效性，导致总体发展不协调，不能建立起长期有效的合作机制。在推进地区公共体育服务建设的时候，往往造成资源浪费、服务停摆的情况。产业转移与承接，为长效运行机制的建立奠定了坚实的基础。总体实施框架如下：首先在国家宏观优惠政策的引导下，有计划、有步骤、有选择地通过引资入园、对口招商等方式进行产业转移与承接；在此基础上逐步形成产业集群（尽可能地发展外向型产业集群），并形成具有一定市场综合竞争能力的规模集群优势；同时逐步培养和发展为产业集群配套服务的服务性行业，尤其是生产型服务行业，以保障产业集群的可持续发展。其次，在具体实施产业转移与承接过程中，不仅要努力建设好优良的投资环境和引资入园工作，还要依据不同区域间资源的相对优势展开长期对口合作，既要注重投资的数量与规模，更要关注适合本区域发展的投资质量与结构，以充分发挥区域资源与特色产业优势。对口支援长效运行机制框架下的产业转移与承接可通过以下方式实现。

一是充分利用外围的政策及社会环境，可采用筑巢引凤的方式，建立经济与科技开发园区、工业经济园区等。建设工业经济园区是东部发达地区工业与经济集约化发展过程中的重要形式。其先进的管理理念与文化已形成了一定的基础。建立工业经济园区便于企业集中管理，降低企业的各项运作成本，通过集约化生产经营，促进企业协作发展，形成产业链，可以实现资源共享。多元主体参与不协调的问题，是影响受援助地区公共体育服务对口支援运行机制的重要原因之一。根据前面的分析我们得出，在我国的对口支援运行机制中，存在着多种多样的多元主体。这些多元主体积极响应国家政策的号召，参与到对口支援的行动中来，客观上促进了我国对口支援政策的顺利实施，在发挥成效的同时，却也存在着一定的问题，由于受自身性质、自身诉求和自身能力等问题的影响，这些多元主体在参与对口支援行动的时候也有着不同的对口支援方式和倾向。从而导致他们在对口支援行动的过程中，难以形成合力，看似如火如荼，其实并没有对当地的发展起到良好的作用，反而浪费了大量的人力、物力。尤其是公共体育服务，由于其专业性要求和社会意识的缘故，在对口支援中不论是资金比例还是人才投入，相对而言都不足。如何运用有限的资源进行合理的统筹整合利用，促进当地的公共体育服务发展，需要进行十分精细的安排。然而，由于不合理的安排及对公共体育服务的不了解，很多人并没有意识到公共体育服务的重要性，要么忽视公共体育服务建设，要么拆分公共体育服务建设力量，用在其他的对口支援上，导致资源配置不合理，支援力量不能得到良好的使用，多元主体参与极其不协调。可依据园区及周边环境集中建设环保设施，实现污染物的统一排放与治理。保障社会经济的低碳环保与工业化进程的可持续发展。另外，从社会层面而言，工业经济园区的建立与发展可扩大当地的就业范围，尤其是吸纳相当数量的农业劳动人口，在一定程度上推动着农村向城镇化的迈进。援建省市企业进入经济园区投资发展。其投资扩张的决策依据从根本上说是市场企业基于市场经济运作自我扩张的自主选择，而非行政指令的结果。以四川灾区的援建为例，仅截至2009年年底，各对口支援省市在他们援助地区的市县共建设工业经济园区18个。如江苏省在绵竹投资5亿元援建规划面积8km²的江苏工业经济园区，无锡市在绵竹汉旺镇建了汉旺工业园区。辽宁、山东省分别在安县建设了辽安产业园、山东产业园等。这些工业经济园区的建立为受援地区的后续发展注入了强劲的动力。

二是根据区域间的相对资源优势及产业的结构特点，有步骤地实施对口招商与投资，开展长期对口合作。援助双方应充分发挥支援省市相对先进的科技力量、管理水平和文化理念，以及在资金（本）、人才和市场等方面的优势，依托受援地区县市的自然资源、人力资源等相对丰裕的生产要素，结合受援区域的具体条件，并在充分掌握本地区产业结构的实际状况的基础上，实施有步骤的产业转移。依据不同区域产业结构的特点，合理承接援助双方互补或相关的产业。一方面，能够弥补本区域产业结构的空白与不足，推进产业集群的形成与发展；另一方面，大力发展符合本区域特点的特色产业。同时支援省市与受援地区在产业承接与转移，在推进产业集群的形成与发展过程中，应不断推动区域产业结构的调整与优化升级。注重产业内生发展潜力，从资金、人才及政策等多方面扶持高科技绿色低碳的朝阳产业（集群）的发展。以确保长期合作下产业发展的可持续性。

三是展开地区间与产业转移相适应的经济技术的长期合作，包括人才培训计划、专利对口支援的引进、工农业新技术的转移、教育与医疗信息化联动等。科技力量是促进生产力发展的内在动力，不仅仅是发达地区推动社会经济发展，更是对口援助长效运行过程中保障受援地区可持续协调发展的重要内在因素。援助双方的经济及产业技术的合作与转移，是支援方向受援方生产力空间扩展的方式，对受援地区产业结构的调整与优化升级起着至关重要的作用。可根据受援地区实际发展的需要，实施有针对性的经济技术转移和长期合作。首先，为提高受援地区基本公共服务的供给水平，在国家及政府一系列优惠政策的引导下，从教育、医疗及社会保障信息化发展等方面加强联动机制建设，包括软件资源构建、硬件设备建设及文化理念融合等内容搭建互动平台，提高区域间公共服务均等化水平，为长期持续对口支援合作奠定社会基础。其次，工业、农业生产是受援地区恢复和发展当地社会经济的根本支柱。通过工农业新技术转移与转让，提升受援区域工业化、农业化水平，改造传统的工农业发展模式和生产方式。促进当地科技进步和推动社会经济的快速发展有着重要的现实意义。此外，还可通过人才的交流与培训、新技术专利对口支援的引进与转让等方式，展开区域间经济技术的长期合作。

我国省际对口援助政策实施产生了举世瞩目的短期效应。但从长期来看，一方面，建立对口援助长效运行机制是各地之间社会经济发展，尤其是受援地区社会经济与文化发展的客观要求；另一方面，由于对口支援政策本身所具有的属性，使得政策在长期的实施过程中不可避免地存在着诸多问题。

第一，即使对口支援政策实施的短期效应能够得到保障，那么后续的援建资金成本由谁来承担？由于援助双方后续工作的责任和义务不明确，资金的来源渠道尚处于模糊状态，各地方政府及市场之间的全面合作的长效机制的形成有待时间和实践的检验。长期以来，受援地的公共体育服务发展中的对口支援过度依靠外部资源的支援，逐步养成了过度依赖外部援助，忽视对自身的发展，从而导致受援地"造血"功能不足，不能借助外部援助的力量发展自身，对口支援受援方主动发展和主体意识不强、对口支援的真正实践主体受援方主体地位的缺失、自我发展能力的不足和对本区域优势与特色重视不足。对口支援政策的提出，是为了平衡我国在发展过程中，导致区域发展不平衡的问题，以先富带动后富，以经济发达地区的先进经验带动经济欠发达地区的发展，通过对口支援的方式，促进受援地区的发展，政策的根本目的是帮助受援助地区的发展。但是一些受援地区由于长期依赖外部资金、物资和人才的帮扶，逐渐产生了依赖思想，不主动寻求发展的机会，当遇到发展问题的时候，就一味地依赖外部援助，出现"等""靠""要"等腐朽思想，从而导致援助方虽然帮助当地建立了相应的发展基础，但由于受援地区主动发展意识的缺失，影响了对口支援运行机制的顺利进行，阻碍了当地的公共体育服务发展。产生这种情况的主要原因在于，一方面，受援助地区本身经济发展水平不高，思想文化落后，在发展的过程中，对于外部物资的依赖性大，自主发展能力不足。另一方面，也是因为一些支援方在进行支援工作的时候，因为太过尽心的缘故，没有给受援助地区的官员成长的机会，在建立了基础设施之后，他们无力管理和发展，从而也导致了依赖心理，导致主动发展意识缺失。从理论和现实的角度看，长效运行机制的作用是显而易见的。但由于存在客观上的原因，源自行政力量驱动的对口支援政策的实施，一旦失去垂直系统的行政指令，是否能够有效建立起具有市场内生作用的长效运行机制目前尚不明确。在行政指令援助期限之后，各支援方的援助资源大大减少，尤其是市场化的经济技术合作领域的对口支援往往半途夭折，前功尽弃。因此，如何建立起各地方政府及市场之间的全面合作的市场化、制度化的长效运行机制是必须面对的问题。

第二，政策的实施在行政性计划指令下，往往具有短期目标的特征。目前尚缺乏和当地社会经济发展相协调配套的长期政策支撑体系和系统规划，包括如为援助双方制定相关的财政与税收政策、土地与资金优惠政策、人才输入与培训政策及科技创新平台建设等。因此，由于市场化长期运作的基础尚不完备，使得当前对口支援政策实施的主体很少有市场化运作的企业参与，基本上都是省市各级地方政府运用行政手段规划方案并执行实施，普遍存在着"轻市场机制而重政府作用"的现象。在对口支援中，支援方和受支援方从理论上来说，应该是处于平等地位的，但由于受支援方经济文化水平的限制，往往缺乏相应的底气。加上支援方之所以能够参与对口支援行动，往往是因为在经济文化水平上领先受支援方，是作为"老师"来传授知识、引导发展的，加上支援方是来帮助受支援方的，不论是从本身的实力，还是从情分上来看，受支援方都处于弱势地位。因此，也就养成了在对口支援的行动中，受支援方往往忽视自身的经验和相关感受，在一切行动中过分依赖和听从支援方的指导，话语权小，或者基本上没有话语权。长期下来，导致受支援方在整体发展的过程中只是一个工具、一个应声筒，并没有在先进的经验和大量的资金投入下，学习到相应的内容。正是因为受援助方主体地位的缺失，导致了在离开了支援方的援助之后，当地的公共体育服务就陷入困境，无法顺利进行，需要再次得到外部支援，从而形成恶性循环，进一步阻碍对口支援内生发展。长期以来，我国对口支援的模式中，外部资金和资源投入是促使受援助地区发展的重要之处。这种方式在一定程度上促进了受支援地区的发展，也达到了一定的成效，值得肯定。但同时也导致了受援助地区在发展的过程中，过度依赖外部资源，自身的发展能力不足。在公共体育服务建设的过程中，曾有一部分企业，选择利用投资建厂的方式，促进受援助地区的体育产业发展，用这种方式来促进当地经济与体育意识的发展。结果由于当地的经济发展过度依赖对口省市的市场，新兴的产业由于没有对应的市场，很快就衰败下去。同理，在一些体育教师加入基础教育对口支援，支教的行列中去时，也同样积极地向当地的学校、老师和学生灌输正确的体育思想，但由于当地经济文化发展的缘故，学生们对于体育这样的"副科"并不感兴趣，就算是在老师的努力下，短时间内改变了当地学生的体育观念，但由于支教时间有限，支教老师离开之后，相应的发展又会恢复成原本的状态，从而导致了当有外部资源投入的时候，当地就能迅速发展起来，当外部资源缺失的时候，已经发展的情况就会回落或者大打折扣，无法有效促进受援地方的公共体育服务发展。

第三，中央与地方在具体的政策实施过程中尚缺乏整体的预算协调和科学有效的评估机制。政策实施的工具也过于简单和笼统，对不同地区没有制定针对性的政策，同时缺乏制度化的规范体系，尚未形成科学合理的对口支援论证、决策与审批程序，常常导致援助资金的寻租分割和审批对口支援的随意性等问题。我国省际对口援助政策的实施大多是一种应急措施，中央与支援方的援助资金与地方的资金运用缺乏整体预算协调而形成不了整体的合力效应，同时对实施过程监督内容的广度和深度都不完整，更谈不上对政策实施绩效评估的有效监督。正如李盛全先生指出的"很多对口支援协议对口支援由于跟踪后续工作不力造成半途流失"。形成这一问题的根本原因在于我国缺乏一套针对对口支援政策具体实施和对口支援管理的科学有效的评估体系和监管机制。针对对口援助政策实施过程中所存在的问题，我们应当在尊重现实的基础上认真地分析与改进，有些问题的出现是客观的。我国对口援助政策实施的基础就是现行的体制框架，如果从根本上改变现行体制框架的方式来解决其中存在的问题，那么其政策实施的基础也就不存在了。因此，不断完善对口援助的运行机制必须建立在现行的体制框架内。

为积极推进我国省际对口支援长效运行机制的建立，提出以下3个方面的可行政策建议。

首先，受援地区公共体育服务对口支援内源性发展，是促使受援地区公共体育发展的根本因素，通过外部资源对受援地区进行帮扶，虽然在一定程度上促进了当地的公共体育服务的发展，但如果受援地区不能自主培养属于自己的体育人才，重视公共服务的重要性，发展自身，简单地靠外部资源人投入和模仿，注定无法获得成功，而且只会导致受援助地区对于外部资源的依赖越来越重，最终彻底丧失内源性发展的能力，从而彻底丧失发展的机会。因此，受援助地区必须立足于自身，在外部援助的基础上，积极发展内源，以自身实际情况为基础，探索出适合自身发展的道路，将对口支援的力量化为己用。有效的对口和支援保障机制，对于公共体育服务对口支援的有效实施具有重要的作用。公共体育服务作为公共服务的一环，本身就是属于政府的基本职能之一，全面依托政府相关政策的引导，在发展的过程中离不开健全的保障机制，但由于我国经济发展的历史性原因，体育教育和体育服务在我国的国民意识形态中、长期占据次要地位，关于公共体育服务的相应法律法规、政策保障、组织保障方面还存在相应的问题。我国的对口支援政策以国家政策和地方的法律法规政策为引导，任何对口支援活动都离不开相应的制度规定，在40多年的对口支援的历史中，有关经济支援、灾后重建支援和医疗教育等基础支援方面，由于发展历史悠久，经过不断的政策完善，已经形成了一整套覆盖全面，合理详细的配套法律政策支持，促进我国对口支援工作取得举世瞩目的成就。而公共体育服务对口支援作为对口支援工作中的一个新兴分支，不论是在公众认知还是在相关理论研究方面，都存在较大的缺口，因此，对于相关的法律政策也存在较大的缺口，导致在对口支援工作中，由于缺乏相应的政策扶持和法律监督，导致公共体育服务对口支援工作进展缓慢。所以，积极发挥"市场机制在资源配置中的决定性作用"与"政府的支持、规划、服务与辅助作用"，正确认识到"中央政府与各级地方政府"与"市场"的各自职责和作用，以充分挖掘市场、政府和社会各自的优势和潜能。在对口支援政策实施过程中，一方面充分发挥市场的决定性力量，促进生产要素在区域间自由流动和合理配置，引导产业由东部沿海向中西部地区有序转移，逐步改变西部地区市场经济落后的局面，通过市场机制的作用将内地发达省市的外生援助转化为西北部地区自我发展的内生机制。另一方面，通过政府引导与服务，鼓励和支持各地区搭建区域经济协作和技术、人才合作的良好平台。建立制度化的区域合作机制，形成以东带西，东中西共同发展的格局。

其次，不断完善对口支援政策运行过程中相关制度的建设。提高政策的实施效率在支援省市和受援地区建立对口支援的事务与财务相对应的公开透明制度，使援助行为的每一件事都能够接受公开的监督，增强公共援助资金整体预算的协调性和使用透明度。应建立对口援助资金的专门账户，实行专款专用制度，并与中央和地方资金相配套，加强对口援助资金的专项审计制度，同时建立科学有效的动态评估机制。一则可以防范具有短期与低效率的"形象"和"政绩"工程，把有限的资源用在当地经济社会效益高的地方。再则可以通过动态评估机制及时掌握援助对口支援的运行情况，并从中总结成功的经验和失败的教训,从而逐步提高管理水平和援助工作的质量。此外,尽可能借助社会非政府组织参与评估,以增强评估结果的客观性。

最后,对口支援政策的有效实施,需要有组织完善、设计精细、有的放矢的一整套政策工具作为保障框架。应由原来的单一化政策工具向精细化、综合化方向转变。以有效缓解受援地区的多样化治理诉求。根据受援地区的不同情况,有针对性地选择差异化的政策工具组合。例如,对于像四川灾区这样在突发的外生因素导致生产力遭受极大破坏且严重损毁的地区。要采用多管齐下的办法,优先重点支持基础设施建设,保障和改善民生问题,同时切实做好教育、医疗、卫生、住房等关系民生的社会事业;还要眼于长远的发展.不断加强工业园区建设,吸引支援方省市的企业入驻,培育和发展特色产业,增强自我发展的能力。因此,针对不同受援地区的具体客观需要,政府应通过艰苦细致的工作,在政策组合工具的选择和运用上更加精细化并更具针对性。

作为对口支援工作中的新分支,公共体育服务是我国社会主义发展、人民意识觉醒、人民群众对生活品质的需求不断提升下发展出来的,其本身具有高度的社会属性和专业属性,在对口支援工作中难度较大,情况复杂,需要统筹多方面内容,整体部署,全面开展。但由于公共体育服务对口支援工作发展时间较短,加上各地的经济发展水平不一,体育意识问题复杂,因此没能形成一个高效的统筹管理机构,缺乏必要的规划和监督,职责不明,受援地相关情况不清,上传下达机构混乱,导致受援地公共体育服务对口支援工作进展缓慢。加上支援方和受援地分别属于不同的省份行政单位,彼此之间没有隶属关系,配合艰难,无法达成有效的统一,也进一步制约了公共体育服务对口支援工作的开展。

对于公共体育服务,由于各省市的经济发展水平不一,针对公共体育服务对口支援也设置了相应的规章制度,这些规章制度在平衡各省市内部的公共体育服务均等化的时候,起到了良好的作用。但政策一旦走到省外,参与对口支援的时候,就会因为各省市不同的社会经济情况出现政策不匹配、认知有问题的情况。尤其是公共体育服务在整体对口支援工作中占据的比例较小,工作开展没有先例可循,缺乏必要的法律法规政策,导致在开展对口支援工作中,要么难以展开,要么按照其他传统的对口支援工作进行部署,结果由于公共体育服务对口支援工作的特殊性质,不能很好地和其他工作相融合,从而导致对口支援政策难以有效执行,发挥出应有的功能。

公共体育服务对口支援的参与主体多种多样,大概可以分为5种,即政府部门、相关事业单位、社会企业、体育公益基金及社会自然人。这些对口支援参与主体，或是响应国家政策，或是出于自身社会责任感，或是出于自身爱心和公益需要，参与到公共体育服务对口支援的行动中来。参与的主体类型数量众多，如果不能形成一个统一有效的联动机制，就会导致支援工作混乱，致使一些地区的支援量过剩、支援不足，以及出现支援项目和当地实际不匹配的情况，既不能推进当地的公共体育服务发展，也极大地浪费了社会资源，影响了后来的工作发展。参与支援的主体类型总体来说，是以政府为主导，但由于各自部门和组织构成的关系印象，无法形成有效的联动机制，导致各主体在进行支援工作的时候呈现出混乱状况，一旦出现问题，就会互相推诿，极大地阻碍了公共体育服务对口支援工作的开展。公共体育读物对口支援，由于参与主体类型的不同，参与对口支援工作的目标也不尽相同，由于差异性导致的大小冲突，会损伤参与主体参与对口支援工作的热情，从而影响对口支援工作的开展。

各参与主体由于类型不同，参与对口支援工作的驱动力和需求自然也不一样，由此就有可能产生相应的利益冲突。比如，对于政府部门而言，参与对口支援工作，多半源自国家政策和政府工作的需要，事业单位则是紧跟行政部门，而社会企业有的是处于自身的社会责任感，有的则是希望通过对口支援的方式获得受援助地区人民的好感，以便对自身企业的相关产品进行宣传，从而开拓新的市场。至于对于体育公益基金和一些社会爱心人士、公益组织而言，更多地是为了促进社会公平。各自不同的利益需求，在对口支援工作中难免会出现利益冲突。比如，对于政府部门而言，其他组织构成的对口支援工作可能会影响自身的政绩；对于社会企业来说，如果其他组织投入的力量太大，不利于自身形成企业宣传，将会有损对口支援工作的开展等。

公共体育服务对口支援工作中涉及多元利益矛盾与冲突，当前调节这些矛盾与冲突主要是依靠政治动员和道德情感约束的协调利益机制来调节。我国是社会主义国家，在政治动员上具有极大的优势，但由于我国市场经济体制的发展，参与对口支援的主体复杂多样，政治约束手段只能给事业单位和政府部门带来一定的约束，而且一味追求政治约束只会伤害其他社会主体的情感，从而导致他们退出对口支援工作，不利于公共体育服务对口支援工作的开展。

当前公共体育服务发展中的对口支援的利益协调机制不健全，主要表现在：一是缺乏利益表达机制。一直以来，公共体育服务发展中的对口支援开展带有浓厚的政治任务色彩，以行政命令方式要求支援方服从大局意识和政治意识，这样对口支援中的地方缺乏自主性，参与对口支援的受援方与支援方缺乏表达自身需求的机制，使得对口支援难以兼顾双方的利益需求。二是缺乏利益共享机制。在以往的对口支援中更多地强调对口支援方的义务和责任,而忽略了支援方的利益,对口支援中受援方获益最多,导致双方利益分配不平衡和不公平。三是缺乏利益补偿机制。在对口支援中支援方是主要利益付出方或损失方,鉴于支援方更多的付出,应该给予相应的补偿措施,给予支援方相应的政策优惠等方面的鼓励和支持。

虽然我国的公共体育服务对口支援,是一项长期的政治任务,一直以来,也以义务、奉献等作为主要的宣传口径,出台各种政策,号召各方主体加入对口支援的工作中来。但也需要注意的是,不论是组织构成还是个人,热情都是有限的,一味地依靠满腔热血和空洞的口号,无法促进对口支援工作的顺利展开,因此,建立一套行之有效的激励机制很有必要。当前,我国公共体育服务对口支援的激励机制就存在较大问题。

要想对参与对口支援主体进行激励,首先,要有健全的评估体系。公共体育服务作为一项提高人民体育生活的工作,在实施的过程中,不单单只是建立和投入一些体育器材,还需要树立起人们的体育意识。这一项工作没有建立起良好的评估体系,只是单纯地从物质条件出发,判断相应工作展开的情况,不能得到客观有效的答案,不利于公共体育服务对口支援工作的开展。

由于我国国民长期以来对于体育活动的不了解,体育意识的缺乏,使很多人忽视了体育运动的重要性,忽视了建立体育强国的重要性,从而导致很多受支援地区对于公共体育服务对口支援的轻视,没有建立起针对公共体育服务对口支援的激励机制,对社会各界力量的激励机制覆盖不全面,打击了公共体育服务对口支援的工作积极性,影响对口支援工作的顺利展开。

在对口支援过程中,一般而言,受支援方往往处于弱势地位,但在相应的对口支援的约束政策中,支援方却往往处于弱势地位。在公共体育服务对口支援工作中,各地都出台了相关的政策法规,对于支援方要求达到的各项目标都做了严格的规定和审查,却并没有针对受支援方提出相应的约束。由于受支援方对于公共体育服务事业的轻视,在对口支援工作进行的过程中,并没有提供有效的帮助,甚至肆意拆分,利用和轻视支援方,不利于公共体育服务对口支援工作的进行,同时也打击了支援方的对口支援积极性和主动性。

通过开发信息平台,能够促进我国公共体育服务对口支援工作中信息交换的能力和效率,全面便捷地提供实时信息,对对口支援工作中面临的各项问题进行把控。上海市是我国第一个提出全民健身计划,并率先组建公共体育服务信息平台的地方,在我国促进公共体育服务均等化工作中排在前列。可见组建开发相应的公共体育服务信息平台，构建国家级公共体育服务对口支援保障机制的重要性。

利用现阶段的网络通信技术，开发公共体育服务信息平台，专门建立统一的对口支援协同管理机制。通过数据手段，有针对性地分析各对口支援工作中涉及的相关政府部门、事业单位和社会组织与个人在对口支援工作中的能力和倾向，做出具体的统筹安排，做到受援助地区与援助方之间的各个组成部分达到协调统一。保证各项决策信息上传下达完善，配合默契，清楚地知道每一项工作的进度和任务目标，推动相关工作顺利完成。

不同的地区有不同的政策倾向，在对口支援工作中针对的目标、任务、标准和人员构成存在较大的差异，由于各地政策规定内容的不同，导致各地区在进行对口支援工作的时候，往往因为政策差异的缘故，无法正确开展对口支援工作。通过对信息平台的组建，将各支援地和受援助地的相关政策进行汇总，从而使各地区在进行对口支援的时候，能够按照政策协调，精确地选择支援方式与支援地区，从而保证公共体育服务对口支援工作顺利进行。

地区的经济发展有先后之分，对口支援工作的工作经验也同样有强弱之别。当前情况下的对口支援工作往往都是各支援地对受援助地区单独进行支援，彼此之间的先进经验和在对口支援工作中遇到的困难等没有得到有效交流。通过建立信息交流平台，各支援地分享彼此之间的先进经验，可以有效解决在对口支援工作中遇到的各种问题。促进受援助地方公共体育服务对口支援工作顺利进行的同时，也能学习其他地方的先进经验，为支援方公共体育服务建设提供一定的借鉴。

重视公众需求，针对公众的切实需要，有针对性地开展公共体育服务对口支援工作。需要注意到，公共体育服务是基于人民群众对于现代生活中的体育运动、体育健身需求的一种公共服务。其本身是经济生活水平发展到一定程度之后，社会公民所提出的一种主管诉求，因此，在推进公共体育服务，尤其是公共体育服务对口支援工作的过程中，必须着重于公众的需求，急群众之所急，将公共体育服务工作落到实处，而不是一味地追求粗浅的基础设施建设，追求任务目标的达成，无视公众诉求。

小　结

针对我国公共体育服务对口支援现状进行研究，旨在探究出一条能够合理优化对口支援长效运行机制的办法，对于促进我国公共体育服务发展和对口支援政策的大力实施有着重要意义。以下从两个方面进行阐述。通过搜集大量的文献资料，针对现阶段我国公共体育服务对口支援现状和运行机制的分析，力求对我国公共体育服务发展，对口支援政策进行解读，对于促进发展具有中国特色，促进社会公共服务整体协调发展具有重要意义。一方面，可以通过对公共体育服务对口支援运行机制进行分析，检测公共体育服务对口支援运行机制的成效，完善并且丰富相关的理论知识研究，对研究成果进行分析和检测。另一方面，通过对公共体育服务对口支援运行机制问题的探究，对一般原理进行分析，可以推动对口支援运行机制的长远发展，提供相应的理论支持。

第五章　公共体育服务对口支援长效运行机制的构建

对口支援工作是针对受援助地区具体缺失的情况，保证地区范围内某一方面工作的健康发展，其落脚点在于受援助地区切实需要帮助的内容。当前情况下，由于受援助地区经济文化水平的影响，本身在对口支援中处于弱势地位，很多对口支援工作并没有深入受援助地区的基础需要，只是一味地通过基础设施建设，如一个地区要有多少篮球场、足球场、羽毛球馆、乒乓球台等，没有切实调查研究受援助地区的具体需求，不能很好地完成公共体育服务对口支援的任务。因此，必须重视受援助地区的基本诉求，针对群众诉求，运用具有针对性的、基于科学研究后的支援方式。

公共体育服务对口支援工作，不仅仅只是发达地区对欠发达地区的帮扶工作，在一些公共体育服务体系完善的地区，也同样存在着公共体育服务不均衡发展的情况。那就是一些地区虽然建立了完善的公共体育服务设施体系，但大多数都是针对正常人群设立的，忽视了一些弱势群体同样有享受公共体育服务的需要。公共体育服务的内涵就是使每一个居民，不论性别、年龄、收入、文化水平等任何基础情况的差异，都有平等享受公共体育服务的权利。然而，一些特殊人群，如残疾人、行动不便的老年人和幼儿等，由于身体构造方面的不便捷，无法正常使用一些体育运动器材，他们对于公共体育服务的诉求也十分迫切。在对口支援工作中，很多部门和个人都只注意到了正常情况下公共体育服务设施的建立，而忽视了这些特殊人群的体育运动的需要，需要对他们的情况和需求进行统计分析之后，做有针对性的工作完善，促进社会公平，保障这一部分特殊人群享受公共体育服务的权利。

一直以来，我国的公共体育服务对口支援工作都是依靠政府力量为主导，在进行对口支援工作的过程中，政府职能占据了大部分，对其他社会力量动员和协同的力量有所不足，需要转变当前的政府职能，构建服务型政府，拓宽对口支援的渠道，开展多元化的公共体育服务对口支援模式。

第五章 公共体育服务对口支援长效运行机制的构建

通过对一些欧美国家公共体育服务均等化的研究发现，这些国家在推动公共体育服务发展的时候，都有社会力量的参与。如今，我国的经济水平已经发展到一个相对较高的水平，公民和企业的社会公平意识不断觉醒，为号召社会力量参与公共体育服务对口支援工作提供了必要的社会条件。因此，要积极发挥社会公众力量，提高多元主体在公共体育服务对口支援工作中的参与度。一方面，要广泛动员和鼓励社会力量，大力宣传并积极号召社会企业、爱心人士、公益基金及和体育相关产业的社会主体，如利用运动明星的号召力、社会公益基金的爱心活动、教育事业中有关体育教育的活动等，全方面开发，号召更多的主体参与到对口支援活动中来。另一方面，发挥政府的职能优势，针对这些社会企业、社会人士，提供相应的政策倾斜，如通过降低税收、产业补贴、政府采购等方式，促进一些体育产品相关产业积极为公共体育服务对口支援工作尽一分力，诱之以利，通过实际的利益收益，提高这些相关企业的参与力度。

在当前的公共体育服务对口支援工作中，支援形式和方式较为单一，总体都是在以政府为主导下的政府相关部门和事业单位在进行对口支援工作，不论是爱心企业、公益基金会还是一些社会爱心人士，面对对口支援工作往往是有心无力，没有渠道，从而极大地打击了他们的帮扶积极性。可以通过扩大渠道，减少政府部门在对口支援工作中的诸多限制，提倡用多种形式参与到对口支援工作中，如通过网络信息技术、利用网络直播、网络授课、网络捐款、云教材教学、云数据分析等手段，利用线上线下相结合的方式，为受援助地区提供相应援助。

虽然公共体育服务离不开社会力量的帮助，多元主体的共同发力对于公共体育服务对口支援工作也有着重要作用，但这一切也需要在政府部门的相关引导下进行。形成以政府力量为主导，其他主体力量协同并进的局面，积极发挥政府职能，对社会力量进行引导，而不是让社会力量信马由缰。只有在政府力量的引导下，多元主体协同并进，才能将力往一处使，积极鼓励推动公共体育服务体系建设。

在我国的对口支援工作中，在大多数情况下，都是通过资源丰富的地区向资源不足的地区输入的方式来推动地区发展、促进区域平衡的。这种对口支援方式固然有作用，但从短期来看，无法满足公共体育服务均等化发展的需要，因此需要转变思想，提高资源的利用效率。当前正是共享经济蓬勃发展的时候，从共享经济的发展中，我们发现一些资源在一定情况下是可以共享的，公共体育服务资源本身就是一种公共资源，具有共享的属性，因此，我们可以通过转变资源支援的方式，来平衡区域内公共体育服务不均衡的情况。比如，中小学拥有完好的体育资源，在周末不上学的时候，封闭的学校将这些体育资源都白白浪费了，而周末又正好是工作人群休息健身的时间，所以通过资源共享的方式，可以在周末将中小学的体育资源面向社会人士开放，从而在一定程度上缓解由于资源不足导致的公共体育服务发展不均衡的局面。面对受援助地区的公共体育服务设施不足的情况，也可以针对当地的具体情况进行分析，利用资源共享的模式，在短时间内缓解公共体育服务资源不足的压力。

对口支援工作，其根本目的是促进当地相关工作的开展，公共体育服务对口支援工作也是如此，因此，要促进受援助地区的公共体育服务事业发展，必须加强产业联合，促进当地体育事业发展，打造公共体育服务线性产业。促使受援助地区由原本的"外援型""输血型"的发展方式，转化为"内生型""造血型"发展模式。

在传统的对口支援工作中，受援助地区由于常年接受外部援助，发展大力依靠外部资源，从而导致自身发展能力不足，从而影响当地的公共体育服务体系发展。首先，受援助地区必须树立发展意识，意识到只有属于自己的，才能让自己发展起来，在接受外部援助的同时，积极学习外部的先进经验，谋求发展，以自身的特色与能力为基础，以外部扶持和资源为机遇，树立危机意识，发展本土产业，促进地区各项产业的发展，从原本依靠外界资源发展转变的"输血型"发展为能够自给自足的"造血型"发展。

在对口支援工作中，受援助地区与支援方的地位往往是不平等的，支援方由于拥有先进的经验技术和各种资源优势，往往在对口支援工作中占据主导地位，忽视了受援助地区的发展，最终还是要依靠受援助地区。由于地区经济环境、文化风俗、交通条件、历史因素等各方面存在较大的差异，其他地区的先进经验不一定适用于受援助地区，受援方作为受援助地区的主体，对于本地的相关情况比较了解。因此，在对口支援工作中，应该具有一定的决策权力，而不是一味地听从支援方的意见，将支援方的决策当作圣旨。在对口支援工作中，支援方要注意尊重受支援方的意见，受支援方也要大胆提出自己的决策意见，在双方互为平等、合作共赢的基础上，对当地公共体育服务发展提出正确的决策意见。

受援地区的公共体育服务发展基础薄弱，不仅仅是当地的公共体育服务体系基础的薄弱，同时也是由于相关的经济基础薄弱，没有系统的公共体育服务产业的缘故，导致公共体育服务成为无本之木、无源之水，只能不断依靠外部资源的注入帮扶，从而难以收到良好的成效。因此，在进行公共体育服务对口支援工作的时候，需要注意加强培养受援助地区公共体育服务产业的发展，通过支援地区和受援地区的产业合作，加速受援助地区公共体育产业的发展，从而影响受援助地区整体公共体育服务事业的发展，从"授人以鱼"转变为"授人以渔"，提高受支援方的发展能力，从而能够自主发展当地的公共体育服务产业，使公共体育服务对口支援工作落到实处。

我国地大物博，各地区的经济发展水平虽然有强弱之分，但各地文化特色风貌却各具特色，在开展公共体育服务对口支援工作的时候，各地区应该结合自身特色，利用自身优势，投入到与外界的产业合作中去，如云南、贵州等地的对口支援工作中，可以积极利用自身在橡胶、木材等资源方面的优势，为相关的体育产业提供产品生产的原材料，吸引投资方在当地投资建厂，建立自身的体育产品相关产业。其他地区也可以通过类似的方式发展本地区的公共体育服务事业，走具有当地特色和发展潜力的发展路线。

在对口支援工作中，为了帮助受支援地区的产业发展，支援方往往在产业合作中提出许多相应的优惠政策，帮助受支援地区相关产业的发展。这种模式在受支援地早期产业还没有发展起来的时候，对于受支援地产业发展有着极大的促进作用，但也容易使受支援地养成依赖性，导致和其他的对口支援工作一样，在后期一味依赖于优惠政策的扶持，无法形成自主发展的能力。因此，在公共体育服务对口支援工作的过程中，需要针对受援助地区体育产业发展的具体情况进行评估，确定合理的退出机制，在受援助地区相关产业发展到一定的层次之后，要学会"放手"，让受支援地区自主发展，保证受支援地区自主发展能力的提高，促进受支援地区体育产业可持续发展。

对口支援政策有力地促进了区域经济协调发展，是我国用来促进社会公平、平衡各区域不平衡发展的重要决策。对口支援本身的资源配置是有限的，如何让有限的资源发挥最大的作用，是对口支援工作中的重要影响因素。通过优化资源配置的方式，能够降低公共体育服务对口支援的成本，对缓解对口支援的有限投入与巨大需求之间的矛盾具有重要意义。

当前情况下，我国的对口支援方式，总体呈现出以粗放型对口支援模式为主，在对口支援的过程中，通过以大规模人力、物力、财力的投入方式，对受援助地区进行全方位的公共体育服务发展，在对口支援的工作中，极大地造成了资源的浪费，资源错配现象屡见不鲜，导致一些地方获得较多的支援资源，而一些地区却无法得到有效的支援，无法促进受援地区公共体育服务的发展。

在当前的公共体育服务对口支援工作中，现金流的投入是所有资源投入中占据比例最大的一种。通过大量的资金投入，固然能够提升一个地区的公共体育基础设施建设。然而，很多地区由于自身的基础设施、基础产业不完善，获得大量的资金之后，也只能依托其他地区的产业市场购买相应的物资。这样，一方面延长了资金使用流转的时间，不利于提高公共体育服务对口支援工作的工作效率；另一方面，由于各地相关政策的不同，受援助地区购买相应物资，在价格、交通运输方面都造成了一定程度的资金浪费，不利于节省有效的支援资金。因此，在进行资源投入的时候，支援方应该对资源投入结构进行一定的改造，通过各地区的实际情况，如江浙地区服装业发达，完全可以通过优质的体育服饰等取代资金，用更便宜的价格获取更多的物资，加强对有限资金的利用效率。

我国对口支援工作已经进行了很长一段时间，也取得了相对良好的成效，一些地区在其他地区对口支援的帮扶下，已经基本脱离了原本的资源稀缺、发展不平衡的状态，公共体育服务基本体系已经建立起来，并且也有了一定的自我发展能力。但由于长久以来对口支援的格局没有发生改变，这些受援助地区相对于支援方而言还有一定的差距，因此也在不断地接受新的支援帮扶。结果就导致一些支援能力强的地区在帮助一些地区建立起相应的公共体育服务体系之后，还在继续帮扶这些地区，形成"穷帮穷""富帮富"的格局，极大地浪费了这些地区的支援资源，应该对现有的格局进行优化改革，将支援能力强的地区与发展基础弱的地区进行匹配，发挥出最大的资源优势，推进公共体育服务均等化发展。

对口支援的资金和物资来源，大部分源自政府的公共财政，是取之于民、用之于民的重要体现，小部分来自社会爱心群体和个人的支持，因此，在公共体育服务对口支援资源的使用情况上，应该加强优化资源监督机制，公开化、透明化，让每一个公民都能行使自身的监督权利，监督有限的支援资源能够用到实处。一方面，资源使用情况公开，能够获得公众的认可，提升人民对政府的信心；另一方面，通过对资源使用的监督，能够最大限度地避免资源使用违规、资源使用不合理情况的出现，确保每一笔资源都能用在公共体育服务体系建设上。最后，选择将公共体育服务对口支援资源使用情况进行公开，也是对公共体育服务对口支援工作的宣传，能够鼓励其他社会组织和社会人士加入对口支援工作中来，最大限度地鼓励社会力量，全面促进社会公平，促进公共体育服务均等化。

第一节　确立目标机制

一般而言，对口支援企业职工培训仅有对培训激励机制进行创立，才会有效提升职工的积极性，让职工更有兴趣与热情参与到培训中来。某个构建培训激励制度的机构与单位，不但能够有效提升职工的个人积极性，还有利于将关注重点放在培训员工的积极性上，研究公司关于培训激励机制的建议，以培训影响企业实际情况的培训活动。这些激励机制与培训内容相关联。

第一，思想传播的方式。通过有效地确定扩展企业的特点，员工在企业公开激励机制之后的发展时间就是企业的促进。实现目标激励功能是知识型员工的重要问题。因此，企业必须培养创业精神，提高知识型员工的责任感，创造良好的环境；提高知识型员工的自我中心地位，使其了解知识型员工的能力。目标是提高个人知识和个人价值观的绩效，使其能够有效把握自己的理想企业，并为企业的未来做好准备。

提高教育效果的方法。评价培训效果是审查培训效果的前提。只有改进的培训机制才能有效分析员工的培训效果，以便管理培训内容，实现培训内容。开展适当有效的信息收集是评估员工学习效果的必要手段，因此在收集培训效果时必须考虑到科学、有效和全面的信息。

第三，认识学习效果的评价。为了确保各阶段的一致性，有必要充分理解训练效果的重要性。有效培训的前提是，对口支援企业的高级管理人员或基本人员可以提供有效的培训效果，以帮助他们了解和理解培训效果的评估。能够理解员工学习效果的内容，强化习惯于评价教育效果的能力。为了有效管理企业员工的培训资源，必须对内部培训专家进行适当的培训。企业内部培训员有时会根据负责职业教育和培训员的不同门类分类，建立相对稳定的职业教育内部科学培训机制。加强配备大学、研究中心和类似设施的机构的技术交流，以提高培训难度，创造高水平的熟练劳动力。培训中心还应进一步加强与行业领导和培训员的沟通和联系，并通过培养企业领导培训和培训高级外部培训员、培训熟练劳动力、培训少数人员等方式，进一步加强与行业领导和培训员的沟通和联系。对口支援企业的培训计划应当按照公司长期的发展目标而定。

科学有序的培训计划能够有效提升职工的工作效率、综合素质及能力。更有甚者，还会对公司绩效目标的提高有帮助。为了制订合理可靠的培训计划，企业必须对培训需求进行合理规划，规划和控制培训步骤、战略、资源、教学手段等。制订出科学有序的公司培训计划，借助于多样化的培训方式与职工共同达成公司发展目标，使公司的发展需求得以满足。

在企业内部管理中，人是最重要的资源之一。员工培训是一项持久、全面、系统的项目。培训是企业挖掘员工潜能、寻找优秀员工的重要手段。有效提升公司的竞争力与生产力的核心即为主动探求培训。在此基础上，企业必须加强员工培训系统的开发和利用，制订切实可行的培训策略计划，以保证员工的知识、与时俱进的思想，不断提高员工的技能和能力。

适应特殊环境的员工。根据相关基础理论，结合对口支援企业员工培训的基本情况，分析对口支援企业人力资源、组织结构和培训管理的现状，搜集到对口支援企业第一手的职工培训信息资料。根据人力资源的相关内容和工作经验，深入分析对口支援企业在员工培训管理中的不足，针对此给出了一些可施行、可操作的方案措施，并进一步完善对口支援企业员工培训管理体系，这有利于进一步构建成熟而具有极强驱动力的对口支援目标机制。

第二节　构建完善的激励机制

一、公共体育服务对口支援的绩效管理

体育公共服务对口支援部门的绩效管理是指组织与个人为达到组织的目标，通过管理者与员工共同参与绩效计划制订、绩效辅导的沟通、绩效评价、结果应用和改善提升的持续循环过程。体育公共服务对口支援部门的绩效管理的目的是持续提升个人、部门和组织的绩效。

在国际上被广泛讨论和应用的体育公共服务对口支援部门的绩效管理的理论方法体系主要有关键业绩指标法（Key Performance Indicator,KPI）和平衡记分卡（Balance Scorecard,BSC）。关键绩效指标通过对企业的战略目标进行分析，将战略分解成几个关键领域，并设定关键领域的绩效指标。KPI可以明确部门的主要责任，并以此为基础，将目标分解至部门人员作为业绩衡量指标。确定关键绩效指标时，个人和部门的目标应服从公司的整体战略；目标要具体量化且有时间限制；目标应该与员工岗位业务有关，员工通过努力可以实现所确定的目标。平衡计分卡是一套业绩指标体系，能为公司决策层高效、全面考核企业业绩提供量化支撑。平衡计分卡主要从四个重要方面来衡量企业，即财务、客户、内部运营、学习与成长四个角度，将组织的战略落实为可操作的衡量指标和目标值，它能够克服财务评估方法的短期行为，为组织提供长远发展支持；使整个组织行动一致，服务于战略目标；有益于各级员工的沟通理解、学习成长和能力培养等优点。

目前，我国很多公司都采用关键业绩指标法和平衡记分卡法来进行体育

公共服务对口支援部门的绩效管理。例如，H 公司是一家由 11 名科技人员共同创办的科技企业，成立时投资额仅为 20 万元人民币。经过 30 多年的发展，已成为信息产业内多元化发展的大型企业集团，富有创新性的国际化的科技公司。H 公司由小变大、由弱变强，离不开其独具特色的绩效考评体系。H 公司围绕"静态职责"和"动态目标"两条主线展开，建立目标职责一致的考评体系。各部门和个人在明确公司的宗旨、部门职责及工作流程之后，需要将职责落实到位。在此基础上将发展目标动态分解。H 公司坚持"量化能量化的，细化不能量化的"原则，并在此原则的指导下，业务规划按责任中心和时间进度分解成不同的指标加以考察。各部门和个人签署岗位责任书和目标任务书，将考核落实到细节。实施多维度、全方位的考核，包括上级对下级的评定考核、平级之间、下级对上级的评议、部门之间互评。员工评议包括业绩、行为和潜力等方面。具体流程包括绩效审议、面谈沟通、肯定进步和提出改进、挖掘潜力等方面。同时，H 公司也特别注重员工未来职业发展潜力，鼓励员工轮岗，使他们在不同的岗位中激发潜能，发现自己的优势与长处，培养员工的学习能力。H 公司特别注重员工的学习能力，并且认为员工的学习能力比他的知识和经验更重要。市场在不断地变化发展，社会日益变成学习型社会，更加注重终身学习的能力，学会学习比学到什么更重要。

但是，以上这两种体育公共服务对口支援部门的绩效管理工具也存在很多问题。首先，关键业绩指标法也存在着种种缺陷。这种方法的指标难以界定，它是一种定量化的指标，背后需要一整套的定量分析和计算模式，如果脱离了专业化的计算工具和手段，这些定量化的指标的应用效果就会大打折扣，根本没有办法判断它们是否能够真正地推动企业业绩的生成，整体没有一个行之有效的衡量办法，对计算依赖性太强。因而这种关键业绩指标法将整个考核变得机械化，让考核者的思维僵化，遵循一个严格死板的考核计算方式，过分地依赖考核指标，对于一些影响性因素欠缺考虑，例如，人为因素、影响波动的弹性因素等，所以它最终的考核结果容易出现误差，最后引发内部的不满与争议。而且这样的考核计算法也并不适用所有的考核岗位，做不到整个企业的全面覆盖。这是该考核法目前存在的问题。

其次，平衡记分卡法也有诸多问题需要解决和改进。虽然它对传统的绩效评价方法做出了突破，但它整体的实施难度非常大。它要求企业必须预先要有一个明确的组织战略，这是它的实施前提，并且要求整个管理层要配合这一战略的实施，高层要有向下表达和传授战略的意愿，中层能够向下传达和保证整个战略的真正执行，所以在这种硬性的规定下，一些质量较差并不成熟的小型企业根本无法做到，因而也并不适用于这种工具的实践。平衡计分卡法最大的特点就是它的指标制订的突破，它引进了一种非财务指标，这种指标消除了单一财务指标带来的消极影响，但是它也涉及了一个新问题，即如何建立一个新的非财务指标体系，对相应的标准和指标进行制订。而这些指标和标准难以收集，并不好制订，而且它的制订需要考虑企业内部的战略内容、运营业务等，牵涉也异常复杂。它不是一时可以建成的，需要企业的长期探索和总结，所以这种工具的实践应用是一个永远发展和需要完善的过程，并不可随随便便的应用实施。

针对 KPI 缺陷，首先要坚持严格的"二八"原则，对关键指标进行调整，使其有层次和条理。对覆盖进关键业绩指标法的指标的员工建立体系化的考核标准和指标，同时对于无法纳入该指标的员工和岗位也要额外制订一个配套的指标考核标准，以补上整个关键业绩指标法指标体系的疏漏和缺陷，对这些指标体系之外的员工活动要进行一个关键指标的"次关键指标"再划分，建立一个从属的子体系，作为关键指标体系的参展物，这样就能避免整个考核指标体系不全面、标准有失公允的情况，将指标体系的整体质量进一步提升，也能有效避免内部对指标体系的不满和非议。除此以外，应该要重点关注关键业绩指标法中的横向沟通，要建立一个完备的横向指标考核体系，在横向沟通中加强管理者与员工的紧密联系，这样能够有效避免关键业绩指标法建立的自上而下的垂直考核体系带来的弊端和问题，能够实施一个全面、全方位的考核，补上了所有考核的缺漏和死角，让整个考核体系更加严密，这样得出的考核结果也会更加全面、更加严谨和更加公正。同时还要建立一个双层的考核结构，上层考核有时因为缺乏对弹性因素和人为因素的考量，往往漏失了更全面的考量，因此，在考核中往往有失公允，欠缺思考，而一个双层的复合考核能够弥补这一缺陷，让整个考核更人性化，能够听到下层的反馈意见，调整不公现象，能够得到下层员工的支持和赞成，从而促进整个关键业绩指标法的指标体系的完善与精进。

平衡计分卡法需要花费一个很大的时间周期来应用实践，而且它还必须要求对口支援部门有一个预先确定的管理战略，在这种情况下，对于平衡计分卡法的导入必须要确定一个恰当的导入时机，不可盲目导入，而不考量其中的影响因素。对此要避免在公共体育服务部门管理成长期引入平衡计分卡法，因为这个阶段其正处于发展上升期，走势良好，发展十分有活力，此时部门内部的各种体制和标准及战略的制订实施正处于不断完备、茁壮、成熟的阶段。如果引入平衡计分卡法，往往得不偿失，因为缺乏战略的成熟和相应制度标准的完备，以及缺乏大量的内部信息，这一绩效工具缺乏发挥的空间，不具备发挥作用的条件，因此此时的导入得不偿失。而引入该考核工具的最佳时期应该是该部门的衰老期。此时公共体育服务部门的各种战略和体制已经发展完善成熟，内部的信息系统已完备建立，而且企业的整体控制力和执行力也比前期要强化很多，此时已经具备实践平衡计分卡法的能力。另外，此时部门已经走向衰老期，整体发展活力大大衰退，此时导入平衡计分卡法是最佳时期，可以激活对口支援活力，转变发展方式，有利于推动公共体育服务对口支援事业的再一次发展。

不同于中国的体育公共服务对口支援的管理，欧美国家则强调以人为本的管理，主张发挥人的主观能动性，激发人的积极主动性。Compoll 将绩效归纳为八个方面：具体工作任务熟练程度；非具体工作任务熟练程度；书面和口头交流任务的能力；所表现出的努力；保证工作纪律；促进他人和团队绩效；监督管理或领导；管理或行政管理。Compoll 提出的这个绩效框架依赖于三个个体决定因素：陈述性知识、程序性知识和技能、动机。这种绩效理念值得"重结果轻过程""重短期效益轻长期效益"的中国式体育公共服务对口支援部门的绩效管理借鉴。所谓陈述性知识是指个人能用语言进行直接陈述的知识。通常陈述性知识的学习策略包括组织策略、精细加工策略。程序性知识也叫操作性知识，是个体难以清楚陈述、只能借助于某种作业形式间接推测其存在的知识。这类知识主要用来回答"怎么做"的问题，主要以产生式和产生式系统表征，用来解决做什么和怎么做的问题，必须通过练习和实践才能获得。因此在利用体育公共服务对口支援部门的绩效管理工具时可加入人本主义思想。根据人本主义理论家马斯洛的划分，可将人的需求分为缺失型需求和成长型需求。缺失型需求包括生存的需求、安全的需求、归属与爱的需求、尊重的需求；成长型需求包括自我实现的需要。体育公共服务对口支援部门的绩效管理不仅要满足公司发展的需要，也要满足员工发展的需要，要注重员工的发展潜力，不仅考核员工的目标达成情况，也要注重员工的未来预期。在员工完成既定任务量的同时，教会员工学会学习，使员工在日常工作实践中获得程序性知识和技能，激发员工的工作热情和工作动机，创造一个轻松愉悦的氛围，从而促进员工学会迁移既有的知识和技能。

工作绩效不仅是一个公司眼前的发展利益，更涉及公司未来的发展前景。因此，在公共体育服务对口支援管理中，绩效不仅涉及员工的任务完成量，更多的是员工未来的发展潜力。从这个层面上来说，对口支援的绩效考核不仅应该涉及关键绩效指标和平衡计分卡，更多地应该考虑员工深层次发展问题。

一个优秀的对口支援的公共体育部门不是由许多廉价劳动力组成的，而是由许多优秀的人才组成的，如何将劳动力培养成优秀人才，如何以具有吸引力的条件去留住人才，才是一个体育公共服务对口支援部门的绩效管理系统应该考虑的问题。在考核员工绩效时，应该更多地考虑未来人才培养目标，以及时代所需的人才所具有的品质。例如，员工业务熟练程度是基础考核，突发情况应对处理能力是加分项，努力程度和遵守纪律是首选条件，书面和口头交流任务的能力；促进他人和团队绩效；监督管理或领导；管理或行政管理等品质是未来发展的突破口。传统体育公共服务对口支援部门的绩效管理不免太过于注重任务完成度，只看到了眼前的短期效益，而忽视了长远发展，不免一叶障目。部门发展的主体是人，就必须发挥人的主观能动性，体育公共服务对口支援部门的绩效管理要激发员工工作的内部动机，妥善设置奖惩措施，使员工真正热爱工作，具有工作的热情和信心，而非为了所谓的资金薪酬。各分工部门之间要正确处理公共体育服务对口支援内部竞争与合作的关系，形成良性竞争与合作。

当今社会是学习型社会和创新型社会，必须培养创新型人才。体育公共服务对口支援部门的绩效管理策略必须要营造一个轻松愉悦的创新氛围，培养员工的创新能力与创新品格，以"产品"为结果，以"产品"的价值为考核标准。同时体育公共服务对口支援部门的绩效管理要注重员工解决问题的能力，应用知识于具体实践的能力，使员工学以致用，学懂会用。首先，要鼓励小组合作探究，发挥员工的主动性和积极性；其次，允许员工大胆猜想，并且鼓励验证实践，激发员工的创造性；最后，多开展头脑风暴活动，激发员工灵感和创造力。同时，部门是一个组织，并非个人单打独斗，需要团队合作。体育公共服务对口支援部门的绩效管理要考虑团体绩效考核，增加团队之间的凝聚力。形成团队间竞争，团队内合作的格局。团队间要坚持正确的团队价值导向，因为团队价值导向是绩效导向。团队的价值导向决定了团队的发展方向，一个具有高绩效的团队，其领导者必须坚定绩效导向、形成严格的纪律要求、明确目标、坚持高标准、严要求。根据团队成员的潜能和特长安排工作，各司其职，形成井然有序的工作环境。明确目标也并非是一个总体目标，而应该层层深入，目标拆分得越细，越容易找到工作差距，从而根据目标和差距找到解决问题的方法。在执行目标过程中要严格要求，坚持高质量、高标准，在实践过程中不断完善自己确定的目标，渐渐提高目标的质量和要求。再者，要坚持持续不断的绩效沟通和绩效辅导。在体育公共服务对口支援部门的绩效管理中重点不在于考核指标是什么，不在于固有考核格式是什么，而在于管理者和员工对目标的理解，管理者和员工对于工作目标的理解是否一致，这就需要管理者和员工之间进行持续不断的沟通交流，在双方理解一致的情况下进行工作，一切事情就都在掌控之中，遇到突发情况也有相应的对策解决。在这种情况下的绩效考核才是双方都欢迎的考核。

管理者和员工之间的双向互动使他们之间形成了一个良性互动的团队。管理者和员工不再是管理与被管理的关系，而是利益共同体。他们不再为了各自的利益而各自努力，而是双向发力，朝着共同的利益而奋斗。管理层不再是分配任务的旁观者，他们会为了自身切身利益而指导员工的发展，为员工制订未来发展规划，挖掘员工的未来发展潜力，提升员工的工作能力。员工也不再为了蝇头小利而忽视长远利益，会在工作实践中提升自身能力，提高环境适应性，为团队共同利益和共同的目标而团结奋斗。体育公共服务对口支援部门的绩效管理不应该仅仅关注任务达成度等短期目标，应该关注企业的长远利益与发展前景；不仅要关注企业自身的发展，也要关注组成企业组织的员工的发展和能力的提升，坚持以人为本的绩效考评策略，为企业未来发展培养创新型人才。企业的体育公共服务对口支援部门的绩效管理关系到整个企业的未来发展和企业的长远利益，因此，对体育公共服务对口支援部门的绩效管理方法的研究更有利于进一步提高企业的竞争力。本书虽然对体育公共服务对口支援部门的绩效管理工具展开了相关研究，但是对于体育公共服务对口支援部门的绩效管理的意义方面未做进一步的深入探究，因此，这一块依然存在着极大的探究空间。

二、激励

激励，就是激发和鼓励的意思。人的行为源自人的动机，而动机又产生于人的需要。动机是由需要引发的内在动力，行为是人在动机支配下的外在表现，而行为的保持和巩固，需要对内在动机进行强化，没有"强化"，一个行为就很难持续到底。激励机制包括两个含义：激励和机制。根据系统学理论，这种机制是系统各要素相互制约、相互关联、相互作用和系统生成的一种形式和运动原理。

公共体育服务对口支援的激励机制是指激励主体为了使激励对象的行为和心理更有利于组织环境中组织目标的实现而交换自身资源（即激励因素）的互动机制。在公共组织中，为了实现对口支援的终极目标，行政组织利用行政资源满足员工的物质或精神需要，提高员工的积极性，确保组织目标的顺利完成。激励机制是激励与机制有机结合形成的代词。它是系统学中的一个重要概念。它主要是指系统内各要素的相互联系,通过各要素的相互制衡,维护社会的整体运行。在对口支援员工管理制度中,激励机制的目的是通过激励机制的运行来发现员工激励过程中存在的问题,从而有效地激发员工的积极性,形成良好的工作作风,促进员工队伍的良性发展。最终实现公共行政组织的目标。公共体育服务对口支援的人员激励,就是采用激励的理论与方法,对人员的各种需要予以不同程度的满足或限制,以此引起他们心理状况的变化达到激发动机、引起行为的目的,再通过正反两个方面的强化,对行为加以控制和调节。激励是公共体育服务人事管理的核心组成部分。员工激励是员工管理的核心,是一个特殊的群体。如何有效激励员工成为员工激励管理的重中之重。然而,我国员工激励机制发展的时间相对较短。当今,随着经济社会的快速发展,我国现行的公共体育服务对口支援的员工激励机制仍存在许多不完善之处,与发达国家的对口支援员工激励机制相比仍存在较大差距。因此,进一步完善公共体育服务对口支援的激励机制,存在以下意义。

　　第一,有利于调动公共体育服务中工作人员的积极性。激励直接作用于个人,其功能是能够充分调动对口支援工作人员的积极性、主动性和创造性,使人的潜在能力得到最大限度的发挥。第二,有利于形成公共体育服务良好的集体观念与社会影响,激励不仅直接作用于个人,还间接影响其他的人和周围的环境。其功能表现在对形成良好的集体观念和社会影响有着非常重要的作用。第三,有利于对口支援公共体育服务工作人员素质的提高,通过运用不同的激励手段,在激励方向上对工作人员加强引导,有助于提高个人的道德素养、知识素养、业务素质。

　　在公共体育服务对口支援中,人力资本管理不是建立在人力资源基础上的简单制度,而是建立在人力资源基础上的制度。它将人力管理和资本的概念整合到经济学中。通过两个层次的信息变化,探索符合社会发展方向的管理模式,及时调整管理计划,最终形成长期效益、利益获取。过去的公共体育服务对口支援的人力资源管理对当今社会仍有影响。通过对人力资本的探索,形成了一种重要的价值方式,并利用投资与收益的有效互动,使市场分析成为重要的驱动力,形成管理的合理性,及时发现市场运作中的不适宜点。以市场运作为导向,提出长期治理政策,以期望能够进一步优化公共体育服务。

　　在对口支援体育公共服务的内部管理上,具体可参照马斯洛的需求理论来指导实践。马斯洛的理论将需求分为五类:生理需求、安全需求、社会需求、尊重需求和自我实现需求,这几类需求依次由低到高。并提出了另一个基本假设:第一,每个人都需要一定程度的需要得到满足,而后另一个层次的需要出现。第二,在各种需要没有得到满足之前,需要如果想得到满足,后一个需要须发挥其激励作用。其中在生理需求方面,员工的需求主要表现在对生活的需求,如服装、食品、住房、交通等,主要依靠工资激励和非工资激励。非工资激励包括工作福利。在安全需求方面,员工的需求主要表现在政治安全、网络安全和人身安全方面。在社会需求方面,员工面临着与上级领导、同事、亲友、服务对象等沟通的需求。员工希望得到领导的肯定、同事的友谊、亲友的支持、客户的理解与合作、社会地位的提升。这部分激励取决于无形的激励手段,如表扬。第三,在自我满足的需要中,每一个员工都有自己的梦想,为了实现人生的价值,这部分需求可以依靠晋升激励、培训激励,来促进员工的需求和工作热情。因此,可以从以上几个方面入手,在开展公共体育服务对口支援工作时,将员工激励体制进一步完善与改革。

在党的十九大以后,国家对新时期公共体育服务对口支援进一步鼓励员工承担新的职责提出了明确的要求,使公共体育服务对口支援中员工激励机制问题显得更加重要。目前,我国已经出台了一系列相关的针对公共体育服务对口支援的员工激励机制,使国家对员工的各种管理手段不断完善,管理能效不断提高,并逐步建立起一套不同于以往的、更符合员工制度实际要求的管理体制。近年来,我国员工制度也借鉴了先进的企业人事管理体制,将传统的人事管理体制改为现代的人力资源管理体制,对促进员工激励机制的建设发挥了作用。在工作内容上,传统意义上的员工是代表国家行使公共权力的总称。在公众眼中,他们是一个在经济、社会和法律方面具有决策权和执行权的官方职位。事实上,大多数员工都是生活环境稳定、自然环境健康、经济环境稳定、城市环境清洁、旅游环境便利、教育环境良好等权利的执行者。

目前,我国各领域改革正在深入开展,政府职能转变已成为一项重要的改革内容。自员工制度实施以来,各项员工管理制度建设逐步完善,成效显著。随着服务型政府建设的不断推进,政府对员工的要求不断提高,员工管理不断规范。作为员工制度建设的重要组成部分,激励机制也在稳步实施。因此,如何在新的发展时代背景下充分调动公共体育服务对口支援员工的积极性,建立长期的公共体育服务对口支援激励机制,是一个重要的研究课题。从我国社会主要矛盾发生变化的事实和马斯洛的需求理论出发,找出我国公共体育服务对口支援员工激励机制发展中存在的不足和不平衡,进而提出提高员工积极性的途径,并对其进行创新。健全、完善、有效、可操作的激励机制,对建设积极、勇敢、优质、高效、负责任的员工队伍具有不可或缺的作用。它还对改变员工工作的不良氛围,形成士气高涨、主动创新的工作氛围具有重要作用。它为员工通过自身努力实现自身价值和共产主义理想提供了平台。除了传统的监督约束机制外，激励机制还可以规范员工行为，促进廉政建设。特别是公共体育服务对口支援员工激励机制的完善和落实，因为员工处于国家各项路线、方针政策实施的最后阶段，是与群众联系最密切的群体。他们还担负着回馈群众最迫切需要的任务，架起了党和国家、群众之间的桥梁，因此更为重要。同时，公共体育服务对口支援激励研究对我国建立科学有效的员工激励机制提供了物质和方向，为我国员工激励机制的发展和完善提供了理论依据，促进了我国员工激励机制的研究和完善。由于我国员工激励机制的实施时间相对较短，还存在一些问题。特别是要解决公共体育服务对口支援员工面临的考核、晋升、工资等问题，迫切需要建立更合理的公共体育服务对口支援激励机制。例如，研究员工激励机制存在的问题，迫切需要解决的问题，从什么角度提出解决方案，进一步完善激励机制，充分激发员工的积极性、创新性和主动性，避免员工腐败，为员工提高行政效率创造一个诚实务实与清廉兼具的公共体育服务对口支援政府机关。

近年来，国内外针对公共体育服务对口支援公共体育服务对口支援员工激励的研究不断深入，对于公共体育服务对口支援员工的特性也有了越发详尽的认识。中国学者赵宜萱与徐云飞（2016）进行公共体育服务对口支援员工幸福感调查后认为，公共体育服务对口支援员工更易接受和学习新事物，拥有较强的自尊心，但团队意识薄弱，难以接受批评和挫折，并且多为独生子女。Howe 和 Strauss（2000）对千禧一代的特征展开了长期的调查研究。在 2000 年的文章中，他们用 7 个词语概括出千禧一代在企业工作中表现出的特点：特殊、受到良好保护、自信、拥有团队精神、遵循常规、抗压能力差、积极上进。国内对员工激励理论与激励体系的研究开始于 20 世纪 90 年代中期，随着国外激励理论的不断引入，国内企业组织激励问题研究也持续深入，国内企业组织逐渐认识到有效地激励员工对企业组织绩效的重要促进作用。同时认识到，一味地强调薪酬在很多时候并不能提高员工的工作积极性，员工对培训学习机会、企业文化氛围、员工晋升通道等非薪酬方面逐渐重视。王玉（2017）在《GY 公司员工激励机制研究》中指出，要想促进公司效益最大化，就必须有效地管理员工，激发他们的潜能，鼓励他们发展创造力，提高工作热情。廖伟（2015）在《建立事业单位职工长效激励措施》中指出，长效激励措施对事业单位职工来说越来越重要，要与时俱进，从绩效考核、工会组织等方面进行激励。靳杰（2017）在《国有企业激励机制改革研究——以 S 公司激励机制改革为例》激励体制作为现代人力资源管理制度中的重要组成部分，同时也是激发公共体育服务对口支援员工积极性的关键环节，对于公司实现可持续发展战略的重要性自然不言而喻。在烟草行业企业内部，激励理论也取得了一定的研究成果和实践经验，从物质激励入手，着重进行了非物质激励的实践和研究，学者的观点不胜枚举。王瑛、何雪芳（2013）在《天水烟草探索非物质激励模式——助推烟草员工良性发展》一文中阐述了在物质激励的基础上，如何从非物质激励的角度切入，进行组织文化的根植和队伍活力的激发。陈继忠（2014）在《浅析市级局烟草公司人才培养的方式和途径》中提出了打通员工晋升通道和加强教育培训这两种激励方式。

公共体育服务对口支援员工激励的方法多种多样，最为主要的是物质激励法和目标激励法，物质激励是指运用物质的手段使受激励者得到物质上的满足，从而进一步调动其积极性、主动性和创造性。物质激励有资金、奖品等，通过满足要求，激发其努力生产、工作的动机。它的出发点是关心群众的切身利益，不断满足人们日益增长的物质文化生活的需要。目标是组织对个体的一种心理引力。设置适当的目标，激发公共体育服务对口支援员工的动机，达到调动人的积极性的目的，称为目标激励。目标在心理学上通常被称为"诱因"，即能够满足人需要的外在物。目标设置要合理、可行，与个体的切身利益密切相关。要设置总目标与阶段目标，总目标可使人感到工作有方向，阶段性目标可使人感到工作的阶段性、可行性和合理性。

另外，公共体育服务对口支援激励手段还包括福利政策的制定。随着美国城市化的发展，为了社会稳定和竞争，在公共体育服务对口支援上开始实行员工福利计划，为员工提供各种风险管理计划。员工福利计划是指公共体育服务对口支援部门提供的工资和收入等福利补助金。在美国，公共体育服务对口支援部门或者企业通常会设定员工支付制度，如养老金制度、团体保险、医疗费保险等。根据美国劳动部 2012 年 6 月公布的员工福利调查，不同产业的员工福利支出略有不同，但几乎占总收入的 1/3。现在的美国公共体育服务对口支援部门或者企业的员工工资类别，被分类为 5 个大类别：法定员工补贴、退休储蓄计划、商业保险补贴和带薪休假。职工工资制度的普及率在分类和个人参加率两个方面都保持高水平。员工补助制度的多样性在增加，与中国相比，他们已经进入成熟阶段。第一，员工福利计划在防止医疗费上涨方面发挥着重要作用。员工福利计划的焦点不在于按照已经建立的模式向所有人提供同样的医疗保险，而是员工可以在特定的资金范围内，从组织提供的福利菜单中自由选择满足需求。健康保险等重要的是，只要有特定金额，员工就可以组合必要的保险种类，在最需要的地方支付，从而节约成本。它还会除去为员工设计统一福利待遇的管理费。第二，员工福利计划的实施可以将公司的经营与公司的战略目标，特别是公司的人事计划相结合。企业可以通过调整员工补助计划的菜单来激发员工的士气，而聪明的设计不管你是维持旧员工还是吸引新员工，都能鼓舞公司的士气。两者都给经营者带来了某种程度的协同效应。在中国，在福利制度的制订上，必须要设置福利制度的弹性分层，让福利待遇能够根据员工的业绩和表现而弹性发放，这样一来，员工就有了一个弹性的福利待遇和薪酬空间，激励机制变得更加科学合理。

弹性福利计划就是员工可以从企业所提供的各种福利对口支援菜单中选择其所需要的一套福利方案的福利管理模式。它有别于传统固定福利，具有一定的灵活性，使员工更有自主权，也称自助餐式福利计划、菜单式福利模式等。由于企业经营环境的多样化和企业内部的特殊性，弹性福利制度在实际的操作过程中逐渐演化为以下几种有代表性的类型：第一，附加型弹性福利计划。这是最普及的一种形式，是在现有的福利计划之外，再提供其他不同的福利措施或扩大原有福利对口支援的水准，让员工去选择。第二，核心加选择型。由"核心福利"和"弹性选择福利"组成。前者是每个员工都可以享有的基本福利，不能自由选择；后者可以随意选择，并附有价格。第三，弹性支用账户。这是一种比较特殊的弹性福利制。员工每年可以从其税前总收入中拨取一定数额的款项作为自己的"支用账户"，并以此账户去选择购买雇主所提供的各种福利措施。拨入支用账户的金额无须扣缴所得税，不过账户中的金额如未能于年度内用完，余额就归公司所有；既不可在下一个年度中并用，亦不能以现金的方式发放。第四，福利套餐型。这是由公共体育服务对口支援企业同时推出不同的"福利组合"，每一个组合所包含的福利对口支援或优惠水准都不一样，员工只能选择其中一个弹性福利制。性质如同餐厅里的套餐消费。首先，由于每个员工的个人情况是不同的，因此他们的需求可能也是不同的，例如，年轻的员工可能更喜欢以货币的方式支付福利，有孩子的员工可能希望企业提供儿童照顾的津贴，而年龄大的员工又可能特别关注养老保险和医疗保险。而弹性福利计划的实施，则充分考虑了员工个人的需求，使他们可以根据自己的需求来选择福利对口支援，这样就满足了员工不同的需求，从而提高了福利计划的适应性，这是弹性福利计划最大的优点。其次，由员工自行选择所需要的福利对口支援，企业就可以不再提供那些员工不需要的福利，这有助于节约福利成本。再次，这种模式的实施通常会给出每个员工的福利限额和每项福利的金额，这样就会促使员工更加注意自己的选择，从而有助于进行福利成本控制，同时还会使员工真实地感觉到企业给自己提供了福利。弹性福利计划既有效控制了公共体育服务对口支援企业福利成本，又照顾到了员工对福利对口支援的个性化需求，可以说，这是一个双赢的管理模式。也正是因此，弹性福利制正在被越来越多的公共体育服务对口支援企业关注和采纳。

对于公共体育服务对口支援工作激励而言，公共体育服务对口支援工作人员的薪酬结构必须得到进一步的优化。首先，要建立一个有效的公共体育服务对口支援工作的底薪加提成工资分配模式；其次，公共体育服务对口支援工作人员的薪酬结构中绩效工资必须得到一定的保障和激励，以此来鼓励工作人员的工作，提升工作人员的工作激情。

另外，对于工作人员而言，必要的培训必不可少。必须从整体上建立一个科学的公共体育服务对口支援管理系统。这样既能提高监察管理工作效率，还能有效针对工作质量控制进行合理的管控。第一，公共体育服务对口支援部门必须建立和工作内容相关的完善的责任管理系统，最好做到谁主管、谁负责的程度，这样层层落实下去，工作质量必定会有一个较大的飞跃，工作内容控制与监察管理方面也能得到了较大的提升，从而提高工作管理和内容成效的质量控制。第二，要提高公共体育服务对口支援工作质量的监督工作，最好能对每个工作作业的各个环节所需要的技术要求进行管理和控制，让其能够达到相关的条约标准，让工作内容质量控制能够顺利进行。要想让工作管理能够向科学化、规范化发展，就必须要让整个管理系统中的管理及工作质量的控制形成一个相互协调、相互促进的有机整体。只要建立了科学的、规范的监察管理机制，就能对公共体育服务对口支援工作内容和流程进行质量管理和调控。还能及时发现每个工作环节和过程中所出现的问题，并能够及时给出相对应的策略，及时解决工作流程中出现的问题，查漏补缺。管理需要经过科学的规划与制度建立，精益求精的管理更是如此，对于公共体育服务对口支援部门或企业而言，管理不是高层的任务，更是应该从底层的每一个人抓起。整个公司的每一个员工必须有一个精于管理的团魂所在，如此才能达到管理的终极目的，实现管理的最优选择与结果。

在公共体育服务对口支援员工职位晋升上，应该拓宽晋升渠道，让员工拥有更大的晋升空间，这样才能更有动力和方向去提高工作效率，一心为了工作业绩而奋斗，以晋升为目的而勤奋工作。对此应该设计一个科学的晋升渠道和空间，让员工能够在职位晋升上有更科学的晋升渠道和晋升规划，能够为自己的未来和工作岗位赢得更多的选择，在充分考量更多晋升职位的情况下，来激励自己的工作，为自己增加工作动力与激情。让职业更有规划，更有选择和未来的价值。

为了理解我国公共体育服务对口支援薪酬福利制度目前的状况，通过对我国公共体育服务对口支援的几名员工在当地进行现场调查和面试，取得了更现实、更可靠的数据。但是因为采访的数量有限，同时和高级管理人员的采访不足，所以数据就接近草根水平及中间水平。我国公共体育服务对口支援员工工资的基本要素是基本年薪、业绩年薪、年薪，一年两次被评价。根据评价指标来计算基本工资和业绩工资。公共体育服务对口支援员工被分为一般员工和营业负责人。营业负责人每个月都进行业绩评价，普通员工都是自己负责进行业绩评价。自创业以来，我国一直重视对公共体育服务对口支援员工业绩的评价。营业负责人的业绩评价系统最普遍且成熟，其他功能负责人的业绩评价还在初期阶段。但是由于持续对性能进行优化，我国在性能评估方面取得了很好的结果。我国不仅开发了季度的公共体育服务对口支援工作人员业绩指标，还开发了公共体育服务对口支援各部门的业绩评价指标。这些措施都保证了该公司的员工能够积极地工作，这个创新模式是我国业绩评估的基础。我国认为所有员工每个季度都必须有一个任务指标，但是每个部门都需要制订不同的任务指标，这是业绩评价成功的一部分。但是，这个绩效评价也有一定的虚假。例如，营业部门会支持营销部门的营销活动的实行，但是该公司的目标是工作人员活动的规模及工作人员活动的效果，这使得业务部门无法完成业绩评价的指标，指标的大部分由营销部门决定。在这种情况下，事业部门无法控制自己的命运，导致事业部门缺乏努力和努力的差别，最终结果是对事业部门的拒绝。另外，因为业绩评价是由部门或者团队来制订的，这也反映了现在业绩评价指标存在的问题。我国员工培训系统包括实地培训、内部培训、外部培训和持续教育。

公共体育服务对口支援实地培训：新进成员能尽快了解公司的环境，然后适应公司环境，包括公司概况、企业文化、人事系统，每天的行动规范，安全及其他内容。

公共体育服务对口支援新职员培训：通过各种方式来提升知识、技能、态度等，公司将利用各种各样的培训资源来完成所期望的标准流程培训。

公共体育服务对口支援外部培训：与外部培训机构合作，选择参加外部培训路线的工作人员或聘请外部培训师进行培训。

公共体育服务对口支援继续培训：员工利用闲暇时间参加职业及技术地位、职业资格/技能、学历、语言考试等。

我国的公共体育服务对口支援员工培训系统比较充实，但不明确的培训目的、培训内容和职务条件的不一致，不能有效地评价反馈培训结果等也是其存在的问题。我国要注意遵守以人为中心的原则，创建独特的企业文化。诚实、协调、实用主义及革新是企业的精神。在公共体育服务对口支援企业文化建设中，我国企业接受员工的评价和监督。为照顾员工的窘境，寻找员工解决实际问题的方法。要定期实施各种消遣活动，同时，注意员工的闲暇时间，建立图书馆和活动室。

目前，公共体育服务对口支援员工薪酬体系缺乏竞争力，主要表现在以下几个方面：一方面，同一地区员工的薪酬福利由其岗位决定；员工的工资高，福利待遇就高。员工的工资低，福利待遇就低。即工资结构比较刚性，制度单一，不能反映员工个人的工作能力和水平。同时，工资体系中没有设定岗位、工作环境、工作难度等因素，难以反映企业的竞争力。另一方面，员工的工资水平差异很大。员工与高级员工的工资差距仍然很大。对员工来说，培训是有效提高员工工作能力、提高政府行政效率的重要手段。

我国长期以来对员工的培训教育不够重视，主要体现在以下3个方面：一是缺乏培训教育。由于人员、资金和岗位的限制，一些基层单位不能设立专职培训管理部门，也没有专门从事教育培训的干部。必要时，可以从其他部门招聘人员开展工作，这不仅制约了教育培训工作的发展，也未能最大限度地发挥教育培训工作的作用。第二，由于教学场所和教师短缺，一些基层单位选择党校进行培训工作，一些基层单位选择由自己的人事部门组织。目前，我国员工培训内容普遍缺乏新颖性，无法调动员工的积极性，培训缺乏科学性和针对性，难以达到培训的目的。我国员工的培训主要是一些专业知识，不是把培训当作激励员工的手段，日常公共事务占多数。但是，在能力提升和问题解决方面涉及的内容相对较少，培训还没有形成专门的培训模式，这使得不同层次的员工无法从培训中得到满足。

调查结果表明，我国员工评价存在指标不明确的问题，这只是指标衡量的一般概念，没有针对性。绩效考核是所有工作中常见的一种方式，主要是通过绩效来提高员工工作的积极性，由此形成的考核结果为员工公平竞争提供了依据。评估主体未能充分发挥作用。一方面，基层机关考核主体往往由单位领导。人事科主持并临时调离其他部门人员组成考核组，考核组不是人力资源考核的专业人才。另一方面，主要通过其工作能力和道德水平两个方面的综合评估，绩效能力是评估工作有效性的重要组成部分，难以显示出对员工工作的激励作用。所以只有完善考核体系，才能形成有针对性的考核规范，有效提高员工的工作效率。我国员工人数众多，不同岗位的专业类别众多，经济发展水平的实际情况、工作的实际情况及不同地区工作的难易程度不同。因此，如果依靠统一的考核标准，不根据实际情况制订切实可行的考核办法，可以细化和具体化各岗位类别的考核标准，这将使考核制度成为一种形式化、严重损害员工的工作热情。

奖励是奖励，在我国的公共体育服务对口支援员工管理中得到了广泛认可。这是一种非常片面的理解。在公共体育服务对口支援企业的实际经营过程中，激励与奖励之间存在着巨大的差异，这是不平衡的。例如，负强化作为一种强化手段本身就是一种激励。一个有效的公共体育服务对口支援工作激励机制，在注重利益引导和积极激励的同时，也应该考虑相应的约束和惩罚，任何轻视甚至考虑约束和惩罚的激励，即使存在一定的约束和惩罚措施，但由于种种原因，它们并没有真正得到落实。这些措施只是形式上的，对实现预期目标极为有害。当前，我国缺少公共体育服务对口支援企业文化主要表现在两个方面：首先，企业文化的构建没有受到充分关注，经营者没有充分理解企业文化构筑的意义，忽视了企业文化构建。第二，企业文化的构建没有包含具体实质的内容，过分重视含义结构的形式。在形成企业文化的过程中，表面化和形式化的追求更为重要。对企业文化的价值观、企业家精神，经营理念和团队意识的培养是过于轻视的。

公共体育服务对口支援薪酬机制是我国公共体育服务对口支援员工激励机制中不可缺少的一部分。由此可见，公共体育服务对口支援员工薪酬制度的完善将对员工工作产生重要影响。只有满足员工最基本的生活，才能谈工作积极性问题。公共体育服务对口支援薪酬激励是提高员工获得感和幸福感的最基本、最重要的保障之一。激励是管理的核心，薪酬激励是激励机制中最重要的激励手段。这是目前广泛采用的一种有效的激励方法。与内部激励相比，公共体育服务对口支援管理者更容易控制和衡量其使用效果。公共体育服务对口支援员工薪酬制度应体现对工作的奖励和激励。员工在从事相应的工作时，应当取得相应的收入。同时，根据工作质量，确定工资收入数额，鼓励员工履行职责。同时，要建立公共体育服务对口支援工资增长机制。根据人力资源和社会事务部2016年发布的信息，2016年对公共体育服务对口支援员工基本工资标准进行了调整，这是8年来的第一次调整。但在过去的8年里，中国国内生产总值的年均增长率已经达到7%左右。显然，员工的基本工资承受不了这样的物价上涨压力。因此，有必要建立一个动态的公共体育服务对口支援员工工资增长机制。

党的十七大强调，科学发展观的核心是"以人为本"。这从根本上指出了"人"在一切事业中的核心要素的关键，一切历史活动的创造都是以人为基础、以人为前提、以人为目标的。现代人力资源管理理论的核心思想也是"以人为本",认为人是最重要的管理资源。公共体育服务对口支援员工激励管理的关键是以人为本。所有管理活动的出发点是充分调动人的主观能动性,充分发挥人的潜能,充分发挥人的积极因素和战略意义。要摆脱传统管理思想的束缚,真正把发展、利用和保护员工作为战略稀缺资源,提高管理水平,促进员工激励的有效发展。对于我国员工来说,由于广西各县区域经济发展水平不同,而县员工大多是更直接地与人民打交道,其工作质量直接影响到政府在人民心目中的形象。因此,在制订激励机制之前,必须认识到,公共体育服务对口支援县级员工既是社会经济环境中的个体,又是生存和发展的个人需要。因此,要充分了解县员工的实际需要,了解他们在工作中遇到的个人需要和困难,改变传统的"以事为中心"的思想,树立"以人为本"的激励理念,尊重各县员工的个人发展需要。灵活合理地运用有效的激励机制,从根本上激发我国公共体育服务对口支援员工的积极性。

公共体育服务对口支援员工考核制度是员工工作的基本评价。为了保证员工工作的公正性,应重视对员工具体工作内容和工作成果的考核,以检验员工的行政能力。加强评价的针对性,开展分类考核。根据不同部门、不同工种,在坚持现行考核指标的前提下,加强目标导向,根据岗位划分和岗位职责,建立不同部门、不同类别员工的分类考核制度。目前,我国员工职务类别又分为综合管理类、专业技术类和行政执法类。不同工作的性质和重点是不同的。例如,公共体育服务对口支援员工在综合管理岗位上的日常工作主要是完成上传下达的工作任务、为人民办事等,县员工在专业技术岗位上更注重专业技术。其岗位职责包括:政府网站维护、专业技术计算机编程等专业工作。由于县员工工作种类繁多,内容复杂,需要根据不同岗位将其划分为不同的类别,形成分级、分类、实用的考核机制,从而得出真实准确的考核结果。激励机制的研究是以激励理论为基础的。通过分析各种激励理论的内容和特点,找出不同激励因素的作用方式和注意事项,为以后的分析提供理论依据。所涉及的问题不是虚构的,这保证了文章的严谨性。由于我国中小企业员工数量庞大,其工作条件与社会发展和人民生活密切相关,但其激励机制存在诸多问题。本书分析了我国员工激励的必要性。激励机制可以使所有员工形成不平等的竞争模式,使每个员工都有晋升的可能。虽然晋升人数有限,但可以调动全体员工的积极性。通过对我国员工的调查分析,我们最终找到了问题的症结所在:我国员工激励机制不仅没有重视员工在生活和工作中的需求,而且没有建立起长期、稳定、严格的公共体育服务对口支援考核机制。

第三节 建立严格的约束机制

对口支援体育公共服务的高质量完成背后依赖于严格的质量管理与约束。在这里"零缺陷"思想与六西格玛管理理论对该约束机制做出了理论支撑。

誉为"全球质量管理大师""零缺陷之父"和"伟大的管理思想家"的菲利浦·克劳士比在20世纪60年代初提出"零缺陷"思想,并在美国推行零缺陷运动。后来,零缺陷的思想传至日本,在日本制造业中得到了全面推广,使日本制造业的产品质量得到迅速提高,并且领先于世界水平,继而进一步扩大到工商业所有领域。

零缺陷管理最早应用于美国马丁·马瑞塔公司的奥兰多事业部。1962年,该公司为提高产品的可靠性,解决"确保质量"与"按期交货"的矛盾,首先在制造部门实施零缺点计划,获得了成功。第二年,美国通用电气公司在全公司范围内实施零缺点计划,并增加了消除错误原因建议这一重要内容,从而使无缺点计划更加完善。1964年年初,美国国防部正式要求军工系统的企业普遍采用零缺点计划,许多民用工业企业也相继实施零缺点计划。1965年5月,日本电气股份公司首先在日本开展了零缺陷管理,称为零缺陷运动。日本的某一协会还专门向美国派遣了"零缺点计划"考察团,并组织了推进零缺点计划研究会。仅一年多的时间,在日本开展零缺点运动的公司就有100多家。零缺陷特别强调预防系统控制和过程控制,要求第一次就把事情做正确,使产品符合对顾客的承诺要求。开展零缺陷运动可以提高全员对产品质量和业务质量的责任感,从而保证产品质量和工作质量。在美国,许多公司常将相当于总营业额的15%到20%的费用用在测试、检验、变更设计、整修、售后保证、售后服务、退货处理及其他与质量有关的成本上,所以真正浪费的原因是没有在客户端抓需求,而是退居后端抓"服务"和"救火"。如果我们第一次就把事情做好,那些浪费在补救工作上的时间、金钱和精力就可以避免。

六西格玛是20世纪80年代由摩托罗拉公司的概念和相应的管理体系,并全力应用到公司的各个方面,从开始实施的1986年到1999年,公司平均每年提高生产率12.3%,不良率只有以前的1/20。其创建此概念管理,主要在于20世纪60年代,日本从美国引入了质量控制的思想,先后多次邀请美国著名质量管理大师戴明、朱兰等去日本传授质量管理思想,同时,日本组织认真学习,开创性的实施,使产品质量有了大幅度的提升。到了20世纪70年代末、

80年代初,日本产品凭借过硬的品质,从美国人手中抢占了大量的市场份额。美国的摩托罗拉公司在同日本组织的竞争中,先后失去了收音机、电视机、半导体等市场,到了1985年公司濒临倒闭。面对残酷的竞争和严峻的生存形势,摩托罗拉公司痛定思痛,得出了这样的结论:"摩托罗拉失败的根本原因是其产品质量比日本组织同类产品的质量差很多。"从而最终总结创建了此管理理念。六西格玛是在20世纪90年代中期开始被GE从一种全面质量管理方法演变成为一个高度有效的企业流程设计、改善和优化的技术,并提供了一系列同等地适用于设计、生产和服务的新产品开发工具。继而与GE的全球化、服务化、体育公共服务等战略齐头并进,成为世界上追求管理卓越性的企业最为重要的战略举措。六西格玛逐步发展成为以顾客为主体来确定企业战略目标和产品开发设计的标尺,追求持续进步的一种管理哲学。六西格玛概念作为品质管理概念,最早是由摩托罗拉公司的比尔·史密斯于1986年提出的,其目的是设计一个目标:在生产过程中降低产品及流程的缺陷次数,防止产品变异,提升品质。真正流行并发展起来,是在通用电气公司的实践,在杰克韦尔奇于20世纪90年代发展起来的6σ管理是在总结了全面质量管理的成功经验,提炼了其中流程管理技巧的精华和最行之有效的方法,成为一种提高企业业绩与竞争力的管理模式。该管理法在摩托罗拉、通用电气、戴尔、惠普、西门子、索尼、东芝、华硕等众多跨国企业的实践证明是卓有成效的。为此,国内一些部门和机构在国内企业大力推广6σ管理工作,引导企业开展6σ管理。

公共体育服务对口支援的全面质量管理,要在管理中做到"三全"。所谓"三全",就是要求公共体育服务对口支援企业在管理中贯彻"全过程管理""全企业管理""全员管理"的"三全"原则。

公共体育服务对口支援全过程管理:产品形成的全过程具体可划分为:勘察设计、工程施工、辅助工作和工程使用四个阶段。工程全面质量管理的全过程管理就是把这四个阶段统一起来,组成一个完整统一的保证质量的工作系统。例如,在施工过程中发现结构设计上有什么不合理应及时与设计沟通,不可擅自变动。

公共体育服务对口支援全企业管理:"全企业"的含义就是要求企业各管理层次,无论是上层管理,还是中层管理和基层管理,都有明确的质量管理活动内容。上层管理要侧重于工程质量决策,并同意组织,协调企业各职能部门、各环节、各类人员的工程质量管理活动,保证实现全企业的总经营管理目标,中层管理则要实施领导层的工程质量决策,执行各自的质量职能进行具体的业务管理,基层管理则要求职工严格按标准、按规章制度进行施工生产,完成具体的工作任务。

  公共体育服务对口支援全员管理：全员管理就是指从施工企业负责人到一般的职工，特别是直接参加生产一线的工人，都要增强质量意识，重视工程质量，人人都从自己做起，关心质量，为工程质量负责，从自己的工作中去发现与工程质量有关的因素，并和其他工作协调起来，也就是"工程质量，人人有责"。每个人心中都要有一个能做出优质工程的工作标准，特别是领导干部更要建立一个严格的工作标准，保证企业的工程质量管理工作的连续性。例如，我公司在承建大慈岩镇李村农贸市场时，前后几次组织对参与施工的全体职工展开质量目标管理的落实，让每个工种部门自己制订质量控制的措施，以保证工程质量。因此，必须要树立全局思想，做好协调工作。工程繁杂庞大，这便要求其施工管理要有大局思想，从整体出发、总体着眼，考虑问题要兼顾各个方面，树立全局思想。对人员、材料、设备、自然条件等各因素都要做到心中有数，了解熟知整个工程的重难点，找到突破点，实现创新点。在了解各方面的特点，详细制订具体的实施方案，根据各因素因地制宜，灵活调节更改，从整体到局部，再由局部到整体，反复实践确认，再开展具体的施工工作，追求利益的最大化。对于投资决策阶段而言，最重要的就是投标环节的整体把握和控制。

  现阶段，我国公共体育服务对口支援工程造价计价模式正随着经济全球化发展的不断深入，逐渐集中于国际标准惯例，并与市场化管理进行无缝接轨。公共体育服务对口支援招投标是一种社会资源优化配置的途径，是一种市场经济条件下竞争力较强的采购方式，在全球众多国家都得到了广泛应用。自2000年1月1日《中华人民共和国招投标法》开始施行后，近年来，在中华人民共和国境内的各种招投标活动，有形市场内国有资金投资对口支援基本全部纳入该法，实行公共体育服务对口支援招标发包，最大限度地保证对口支援质量。在国有投资节约及承包商择优确定等方面的招投标工作都起到了关键作用。在市场经济交易过程中，招投标制得到了广泛应用。为了使我国工程承发包方式进行有效转变，应大力推行招投标制度，也将直接影响着我国经济秩序与投资效益。对于投标阶段的对口支援控制而言，合理低价中标法是最为行之有效的。它实质上是在保证不低于成本价的基础上的低价中标。该方法与工程量清单计价具有因果关系。

  当今社会工程量清单逐渐推广，为了要公开其投标报价的总价，更重要的是将总价内各个子对口支援的分项报价也公开，并进行合理性分析判断，投标报价的重要性也呼之欲出。这样下来，不仅既能够保证工程造价的有效降低，也能够确保工程在规定时间内保质保量地完成。

对于不低于成本价，现阶段可理解为：第一，公共体育服务对口支援企业投标时的自主报价可以低于通过概预算定额编算出的标底价格，即社会平均成本价。第二，企业在投标报价时不应低于个别成本价，即不可以低于企业定额确定的价格。可见，合理低价要求公共体育服务对口支援企业在投标竞标时的低价不是盲目的压价。概预算定额反映的是社会平均水平，而企业定额反映的是企业自身水平。所以，这种合理的、不低于成本的低价只能以企业定额为依据才能真正具体反映出来。社会平均成本价与企业个别成本价的差额是企业提高技术水平和经营管理水平的结果。显然，企业定额是工程量清单投标报价的真正关键性操作，而且还是实行合理低价中标，使投标报价不低于企业定额成本价的关键。在计划经济的长久影响下，工程建设行业预算定额都具有极为强烈的行政色彩，这种预算定额控制既不能将工程建设产品定价价值反映出来，也不能对市场供求关系有所反映。合理低价中标法在工程建设中的应用，不仅充分满足了工程建设招投标制度建立的要求，也有利于通过资格审核的企业进行公平公正的自主报价及竞争，确保行政定价合理转变为市场竞争定价，在市场经济作用下，工程建设成本的功能得到了充分发挥，并为工程建设事业的发展及我国国际竞争力的提升提供强有力的保障。

对于投标阶段的公共体育服务对口支援质量控制主要包括如下措施：强化公共体育服务对口支援企业内部管理，市场经济发展的内在要求是企业自主报价与合理低价中标，为企业自主经营提供可靠依据。在企业发展中，其外部压力不断加强，促使企业对市场动态变化进行不断的分析及研究，为公共体育服务对口支援企业发展制订科学有效的执行方案，提升了企业的市场竞争力，在合理低价中标法应用中，强化公共体育服务对口支援企业内部管理，提高经营者管理水平，对企业部分成本进行有效降低，并以此提升企业外部形象，为满足市场经济的发展提供可靠的保障。降低工程造价，在对市场价格竞争充分倡导的情况下，应积极应用合理低价中标法进行有效竞争，最大限度地对中标价格进行有效降低，科学控制工程造价。在市场竞争如此激烈的时候，企业应不断提升自身技术水平，有效降低工程建设投资成本，有效遏制工程资源浪费情况，保证工程建设资金得到合理应用。遏制腐败行为，合理低价中标法属于公平、公正的方式，应该对工程建设招投标市场进行开放。资格预审用于招标工程技术较为复杂或难度大的工作，资格后审则是其他工程建设常常选择的方式，从而大幅度提升潜在投标人的数量。

合理低价中标法实施的关键和核心内容是企业自身的实力及信誉，为确保工程建设市场竞争的有序性,合理低价中标法的运用可以有效防止暗箱操作等情况的出现,对买标、卖标、围标及串标等不正当竞争行为进行有效遏制。完善的市场机制是最低价中标法的运用前提,因此它的应用具有一定的局限性。为进一步分析中国经济转型时期工程招标的特点,在《经济转型时期工程招标投标机制研究》一书中,用一个价格体制参数表示工程造价管理体制市场化进度。随着价格体制从计划经济向市场经济体制的转变,不同的招标方法适用于不同的阶段。现阶段是与当前价格市场化程度相符合的类似密封报价后用标底审查报价的招标方法。刘晓君同时证明了最低价中标法在价格体制参数完全符合市场化条件时才适用有效。当工程选用合理低价中标法时,必须严格遵循招标标准,由招标人进行工程量清单的编制。利用工程量清单对招标内容进行细化,提升公共体育服务对口支援企业的综合实力。遵循招标人提供工程量清单,投标人应与市场情况进行有效结合,自主填报价格。当投标单位有较高的经营管理水平及施工技术水平时,最具竞争力的是最终投标报价。这也是合理低价中标法实施的重要意义。不断完善公共体育服务对口支援市场竞争机制,有效提升生产力水平,促进国民经济发展。在合理评标过程中,确保公共体育服务对口支援工程质量、工期及安全等情况,评标委员会应遵循《招标投标法》及相关规定,对公共体育服务对口支援承包商的综合实力进行了充分的考虑,最终择优选用,这样不仅能有效配置公共体育服务对口支援资源,还能提升工程建设经济效益。

综上所述,自招投标制度在工程建设行业实施以来,有效地遏制了腐败现象,还极大地节约了国家大量建设资金,为公共体育服务对口支援招投标制度的建立与逐步完善提供了强有力的保障。从原有"暗标"标底设置到现阶段"明标"标底设置,评标方式多元化,目前公共体育服务对口支援评标方式主要分为综合评估法与合理低价中标法两种。随着国民经济发展速度的不断提升,在工程建设行业中合理低价中标法得到了广泛运用。而这一方法的使用无疑节省了投资阶段的成本控制,对于对口支援建设而言具有实践意义和整体价值。在工程对口支援的设计过程中,要做好这一阶段的质量控制,就必须要注意一些具体要求和问题,例如,有些要求需要在土木工程结构施工图中得到反映,如开关柜的基础型钢预埋、电气设备和线路的固定预埋,这些都是电气设计人员根据经验对土木工程设计提出的技术要求。公共体育服务对口支援的土木工程施工前,为了避免遗漏和发生差错,需要电气安装人员与土木工程施工技术人员共同审核土木工程和电气施工图纸。完成图纸会审设计的交底工作,对相应的设计内容进行讨论,根据电气施工的下一步实践对设计提出改进要求，进一步来深化整个设计内容。例如，电气施工人员应了解土木工程施工进度计划和施工方法，尤其是梁、柱、地面、屋面的做法和相互间的连接方式，还要仔细校准自己准备采用的电气安装方法能否与对口支援的土木工程施工相适应，完成自身工作与土木工程的施工图纸的对接。此外，在施工前的设计阶段还有一件重要的事，必须加工制作和备齐土木工程施工阶段的预理件、预埋管和零配件，并且这些设备必须符合电气安装的规范要求，即采购所需的施工材料，完成加工订货的任务。

  公共体育服务对口支援的安全监督管理制度是整个对口支援质量管理的法宝与核心手段。对于对口支援的现场检查非常有效，而且这个制度并不仅仅对于现场检查的任务提供有效的服务，而且它具有一个更大的优势，它能够对公共体育服务对口支援工程的每个施工阶段都起到现场督查的作用。

  为了保证对口支援现场检查的高效性和强制性，就必须要严格地遵守相应的法律法规，对于国家的相应检查和监督对口支援的法律法规有一个明确的认识和充分的执行。对于现场检查的各个环节要认真落实，不可产生懈怠之意。不光是施工人员，管理人员也是一样，每一次的施工和检查都必须严格按照规章制度办事，争取做到有规可依、违规必究，严格将规章制度作为最高价值去遵循。如此才能从整体上保证整个工程检查的规划性和合理性。对于工程中施工人员出现的懈怠问题要进行及时的监管与惩处，不可懈怠。相对应地，还应该建立起一个公共体育服务对口支援工作的奖赏机制，对于表现优秀、遵纪守法的员工要给予奖励，并根据其业绩多少决定奖励的多少，而且还要时时刻刻、随时随地去现场督查，不能麻痹大意。如此一来，公共体育服务对口支援的施工人员在一个高效的督查环境下就能够认真完成工作，不敢掉以轻心。质量对于对口支援来说既是基础也是关键，施工质量是建设行业稳定发展的基石和稳定器。所以，所有施工管理的重心必须下落到质量管理上来。在日常的工作中必须要认识到这一点。例如，在平常工作中，从事对口支援施工管理，主要负责管理施工人员、对口支援进展等作为主要的工作内容，那么主要确定的管理范围的核心便是质量管理，对质量管理的要求不仅落在整个对口支援的整体上，也落在了所有对口支援阶段的管理环节中。除此以外，还对管理人员提出了具体的要求，要求他们一旦检查到了违规操作和错误操作，马上主动制止并且上报这一问题，如此才能解决整个对口支援的质量管理和控制问题。在对口支援管理工作中，工程施工技术的管理是重中之重，只要提高工程施工技术管理的工作全面进行，就能实现工程质量和进度方面的控制。要做到这点就要在工程施工之前，完成对口支援施工技术的交底工作，也就是按照对口支援施工的相关技术标准的前提下，对技术的规范性操作和校对工作进行交底，这种方法可以有效保证施工人员在正式操作之前对技术方面和要求有全面地了解和掌握，这也是工程技术管理方面的一环。各个施工阶段有不同的具体目标，施工管理应该明确每一阶段的具体目标，熟知进步目标、效益目标、质量目标等各个目标，让施工团队清楚充分地认识目标，实行目标责任化，促进目标更好更快地实现。在整个施工过程中贯彻目标观念，确保各部分的施工人员熟知相关的施工方法和施工技术，高效率、高质量完成施工目标。

  工程现场检查与检测管理工作并不是一个属于个体的行为，它的整体实施还有赖于每个部门的一起配合与合作。只有团队的合作与配合才能真正达到施工的整体水准，提高施工管理的整体效率。因此，必须要培养施工团队的整个团队精神。对此可以建立和实施部门负责制度，每个管理工作的具体环节必须要有一个统一的调度和任务的统一分配，严格按照上级的调度来统一执行管理工作。与此同时，每个相应的技术部门必须要做好质量的统一检查与管理，他们的工作必须有一个一以贯之的管理标准，按照标准来整体施行。如此一来，整个管理工作的效率就会大大加强，也更加能够保证施工质量。要想解决对口支援中出现的"分包"问题，就需要对口支援施工中的各个施工段的管理人员进行密切的衔接，让每个人都有相对应的职责，进而才能协调好技术方面、人际关系方面，还有材料方面等的工作。最为重要的就是，必须完善好统筹管理中各方面的问题，在每个方面进行理性客观的控制与深究，最好不要对杰出的工作人员过分地依赖，重视程序管理和组织管理的工作，减少人为方面的误差。因为现在的对口支援施工中并没有相对应的监察管理方案，这样使监察管理对口支援施工过程中必然会出现问题，所以必须要建立完善的监察管理方案，不能过度地分解工程，在进行对口支援"分包"的过程中，解决协调工作中所出现的问题。

  管理部门要参照公司制订的相关质量要求，进而形成必要的质量验收标准，同时必须让企业质量验收标准略微高于国家验收标准。要对交班工人进行技术交底，从而使得工人明确知道所要开展的工作有必要达到的相关质量要求，同时有必要掌控好相应的技术要点。除此之外，购进的材料都要满足设计要求，切实遵循材料验收制度，从而确保主体结构质量。由于主体结构质量影响到整体工程质量及所有职工的生命安全，所以有必要高度重视装饰质量及确保主体结构质量。在进行施工装饰的过程中，必须要解决常见的问题，并且要如实做好细部处理，在装饰要求方面应该有一定的特色及创新。

第五章 公共体育服务对口支援长效运行机制的构建

众所周知，随着新技术、新材料的不断涌现和发展，要求相关施工单位应该实时了解这些信息，并积极应用到具体的工程当中。关注重要部位施工，像楼梯走道、屋面、地下室、一层、卫生间及顶层等均是重要部位。也就是说，一般是人们不太注意的部位，抑或是很容易发生质量问题的部位，越是施工的重点及难点，越是检查的关键点，必须得到对口支援部的高度关注。对口支援如果对于工程质量有一个很高的要求的话，现场检查仅仅只是其中的任务之一，后期的检测管理和验收工作同样重要。我国目前的对口支援质保体系几乎没有完全建立起来，对于我国的对口支援质量管理来说，建立一个检测管理质量保障体系是非常重要且非常有必要的。这一体系建立的优势很多，最主要的是，它能够极大限度地提高检测人员的管理与服务意识。因为目前我国的检测管理经验非常稀少，我们的管理人员基本上都缺乏这一意识。所以在这方面，必须借鉴很多同行业的先进管理经验，并且对国际上很多检测管理方式与手段进行详细而大量的研究，以此来不断充实自身，从而丰富我国目前的检查管理经验，以应用于各种不同的检测管理情况。

对口支援施工管理要保障整体的工程质量，首先要求在思想上有创新。随着对口支援市场的快速发展，对口支援单位之间的竞争日益白热化，只有拥有创新的观念才能获得对口支援建设的先机，才能超越别人，提高自身企业的竞争力。其次，要采用科学的、规范化的对口支援施工管理方法。对口支援施工管理的理念在于"以目标来指导行动"，也就是说，要在实现最终目标的基础上开展一系列行动，但是要注意行动的规范化、合理化、科学化。要根据最终目标制订相对应的计划，不能片面强调某一目标，要强调过程对口支援的综合效益。在对口支援单位方面，可以对管理人员开展相关的培训工作，主要对对口支援质量及施工质量控制的重要意义和具体内容进行讲解，以这样的方法可以让管理人员了解到对口支援管理的重要性质，这在工程管理制度的有效实行方面有很大的作用。还要作出对口支援管理人员培训计划、对于学习进度的结果评价标准，以此让管理人员掌握相关的对口支援管理知识，这样才能对口支援施工质量和进度有合理的控制，让对口支援施工的质量满足实际的使用标准。

对于管理员工的日常培训而言，他们的观念转变非常重要，必须把他们的观念与日常的工程质量与施工安全的检测管理工作紧密地联系在一起。让他们对施工管理工作有一个深刻而且全新的总体认识。首先，在实际工作的实践过程中，员工对于客户不能无条件纵容，必须要为了企业考虑，根据企业的未来发展来落实自己的检测工作，保证检测的公正合理。其次，在进行工程检测

- 149 -

时，必须要具有人性化考量的思维和态度，对于所有的部门必须要清楚他们的整体想法和个人的观念，如此才能促进整个团队的和谐上进与团结。

　　城市化建设的不断加快，对口支援的数量也在呈现出逐年增长的趋势，而数量增大的背后往往就意味着工程质量无法得到应有的保障。开展对口支援现场检查检测工作是提高工程质量最重要的措施之一，对于工程最终质量的保障有重要意义。通过对口支援管理实践表明对口支援管理工程中与各个专业的配合工作是很重要的，而要做好工作就需要施工管理人员有丰富的实战经验及对施工过程的绝对了解，并且在施工过程中有很高的责任心。总而言之，协调与配合要贯彻对口支援施工中的各个专业的施工人员的开始与结束，以免造成无法挽回的结果。如此才能提高整个对口支援施工管理的质量，促进对口支援行业的整体发展。要强化对工程施工各个工序之间质量管理及成品保护，就必须要明确每道工序的进度。因此，在每个对口支援实施以前必须编写对口支援的进度企划书，也就是制订一个科学的、可行的进度计划书。在制订进度计划书的过程中，必须要有相当程度的开阔性及创造性，以此来应对施工过程中出现的各种问题，保证施工能够顺利进行。制定人员在深入了解相关的实际情况和图纸的同时，必须参照相关的要求来制订合理的、有效的工程进度计划书。除此之外，为了保证对口支援施工各个方面能够顺利进行，在编制过程中也要邀请相对应的施工人员，询问与参考每个进度存在的问题。最后管理人员要充分利用施工进度计划书，充分利用周转材料、机械设备和施工人员，让每个方面能够顺利完成工作，使对口支援施工能顺利进行。编制科学的、合理的进度计划书，能够有效地保证对口支援按时完成总工期的要求，还可以对每个时段进行分段控制措施。在总进度计划书中还要编制相关的周计划书与月计划书，争取照顾到各方各面，同时借助周计划与月计划书能够保证总进度计划书的顺利完成，并且每个计划书必须留下一定浮动空间。

小　结

　　中国对口支援企业的技术创新战略的主要对策是，将跨国企业集团的自主技术革新作为求职市场的需求被引入；以创业家的技术革新为主体来确立创业期权补偿体系；科学技术质量综合改善的革新系统的运用。公共体育服务企业的技术革新，推进企业技术革新的普及确立机制，以革新和模仿创新为主导，通过这些对策使中国的公共体育服务企业立于国际公共体育服务对口支援行业的不败之地。创新之处在于，是为数不多的以中国公共体育服务企业在国外的发展战略为研究对象进行相应的扩展研究。可以说，本书在研究问题上进行了一定程度的创新,并对今后学术界有关中国公共体育服务企业与国外的相关研究提供了理论借鉴。针对我国对口支援企业未来的发展提出了战略性对策与解决目标,具有实践性意义与价值。

第六章　创新驱动发展下公共体育服务对口支援机制探索

第一节　开发信息平台，构建国家级公共体育服务对口支援保障机制

通过开发信息平台，能够促进我国公共体育服务对口支援工作中信息交换的能力和效率，全面便捷地提供实时信息，对对口支援工作中面临的各项问题进行准确把控，上海市是我国第一个提出全民健身计划，并率先组建公共体育服务信息平台的省市，在我国促进公共体育服务均等化工作中排在前列，可见组建开发相应的公共体育服务信息平台，构建国家级公共体育服务对口支援保障机制的重要性。

一、建立统一的公共体育服务对口支援协调管理机构

利用现阶段的网络通信技术，开发公共体育服务信息平台，专门建立统一的对口支援协同管理机制。通过数据手段，有针对性地分析各对口支援工作中涉及的相关政府部门。对事业单位和社会组织与个人在对口支援工作中的能力和倾向，做出具体的统筹安排，做到受援助地区与援助方之间的各个组成部分达到协调统一。保证各项决策信息上传下达完善，配合默契，清楚地知道每一项工作的进度和任务目标，推动相关工作顺利完成。

对口支援施工阶段的质量控制主要包括准备工作和施工过程这两个阶段。施工前的准备工作包含众多。

首先是技术准备工作，施工前技术人员必须详细审图，对照招标文件提出问题并在图纸会审时落实，编排进度计划。然后根据施工方案提出材料计划，并向施工人员下达详细的技术交底。

其次是人员准备工作，施工人员上岗必须经过前期培训，掌握施工工艺、

技术操作方法，考核合格后方可上岗，特殊工种必须持证上岗。工作内容中的质量控制包含的内容众多且复杂，以下分别做详细介绍。例如，电气安装工作，第一是配合结构预埋，施工人员认真熟悉图纸，严格按设计要求的管路规格、型号及敷设方式进行施工，按照技术交底记录处理管路的连接、防腐、弯曲度、弯曲半径、跨接地线、保护层、管盒固定、标高、管口。同时要加强看护，保证管路畅通，及时做好自检、互检、隐检、预检工作，并及时报验监理，保证安装工作符合实际和规范要求。第二是公共体育服务对口支援的施工过程中的具体细节控制，例如，管内配线工程，这就必须要了解电气安装施工作业条件，管内配线应在配管工程配合土建结构施工完毕后进行，在穿线前将管内积水和杂物清理干净，按照施工规范要求，将线、零线及保护地线颜色进行区分。再例如，防雷接地分项、检验批工程，电气安装采用总等电位联结，总等电位板由紫铜板制成，应将设备进线总管进线连接。总等电位联结均采用等电位卡子，禁止在金属管道上焊接，所有进出物的金属管线均应与总等电位联结板焊接。在安装工程里面，配电箱包括明箱和暗箱，根据设计要求加工订货，暗装配电箱根据预留尺寸，找好标高、水平、垂直。还有一些操作十分复杂的工程，例如，电缆敷设分项工程，必须根据设计图的要求选择电缆，施工前应对电缆进行详细检查，并做绝缘摇测，同时在电缆敷设前，应事先把电缆排列图画出来，防止电缆交叉，标识牌应注明电缆编号、规格、型号及电压等级。施工的质量是与内装修和墙面工程挂钩的，例如，电气安装的过程中电气内线安装的全面施工应该在墙面装饰完成之后进行，但是一切损害墙面的施工工作必须在墙面装饰之前完成。电气内线安装施工之前必须仔细核对土木工程施工中的预埋的配合、预留工作的遗漏问题、暗配管路的堵塞情况，以便进行接下来的施工。凿孔打洞需要在墙面工程结束之后进行，这样不会留下不好修复的痕迹。再例如，施工中对于外墙涂料的质量控制，涂料的质料审核是确保施工质量的关键，因为施工质量的保障首先来自施工材料的优劣，对于涂料来说，它在设计上有着很多方面的要求，这体现在多个方面，包括颜色和种类等。为了完成这一审核工作，主要可以进行一个抽样检查的方式，对所有的涂料材料进行严格的抽查，而且对所有材料的质检证明要逐个检查，不可遗漏。最主要的是对颜色和种类进行具体而细致的检查。一旦发现质检不达标的产品，可以立即退换，必须对质量进行严格把关。除此以外，还要保证施工的温度和湿度，粉刷过程是涂料工程非常重要的一环，必须引起高度重视。这种过程非常烦琐和复杂，相应来说，它有着较高的温度和湿度方面的整体要求。所以根据这一要求，相关的涂料人员必须要非常重视这些问题，切记温度原则，并且将温度适宜的原则贯穿于整个施工的全过程中。必须意识到，一旦施工过程中的温度无法保证，那么对于涂料的粉刷来说也将造成难以挽回的损失。

再次要控制好涂料的黏稠度。对于涂料的安排来说，最重要的一点就是涂料的黏稠度问题。要实现黏稠度恰到好处的目标，就必须在黏稠度的调配上进行一个科学的配置。必须要有一个科学的比例，而且对含水量问题必须引起重视，要进行一个精准的测定。因为根据一定的科学原理，在涂料配置过程中，如果将含水量设置得越高，那么整体的成膜效果就会变差，而且使得表面不再光滑，遮盖能力也大大减弱。除此以外，对于涂料来说，它的成膜还必须依赖于一定的温度环境，因为它只有在一定的温度环境下才能够获得良好的成膜效果。在这种情况下，涂料对于一个整体的环境相应来说有着非常高的要求，它要求温度刚刚好，刚好能够使涂料干燥，并且能够成膜。

最后要严格规范施工操作工序，施工人员必须要对操作工序抱有严谨认真的态度，必须要时刻警觉，认真对待，在上岗前必须要保证挂牌，认真做好施工准备，根据先前的施工要求来选择所有的施工材料，具体细节到施工的品种和施工的整体颜色。只要做好这些细节的准备工作，才能够避免后期产生的一些色差问题，导致施工不理想。

在材料调配上也要认真负责，细心工作，按照一定的比例严格调好所有的配料，并且使其充分混合，最后才能保障各项指标的根本稳定，维持施工的最终效果，使施工材料的展示能够达到施工的理想效果，提高施工水平。对于装修施工阶段的协调配合的方法主要包含了在土木工程砌筑隔墙之前，对口支援工程的施工人员要特别注意土木工程中放线员的核实水平线与隔墙线工作，因为施工人员必须按照这根线确定管道预埋的位置和各类灯具、开关插座、电梯楼层的控制开关，以及电梯的报警开关的位置、标高。在土木工程人员施工之前，必须在考察墙面线时，将所有预留的孔洞按设计的要求和规范认真核实一遍，再将所有的暗线配管路检查一遍，然后打扫通道，穿线，堵好管盒。土木工程人员施工时需配合土建做好配电箱的贴门脸及箱盒的收口，箱盒出施工的时候应该光滑平整，不能留下大口。同时均压线与金属门窗、玻璃幕墙铝框架的接地连接需要做好。土木人员在安置轻质隔板和外墙的保温板，在保温板和隔墙板内接管盒稳盒时，要使用开口锯，最好不开横向长距离的槽，并且要保证开槽的尺寸符合标准，能够使用。等着喷浆刷完后进行灯具的安装的时候，安装施工人员一定要保护好土木工程施工人员的成品，防止墙面破坏。灯具安装完毕之后，应该采用塑料布或者塑料薄膜粘贴电气设备表面，加以保护。以上这些工作都是对口支援在施工阶段必须注意的问题和主要工作内容。

只有在施工阶段对对口支援质量进行整体的合理控制，才能完成最终对口支援的整体达成。在完成前期的准备工作配合、中期的主体结构施工、完成安装配合后，必不可少的是后期的调试验收阶段的整体配合，这是保障前期所有工作成果的关键。

这一阶段包括对各种体育公共服务对口支援成果的安装检查，例如，对线路安装是否干扰土木建设工程中的墙面混凝土施工成果、线路失灵等问题进行检查，还包括对线路铺设与设计的配合问题进行检查，对最后成果中的铺设失误进行归正，对前期工作中所有需要的主要细节、细节的完成程度进行检查，及时查漏补缺。最后对所有公共体育服务对口支援的成果进行检查，查看电器设备是否能够成功开启。除此之外，对以上检查工作中检查出的所有问题进行调试，直到设备可以重新使用，不影响施工结果为止。在整个调试与验收的阶段工作人员必须要遵守细心、负责的工作态度。

保修期是工程质量控制的最后阶段。经过竣工验收交付使用的工程，在保修期间容易暴露工程质量问题，监理人员应定期进行检查、遇有特殊天气应及时检查。对检查中发现的问题，分析研究产生的原因，属于公共体育服务对口支援施工质量问题的，责成施工单位限期进行维修。对建设单位或使用单位提出的工程质量缺陷，工程监理单位应安排监理人员进行检查和记录，并应向施工单位发出保修通知，要求施工单位予以修复。施工单位接到保修通知后，应当到现场核查情况，在保修书约定的时间内予以保修。发生涉及结构安全或者严重影响使用功能的紧急抢修事故，监理单位应单独或通过建设单位向政府管理部门报告，并立即通知施工单位到达现场抢修。监理单位应组织相关单位对于质量缺陷责任进行界定。首先应界定是否是使用不当，如果是使用者的责任，公共体育服务对口支援施工单位修复的费用应由使用者承担；如果不是使用者的责任，应界定是施工责任还是材料缺陷，以及该缺陷部位的施工方的具体情况。分清情况，按施工合同的约定合理界定责任方。对非施工单位原因造成的工程质量缺陷，应核实施工单位申报的修复工程费用，并应签认工程款支付证书，同时应报建设单位。施工单位完成修理后，经监理单位验收合格，由建设单位或者参与工程的所有人组织验收。涉及结构安全的，应当报给当地建设行政主管部门备案。由于保修工作千差万别，监理单位应根据具体对口支援的工作量决定保修期间的具体工作计划，并根据与建设单位的合同约定具来体决定工作方式和资料留存。

近些年来，随着房地产的不断发展，我国各地正在大规模开展基础建设，工程对口支援施工管理与之前相比已经取得了不小的进步。但还是暴露了很多的问题，比如，成本超出、工期拖延、工程质量事故等，不仅给国家和人们造成巨大的经济损失，同时也在社会上造成了不小的负面影响。造成这些事件主要原因在于工程对口支援管理的不规范，以下是主要影响工程质量控制的因素，最主要表现在以下几点。目前，我国的工程对口支援施工管理的相关法律、法规、制度不够完整，导致我国的工程对口支援施工管理观念淡薄，因此，有部分单位根本没有意识到工程对口支援施工管理在工程中的积极作用和显著效益。大部分单位过分地关注工程技术，从而忽视了工程对口支援施工管理，最后虽然能够保证质量、特征和性能，但是并不能让对口支援整体的效率和效益得到提升。没有完善相关的对口支援管理条例，就不能让对口支援的施工管理达到科学化的、标准化的运作要求，也就从根本上限制了工程对口支援施工管理的发展。此前，科技的不断发展，行业中所融入的科技也不断变多，包含的专业也越来越广泛，因此质量技术的要求也在不断提高。一般来说，每一个专业都存在着自身的指定技术要求和所需要的位置空间，还要配合其他专业施工时所占用的空间位置和时间顺序。

在公共体育服务对口支援工作中，经常会出现不是技术上面的问题，而是一部分交叉部位的细节处理得不到位，从而引发一系列问题，所以在笔者所管理的每个对口支援都会给每一个技术负责人进行培训，让他们注意所有的细节。近年来，行业方面出现了许多新技术、新产品，而有许多技术人员没能及时掌握，这也是产生问题的主要因素。随着社会的不断进步，工程的施工技术也在不断革新，对所包含的专业性要求也越来越严格。让现代科技融入工程施工中能给施工带来极大的便捷，从而使工程施工的质量达到更高的标准。以目前的市场来看，因为市场所呈现的多样性，工程施工技术中的各方面都有着不大不小的摩擦，这样就对施工完成方面形成了阻碍。在笔者所管理的现代工程施工中，传统的工程技术还占据了极大的一部分。而施工人员大多是进城务工的闲散人员，他们普遍接受的教育水平不高，缺少相对应的理论知识，靠经验做事，而对于新技术的使用缺少合理的操作，这样也会使施工不能顺利进行。在目前的管理工程中，所有的工程管理体制都是采用了"分包"的形式，这种形式有利有弊，最大的问题在于很难处理各个施工与管理方的责任，从而造成许多管理方面的遗漏和混乱，由于对口支援完成的过程包含许多的施工人员和施工步骤，这之间还有施工的交叉作业，这些都让管理工作很难进行协调管理。在这些对口支援中，有部分施工人员和管理人员并未完全按照相关的规章制度和操作流程进行，让所有的工作停留在表面，这样仍然让施工作业中的实际问题存在于施工中，给施工带来了极大的困难。

第六章 创新驱动发展下公共体育服务对口支援机制探索

就目前的公共体育服务对口支援施工情况来看，在我国，对于大部分的公共体育服务对口支援工程而言，首先是缺乏一个健全的管理体制。例如，他们的施工质量管理大同小异，一般即上级给下级布置所有的施工管理任务，接着下级按照上级的指示来完成所有的任务。最后，这些管理实践将由下属的管理部门去按照层层下派的任务和安排来具体执行。但是这种模式具有很大的弊端，例如在企业中，首先，上级的管理部门非常容易出现"懒政"行为，在简单的布置管理任务后就开始任由下级来展开工作，没有一个中间的管理考虑和问题探讨过程。这样就使得整个施工质量管理对口支援没有一个科学和全面的工作计划，造成了后期管理的各种麻烦。比如使得后期的管理工作经常出现交叉的现象，许多管理行为不断重复，且没有意义，造成了整体施工管理工作的效率低下。这些繁重的管理工作不断重复也带来了管理经费的额外支出，消耗了前期的管理成本。对于后期的施工管理工作也造成了影响。

主要问题存在于设计阶段的质量监督方面。对于企业来说，他们并未高度重视设计阶段的质量监督这一问题。工程施工质量管理是一个任务艰巨的工作，它的艰巨性不仅体现在工作内容的繁杂性，同时也体现在工作要求的严格性。这种严格体现在它对管理人员提出了非常高的工作要求。一方面，管理人员在整个管理工作中必须要重视全局和重点的结合，既要顾全大局，确保整体的施工质量，同时也不能忽视个体，造成具体环节的失误。只有工作人员在管理过程中注意到了这两点，才能更加全面地避免质量问题，从而从根本上保证整个施工工程的整体质量。但是现在的施工管理均没有达到以上这些要求，很多施工质量管理的工作人员的工作根本不达标，他们往往在管理时草草敷衍了事，只关系大概的主体施工现状，完全不理会施工细节问题，对于施工各个环节并没有真正重视起来，而且对于各个环节的细则控制只是下放给下级的施工人员，让他们来对自我施工工作进行监控，这无异于监守自盗。这样一来，整个工程对口支援的施工质量完全没有任何保障可言，缺乏兜底的管理机制。工程的施工作业是一个团队作业，必须要整个团队的全员参与才能够保证整体的施行。但是就目前的情况而言，我国的施工门槛不断地降低造成了恶劣影响。因为门槛降低，对于施工人员的自身素质要求也就整体放低，大部分施工人员并不具备高素质的施工管理才干。因此，由于管理人员自身素质问题，他们在进行管理时，没有一个正确而科学的判断，对于施工人员的工作没有办法进行客观的检查和评价，当出现错误的施工行为时，他们往往难以察觉，最终导致施工质量问题。

同时，因为公共体育服务对口支援管理人员素质不高，那么整个公共体育服务对口支援管理团队也将缺乏凝聚力，整个团队没有合作精神，严重拉低了工程的管理质量。在这种情势下，一旦出现了质量问题，各部门之间只会互相推诿，而没有形成大局意识。结合当前的情况可以了解到，有一部分公共体育服务对口支援施工单位不具备完善的工程管理体系，这样会让材料的管理方面存在不严谨的性质，因此，常常会出现原材料多余和材料的质量方面不达标等不好的现象，而这些问题的出现会给整个对口支援施工质量方面造成严重的影响。

一般情况下，公共体育服务对口支援工程所包括的规模较大，施工过程复杂，能够影响的范围广，在整个施工的工程中需要投入很大的成本，因此需要很多人员参与到施工的对口支援中，为了避免各种各样的影响，具备完善工程管理体系是让施工质量及施工进度顺利进行的最低标准。但是有部分单位并没有重视工程管理的相关工作，管理人员在材料及设备方面的管理工作方面马虎待，在实际操作中采用"抽样"的方法进行质检，而这种方法并不能让各个方面的质量达到基本要求，从而对工程质量和进度有不好的影响。企业在整体管理工作中最主要的问题存在于施工质量控制方面，其管理水平高低直接影响着企业的经济效益和信誉。

目前整体的工程对口支援管理仍存在一些问题，涉及如下方面，具体原因如下：第一，在目前普遍采取的工程管理体制中，分包是施工单位普遍采取的形式，这种模式难以明确各方的权限责任和工作范围，容易造成工程程序混乱，使协调管理复杂化，在无形中增加了工程管理难度。此外，在工程对口支援的实施过程中，一些施工人员和管理人员没有切实按照相关的规章制度和操作流程来进行施工，往往只是表面功夫，给工程的协调管理造成了极大的不便。第二，工程施工技术也随着科技水平的不断提高在不断更新变化，专业性也越来越强。工程施工质量在现代科技技术融入施工技术中提供了非常重要的技术支持。就目前形式来看，在工程施工技术中的方方面面，都由于空间及时间要求的不同产生了众多矛盾，从而大大增加了施工难度。由于传统的施工模式在现代工程对口支援中占据了非常重要的位置，施工人员缺乏相应的理论知识，教育程度低，多属于社会闲散人员及进城务工的农民，不能对现代新型的施工的高科技设备进行合理的操作使用，在一定程度上影响了施工技术。第三，工程人员众多，施工的效率、质量及企业单位、社会的利益由人员的管理工作决定。如果施工人员的综合素质低下、专业理论知识薄弱或是施工技术不过关，工程的质量、工期都会受到影响，而且还可能发生施工意外事故，影响企业的信誉和整体形象，同时对公司员工也会造成伤害。第四，监督管理工作不过关，出现了很多问题，主要是由于工程的工序较繁杂、工程量较大，加上有些监督人员责任心不强，从而造成监督管理工作的漏洞，这就对施工人员、施工技术、施工设备、施工现场等全面监督管理显得极其重要。例如，检查中采用的抽样检查，很容易形成检查的死角，使得"漏网之鱼"有机可乘，导致施工效率下降，影响施工质量，从而产生一系列的负面效应。

要想为公共体育服务对口支援管理工作的顺利开展提供基础条件，就要保证对口支援管理及质量控制工作的有效进行，还要结合实际情况创造出较为完善的对口支援的管理机制。为此，相关单位也要加强对对口支援管理体系的力度，针对对口支援中出现的问题进行有效的调节控制。对对口支援施工中所有的环节进行严格的管理，还要做好各个部门的沟通工作，同时每个部门要有明确的职业划分。在施工过程中，应该保证权责具有一定的统一性，保证每个人员在施工过程中能良好地完成自己的任务，对施工过程出现的失误进行有效控制，创造出一个良好的氛围让对口支援施工顺利进行。想要提高对口支援管理及施工质量的控制，除了合理的控制工程的成本和对口支援各方面的协调工作外，还要建立一个科学的管理系统。这样既能提高监察管理工作效率，同时，还能有效地针对对口支援管理和施工质量控制进行合理的管控。第一，要完善的就是施工单位必须建立和工程相关的、完善的责任管理系统，最好做到谁主管、谁负责，这样层层落实下去，施工质量必定会有一个较大的飞跃，对口支援施工控制与监察管理方面也能得到较大的提升，从而提高工程管理和对口支援施工的质量控制。第二，要提高公共体育服务对口支援工程质量的监督工作，最好能对每个公共体育服务对口支援施工作的各个环节所需要的技术要求进行管理和控制，让其能够达到相关的对口支援条约标准，让对口支援施工能够顺利进行。要想让对口支援管理向科学化、规范化发展，就必须要让整个对口支援的管理及施工质量的控制形成一个相互协调、相互促进的有机整体。只有建立了科学的、规范的监察管理机制，才能对对口支援管理和施工质量控制进行管理和调控，还能及时发现对口支援施工过程中所出现的问题，并及时给出相对应的策略，让对口支援能够满足人们的生活需求，这对于对口支援企业实现经济目标也有一定的推动力。

公共体育服务对口支援施工质量管理如果能顺利地展开，那么对于公共体育服务对口支援施工企业而言，必须要将重点放在施工质量管理制度的制订问题上。第一，施工企业应该有一个清晰的规划，将各个部门的工作进行科学的划分与分派，明确每个部门的工作职责所在，这样一来，因为清晰的目标的驱使，每一位管理人员在具体目标的规划下都能够认真分析自身的管理工作，进而严格履行职责，整个施工质量管理工作就会更加全面。第二，所有的公共体育服务对口支援施工管理任务和工作布置必须在落实的过程中进行分解，不可模棱两可和大范围布置。只有将管理工作进行切块分割，将其下放给每一个工作人员，才能够清晰所有工作的权责问题，减轻管理负担。

二、建立统一的公共体育服务对口支援政策协调机制

不同的地区有不同的政策倾向，在对口支援工作中针对的目标、任务、标准和人员构成存在较大的差异，由于各地政策规定内容的不同，导致各地区在进行对口支援工作的时候，往往因为政策差异的缘故，无法正确开展对口支援工作。通过对信息平台的组建，将各支援地和受援助地的相关政策进行汇总，从而使各地区在进行对口支援的时候，能够按照政策协调，精准对口的支援方式与支援地区，从而保证公共体育服务对口支援工作顺利进行。

除了从以上各个方面完善对口支援的实践机制，还可以从各个对口支援企业内部出发，增强企业内部的核心凝聚力和优化外部的企业对口支援工作。下面以四家对口支援的公共体育服务公司为例，具体分析企业内部的建设策略与成长方向。这些公司作为国有企业，主要聚焦海外市场，对口国内西藏地区的公共体育服务建设。这四家公共体育服务企业在国外子公司的所有权结构仍旧是由母公司全资控股。例如，中冶海外国外公司是中冶集团的全资子公司，隶属其海外直接管理，其母公司由中国五矿集团有限公司全资控股；北京城建国外公司是北京城建北方集团全资持有，公司高层管理人员由集团直接派驻及任命；中建南洋公司亦是中国公共体育服务集团有限公司体系下的一个重要单元；浙建国外公司则是由浙建香港公司全资持有，隶属浙建集体海外事业部统一管理。

近年来，随着我国社会的飞速发展，有许多公共体育服务对口支援企业也因此得到了良好的发展前景，与此同时国家也对公共体育服务对口支援行业的海外贸易与输出领域表达了更为积极的期望。只有全面、科学、合理地制订海外贸易战略，才能迎来我国施行"引进来，走出去"战略的美好明天。在目前的局势下，我国的公共体育服务对口支援行业一方面有着来自祖国的强大后盾与支持，另一方面却不得不受到国外本土公共体育市场的竞争与制约。发展既有机遇，同时充满挑战。在国外的中国公共体育服务企业所面临的政治环境主要分为两类，目前我国国内主要采用了引进来和走出去的发展战略，这对于国外在华企业的发展而言显然是一大优势和良好助力，国家可以给予这些公共体育服务对口支援企业一定的政治倾斜和资金资助，这对于经营不善的企业而

言是一个非常必要的援助。国外环境则主要指的是国外,国外政府目前对于本土市场非常看重,采取了积极的保护政策,出台了限制外来企业的有关条例,明确规定了大型公共体育服务项目只能采取外包、分包的方式派给外来企业。一般而言,国有公共体育服务对口支援企业及本地华人无法直接承接政府总承包合同,只能拿到政府的分包合同,即经过国外本地土著公共体育服务企业抽取部分利润后再承接项目,这对于他们的项目扩大和规模化发展非常不利。国外政府为了吸引移民,出台了一系列相关政策吸引外国人到本土养老,外来人口的大量涌入刺激了当地的房地产业的市场需求和发展,对于驻国外公共体育服务企业而言是一个发展的契机与优势。

目前来看,国外本土的经济环境并不繁荣,一方面,这说明落后的经济环境一时会给公共体育服务对口支援行业带来挑战,即他们无法消费高额的公共体育服务产品。另一方面,国外的经济增长空间也十分巨大,这意味着公共体育服务对口支援行业的内部需求和这一行业的内在刺激能力存在着极大的发展空间。新政策的出台,其解决民生的处事方法给公共体育服务也带来了一道曙光。国内保障性住房业务的发展迅速,10年100万套保障性住房政策给公共体育服务业带来了新的机遇,这些民生住房的需求都极大地刺激了公共体育服务对口支援行业的蓬勃发展,由于国外市场对于住房的需求激增,在新政策的支撑下,政府和本土人民更有能力负担住房,因此,中国公共体育服务对口支援行业迎来了前所未有的发展空间。

目前,国外的社会环境稳定,治安和人民生活安定,整体的社会环境呈现出向前发展的趋势。这种稳定的环境对于公共体育服务对口支援行业的发展给予了很大的空间和平衡的条件。政府出台了大量关于民生方面的政策在很大程度上减轻了国外本土居民的生活压力,使得他们更有余力去买房、安家落户。这样一来,房地产行业的市场需求也会进一步扩张,稳定的社会环境、繁荣发展的民生经济都将一齐推动中国公共体育服务企业在国外的进一步发展。由于国外整体经济落后,因此,国外的中国公共体育服务企业在技术上的突破受到了很大的限制,国外的本土环境无法满足他们对于技术突破所必须的要求。因此,公共体育服务企业的发展受到了极大的技术限制。在一些技术专利支撑上,本土的国外公共体育服务无法提供很好的技术支撑,因此,中国公共体育服务企业首先缺乏软技术的支撑。虽然中国公共体育服务企业在国外拥有自己的技术团队,但是由于本土的一些材料的缺乏,使得技术所需的成本陡然扩张,因此,前期不得不靠缩减技术成本来达到整体施工目的。综上,中国公共体育服务企业在国外面临着双重技术挑战和问题。

从供应商的角度来看，目前，公共体育服务对口支援国外供应商所在行业的集中化程度偏高，产品的标准化程度却并不高。但供应商提供的产品对企业产品质量的影响却是极大的，因此，他们处于一个公共体育服务对口支援卖方市场的地位，在讨价还价上占有优势。由于国外的公共体育服务对口支援供应商占据了本土的材料市场，我国公共体育服务企业如果想要获取更低价的原材料，必须花费更多的运输成本，因此，国外本土的供应商具有极大的讨价还价的能力和绝对的主导权，对于我国公共体育服务对口支援行业发展十分不利。

公共体育服务对口支援购买者和供应商一样，是对行业收益的重要威胁之一。国外的买方或所有者要么对中标价格进行降价，或者是要求服务的质量和数量不断提升。为达到这一点，他们可能使多个不同背景的总包方互相竞争，或者将标段拆分得很细，每个标段由一家企业承包。公共体育服务对口支援建设的购买者一般可以归为政府客户或私人客户，购买者的购买行为与这种分类方法一般是不相关的。由于甲方多为政府，政府为维护本土发展，只能给予我国公共体育服务对口支援企业一些分包合同，购买者能够强行压低价格，或要求更高的质量或更多的服务。他们在与本土及我国公共体育服务企业博弈的过程中，引发了我国企业与本土企业的激烈竞争，极大地压低了我国公共体育服务企业的产品价格。国有公共体育服务企业在国外的潜在新进入威胁主要还是中国的私人企业。这些私人企业在很多中小型项目上更加灵活，比如，和国外本地企业建立联营公司，直接承接政府项目；资金出境更加灵活；决策程序简单直接等，都可以更好地与当地市场接轨，也容易承接到更多种类的项目。这一类私人企业对于国有企业的威胁在市场实际竞争中已然十分明显。目前我国公共体育服务企业在国外的潜在替代品威胁主要为日本、韩国及法国等公共体育服务强国的一些企业和公司。多年前，很多日本、韩国及法国等国家的大型公共体育服务企业已经在国外市场有了一定的基础，但由于前10年国外的经济增长缓慢，行业开始衰退，他们逐步退出了国外市场。他们在核心技术及管理成熟体系上有些要远远优于我们，因此更能获得本土市场的青睐与支持，未来将会形成了不小的威胁。

目前，国外公共体育服务对口支援行业内现有的竞争对手主要是本地的公共体育服务企业。我国的公共体育服务企业在国外有两类本地竞争对手。第一类是本地大型上市公共体育服务公司，这一类公司有着雄厚的本地融资能力及与政府及私人发展商的深厚关系。很多大型中国公共体育服务企业来到国外，起步阶段由于自身经验不足且没有太多的业务联系网络，也是从做这类公共体育服务企业的分包开始。所以不管是资金实力、技术能力还是当地口碑，都是中国国有公共体育服务企业的直接竞争对手。比如，国外几乎所有地铁等市政项目都由这类本地企业所承接，而中国企业在这些项目里也只是承担着分包的角色。同样随着"一带一路"不断深入国外市场，例如，东海岸铁路工程虽是大型国有中资承建，但部分标段依然由此类公司承接。另一类是小型家族式的公共体育服务公司，这一类公司有着其他公司无可比拟的成本优势。由于是家族式管理，其管理模式较为简单直接，因此节省了很多烦琐的管理成本，这直接体现了价格优势；此类公司的很多公共体育服务机械及其他固定资产由于常年的摊分，在项目成本计算时也直接变成了成本优势。这样在面对中小型项目时，其价格优势是中国的公共体育服务企业无法比拟的。虽然其技术及资金实力并不能和中国的公共体育服务企业相比拟，但其不追求迅速扩展的经营模式，依然得到了很多本地私人业主的青睐。

三、建立公共体育服务对口支援工作的交流平台

地区的经济发展有先后之分，公共体育服务对口支援工作的工作经验也同样有强弱之别。当前情况下的对口支援工作往往都是各支援地对受援助地区单独进行支援，彼此之间的先进经验和在对口支援工作中遇到的困难等没有得到有效交流。通过建立信息交流平台，各支援地分享彼此之间的先进经验，可以有效地解决在对口支援工作中遇到的各种问题。促进受援助地的公共体育服务对口支援工作顺利进行的同时，也能学习其他地方的先进经验，对支援方公共体育服务建设提供一定的借鉴。

公共体育服务对口支援的工作交流的基础是文化。公共体育服务对口支援企业文化对于一个地区而言，是企业在特定的条件下，在生产经营和管理活动中所产生的具有企业自身特色的精神财富和物质形态。公共体育服务对口支援企业在经营发展的过程中给予企业发展无限的支持与动力，其核心的企业精神与价值观也始终影响着员工的价值观，帮助公共体育服务对口支援员工在经营活动中树立正确的职业道德观念。中国国有公共体育服务企业在海外发展的过程中，秉持着自身的企业文化理念的同时，也在发展中逐步与海外市场相结合，形成独具自身特色的企业文化理念。

从企业文化的角度来看，公共体育服务对口支援企业，即中冶海外国外公司的企业文化主要包括以下三个方面：一是"上善至诚"，这一点包含两层含义，分别是上善若水、至真至诚，强调最高境界的善行就像水的品性一样，泽被万物而不争名利。二是"正直包容"，包含了诚信、严谨、忠诚、和谐等

多层含义，是指企业管理者和员工做人品行端正之外，还应有容人之德、厚道之品和善良之心。三是"感恩奉献"，是指企业所获得一切成就都是客户、员工和社会赐予的，我们应心存感激，用感恩的心态对待一切，因为感恩，才要倾力奉献，奉献于社会，奉献于人类，实现企业的价值。中冶海外公司的战略总目标是按照集团的战略规划目标，力争把中冶海外打造成以"四梁八柱"为支柱产业、按照国际化标准运作的"公共体育服务对口支援的国际级工程管理与服务公司"。逐步实现由"EPC工程总包"到"国际级EPC工程管理与服务"的转变，区域布局方面，实现印度、印尼、马来西亚、越南、泰国、土耳其、关岛、柬埔寨等传统市场的跨越式联动发展；实现非洲、俄罗斯、中亚、美国等其他国家或地区及国内市场开发的重大突破。努力实现"一年迈一步，三年跨大步"，使中冶海外成为集团开拓国际市场的领军人物，最终成为"公共体育服务对口支援的国际级工程管理与服务公司"。

北京城建国外公司的企业核心价值理念——"创新 激情 诚信 担当 感恩"；企业愿景是"企业强大 职工幸福"；企业精神是"同心图治 唯实创新 追求卓越"；企业宗旨是"重信兴利 服务社会"；企业作风是团结拼搏、令行禁止、严谨求是、艰苦奋斗。在质量方针的构建上，该企业强调要营造健康环境，创建精美工程，提供满意服务。企业用人导向则是忠诚企业，市场检验，敢于担当，群众拥护，清正廉洁。战略路径为做强总部，做大资本。并持续推进产业链协同发展，构建千亿级企业集团。其战略定位是成为国内领先的城市公共服务建设综合服务商。北京城建国外公司由北京城建集团全资控股。中建国外公司的责任理念强调以"为利益相关方拓展充满幸福感的发展空间"为己任，确立企业使命、愿景、核心价值观和企业精神，并作为公司在处理与客户、员工、股东、社区等利益相关方的关系时，信奉和秉承的最基本的原则与理念。其责任文化、重视文化，与品牌共生一体，享誉全球的品牌必然有文化做支撑。企业围绕"拓展幸福空间"使命和"品质保障，价值创造"核心价值观，以《中建信条》《十典九章》为载体，从"责任植根于文化、文化引导责任"的观点出发，构建企业责任文化。

中建国外公司将责任与管理、日常业务、员工工作相结合，形成以文化为主导的社会责任模式。关于责任体系，其结合公司的整体社会责任的工作计划，以及在公司所有领域和社会责任的工作系统，进而确立了由公司的高级管理人员和部门负责人组成的社会责任委员会。社会责任委员会主要负责制订社会责任工作计划和管理体系，组织社会责任实践，以及与外国事务责任的相关工作，负责编写和公开可持续发展报告。中建国外公司由中国公共体育服务集团有限公司全资控股。

浙建国外公司的企业愿景是成为国际化的公共体育服务投资运营商，并将"求是敬业，合力创业"作为企业精神。"敬业、守信、建优、筑福"是企业核心价值观。浙建国外公司由浙建集团全资控股。

对以上四个中国公共体育服务企业的企业文化内容进行分析，其企业文化的内容非常明确，并且都带有浓厚的企业文化色彩。不论是企业的使命、愿景、精神还是核心价值观，四个公共体育服务企业都各有自己的风格，并且社会责任意识十分突出。

在公共体育服务对口支援建设中，品牌资源是一个公共体育服务对口支援企业能够建立和巩固品牌权益、品牌形象的重要手段。对于公共体育服务对口支援企业来说，一方面，品牌资源直接关系到品牌和客户群体之间的互动，能够直接影响到客户对于品牌本身的感受；另一方面，品牌资源也影响着客户对于品牌的认知和品牌的看法。中国四个公共体育服务企业都十分重视品牌资源的有效利用，并将其视为具有长期优势的战略性资源。这四家公共体育服务企业都属于其集团公司的下属企业，也就是子公司。在这四家公共体育服务企业发展的过程中，都十分重视对于品牌形象的建立，以及公共体育服务对口支援的工程质量的提升。在这四家公共体育服务企业的长期品牌形象塑造的努力下，在国外有着一定程度的优良口碑和较强的品牌影响力。四家公共体育服务企业的品牌资源对于其本身来说，都具有独特的自身优势。人力资源是公司的核心竞争力之一保持一定的人力资源数量，对于企业扩大经营规模、提高劳动生产效率、增强核心竞争力都是不可或缺的先决条件。充足的人力资源和专业技术队伍的支持，能有效帮助国有公共体育服务企业在海外市场迅速发展起来，并逐步壮大。对于中国公共体育服务而言，最能体现竞争优势的一个方面就是拥有一大批忠诚于企业、忠于事业、坚信团队利益高于个人利益，能够自我约束、自我激励和自我发展的懂技术、会管理、擅营销的人才团队。人力资源从数量和质量上支撑着公司规划目标的落地，建设一支总量适当、结构优化、素质优良、布局合理的人才队伍。

中建国外公司实行全集团统一职级体系，建立四大人才通道（管理、专业、顾问及操作），为员工提供多重职业发展路径，并通过22个专业序列任职资格，建立中建人才标准，形成培养专业精英和大国工匠的机制，激励人才的科学发展。在子企业深入推进以"海之子""星青年""浪潮"等为代表的青年人才培养工程，为企业持续注入发展的强大动力。保持人均创效的行业领先地位，促进中国公共体育服务提质增效、转型升级。进一步壮大高端人才队伍、领导人员、项目经理、勘察设计、科技研发、商务法务、投资运营、高技能人才等 7 类核心人才占比达到 25%。实现院士新增 1 人,全国工程勘察设计师新增 2 人,省级工程勘察设计师和专家新增 10 人,公司专家及首席专家核心人才达到 50 人。进一步提高人才素质,促进人才结构分布与业务发展相匹配,各业务板块人均创效指标保持并加大行业领先优势。因此,完全调动他们的热情和经营者的热情,明确公司的整体目标,加强团结是非常重要的。在以目标为指向的人力资源管理中,总是会强调管理的合理性和科学性。除了员工参与的主要决策和集团谈判之外,参与型管理还将焦点放在员工作业、劳资关系及企业经营方针上。员工的提案、参与决策、员工持有股份在内的参与体现了员工参与权的完善性。参加者中有品质管理小组和利益分配代表等。团体交涉及团体劳动咨询委员会代表等由集体参与。在参加的性质方面,有直接参与的工作小组和员工提案系统。间接参与集团咨询和工作生活品质委员会。企业员工参与多层次、多元化的经营。员工参与反映了现代人力资源管理的趋势,也是企业有效地联合和激励战略。与国内企业相比,跨国企业在国际事务中的人力资源管理稍微有些烦琐。国有化的运营人员必须具备在中国从事企业管理的一般管理能力,同时具备在特殊环境下工作的相应素养,国际管理人才选择渠道也需要包括在评价标准中。因此,录用精英变得相对困难。

另外 3 个公共体育服务企业,即中冶海外国外公司、北京城建国外公司和浙建国外公司,对于这 3 家公司来说,人力资源是"拥有短期竞争优势的战略资源"。3 家企业的人事结构相对完善,也建立了有效降低员工离职率,以及较为完善的人员培训机制。同时还拥有若干名硕士以上的员工、注册的一流建设技术人员、注册造价师等技术人员。虽然公司在人才上仍有一定数量的欠缺。但是其他企业可以通过引进、培训或其他方法来吸引人才聚集。财务资源是指企业所拥有的资本,和企业在经营过程中所筹集和使用资本时所形成的财务专用性资产。财务资源直接决定企业发展的资金流动,经营活动中是否能有足够的资金作为支撑。4 家公共体育服务企业在发展过程中,其财务资源一直属于"一般性的资源"。虽然 4 家公司的经济效益不错,也一直受到集团公司经济上的大力支持,但其企业的财务资源还不足以成为能为企业带来独特优势的有利竞争优势,始终缺乏一定程度的唯一性。在新的合同模型中,承包商需要提供从设计、采购到建设、管理、运用的所有服务。因此,充足的资金和强大的资金筹措能力可以有效帮助企业获得项目。部分发达国家的大规模承包商在贷款能力和出口信用等方面得到了政府的支援,处于可以竞争的地位。中国工程承包企业融资能力普遍较弱,阻碍了中国企业在大型国际项目中的深度

第六章 创新驱动发展下公共体育服务对口支援机制探索

发展。

针对公共体育服务对口支援的企业的技术及组织运营能力,本书主要从技术运营、人力资源运营这两大方面进行研究。在技术资源方面,由北京城建国外公司建造的国外客家饭店工程项目,这个项目在2014年吉隆坡的安全及文明管理的年度检查中荣获"吉隆坡安全文明管理TOP1"。并且这一项目被地方政府在全马安全文明公共体育服务企业TOP10直接推荐。在之后的评选中被评为"国外安全文明管理TOP3"的名誉称号。对于上述4家建设企业来说,技术资源也是"具备短期竞争优势的战略资源",4家建设企业拥有全面的资格证书,拥有多个一级资格证书,为公司提供各种各样的项目施工条件。企业研发项目成果所获得的科技奖非常丰富,这在一定程度上也反映了企业强大的科研力量。在人力资源方面,中冶海外积极推进强化人才企业的战略,努力构建重组的人力资源国际平台。鼓励公司海外机构遵循本地化管理,最大限度地利用本地人才。以中冶海外马来公司为例,中冶海外马来公司有248名员工,其中153人是当地华人,77人是当地人,17人是印度人,1人是其他民族。这完全反映了中冶海外马来公司在人才本土化战略上取得了相应的成功。除了人才的本地化之外,中冶海外业务的另一个方面是构建本地化平台。成立之初,中冶海外设定了"国际项目管理及服务公司"的目标。中冶海外通过在本地项目设立分公司、办公室和其他商业组织,进一步推进本土化,要求在本地进行长期开发。关于公共体育服务对口支援建设的人才战略,中建南洋国外公司在人才策略上固本培元,系统性地平衡公司和员工共同的发展诉求。从公共体育服务对口支援专业管理的角度来看,需要加强高素质人才的基础建设,以构建公共体育服务对口支援体系和文化为出发点,促进优化内部控制管理,加强、保证和促进人才梯队的建设。该公司通过系统化地员工招募和培养,为企业健康持续发展提供内在驱动和保障;对员工的成长和发展给予充分的关注,确保员工能力不断得到提升,以满足公司业务发展需要和员工潜在需求。

优势:第一,专业经验丰富。4家公共体育服务企业虽然是所属集团的子公司,但凭借其在业内发展的多年积累的经验,取得了许多优秀业绩。2014年9月20日,国外职业安全与健康协会(MOSHPA)在吉隆坡Tropicana公寓及办公楼项目部安全管理工作中授予中冶海外国外公司"高层公共体育服务建设类职业安全与健康金奖"。第二,技术能力过硬:4家公共体育服务企业在业内获得多项技术能力方面的相关荣誉资质。过硬的专业技能是帮助企业在国际市场上竞争的主要优势之一。例如,世界上有数千个水力发电站。中国的工程企业可以在非常严格的期限内完成高品质水力发电站的建设。中国的工程企业通常会慎重选择容易转移到本地产业的技术和方法。最初，大部分中国承包商都选择了非洲的公共体育服务公司比较容易学会的较低水平的技术。现在，越来越多的中国承包商正在使用更高水平的方法、技术和更便宜的机器。这些机器的使用方法更容易被当地公司所掌握。第三，企业文化深入人心：4家公共体育服务企业注重企业文化的建设，员工的企业认同度很高，对公司的海外发展也很有信心。

劣势：第一，公共体育服务对口支援市场布局缺乏重点：在市场布局方面，4家公共体育服务企业缺乏一定程度上的发展重点。除此之外，在资源配置上缺少相应的有效性，出现资源的浪费。在经营上也没有很好地对自身优势进行相应的利用，市场本身的开发力度少。也就是说，4家公共体育服务企业缺少区域上的优势，并且专业人员配备不足。第二，专业人员匮乏：一家公共体育服务企业在发展进程中，尽管其专业人员一直在增加，但是其数量仍旧与海外的业务开展不适配。尤其在商务和法务方面，更是缺少专业型人才。例如国际项目管理经验丰富的管理人员，以及融资方面的专业人员都比较稀缺。第三，管理协调能力不足：受到诸多方面的综合影响，企业的管理协调能力不足。企业在国际市场的经验不足，因此，海外分支结构、项目部门的管理及决策是比较不成熟的。海外事业的决策是非常集中的，而且海外的机构和部门之间的分工不明确这些因素在一定程度上限制了海外机构的增长能力。第四，产业结构单一：目前阶段只依赖于传统的公共体育服务业，进入市场的方式也比较单一，即对外援助和与中国企业的合作。因此，4家建设企业的实际市场风险控制能力较弱。

机会：第一，公共体育服务对口支援建设上国家政策利好。受"走出去"、"一带一路"倡议的影响，现阶段各种类型的国内企业都开始走出国门，在国外寻求发展机会。在国家政策的大力支持下，国内企业在海外的业务得到了极大程度的政策支持。部分省级商务厅从资本和政策角度出发，加大了对企业的支持，充分扶持中国企业向海外市场不断发展。第二，地区经济飞速发展。东南亚地区现阶段正处在经济飞速提升的关键时期。各个国家在经济上都取得了飞速的发展，居民的生活水平也得到了相应的提升改善，社会保障制度也越来越完善。第三，公共体育服务中国标准受到认可。随着中国公共体育服务的蓬勃发展，中国公共体育服务标准越来越受到世界其他国家的认可与肯定，这为中国公共体育服务企业在海外的发展提供了强有力的支持与保障。与此同时，中国公共体育服务品牌的影响也帮助降低了企业在品牌宣传上的费用。第四，配套输出趋于完善。"走出去"不仅仅是公共体育服务业企业发展的大方向，而是中国国内很多行业及很多企业的发展方向。配套性的输出型产业促进了中国出口贸易的飞速增长，为中国在海外的发展提供了十足的保障。

威胁：第一，公共体育服务对口支援的国际竞争激烈。在海外市场的发展中，与国际性的公共体育服务企业竞争是不可回避的。但是面对拥有丰富的人力资源和项目经验的大型国际公共体育服务企业来说，中国公司面临着巨大的挑战。第二，国际政治不稳定。国际政治状况不像国内政治状况那么稳定，政治风险随时发生，极有可能会给企业带来致命的打击。在这一方面，寻找合理有效地规避政治风险的方法对公司来说是很大的考验。第三，中资企业竞争激烈。在很多海外市场，最终的竞争往往来自互相了解且没有明显竞争优势的中国企业。两者之间形成恶性竞争非常容易。在各国大使馆经参处的调整下，目前的中资企业竞争虽然有了改善，但依旧要注意。第四，汇率风险不可控。一方面，人民币的升值，使得中国的服务与国外市场相比更加昂贵，这给企业增加了一定程度上的成本。另一方面，项目的结算包含了当地货币的一部分或者全部，当地货币汇率的稳定性使公司要承担很大财务风险。

第二节 挖掘公众需求，有针对性地开展公共体育服务对口支援工作

重视公众需求，针对公众的切实需要，有针对性地开展公共体育服务对口支援工作。需要注意到，公共体育服务是基于人民群众对于现代生活中的体育运动、体育健身需求的一种公共服务。其本身是经济生活水平发展到一定程度之后，社会公民所提出的一种主观诉求，因此，在推进公共体育服务，尤其是公共体育服务对口支援工作的过程中，必须重视公众的需求，急群众之所急，将公共体育服务工作落到实处，而不是一味地追求粗浅的基础设施建设，追求任务目标的达成，无视公众诉求。

一、注重受援助地的基本诉求

对口支援工作，是针对受援助地区具体缺失的情况，具有针对性的支援工作，保证地区范围内某一方面工作的健康发展，其落脚点在于受援助地区切实需要帮助的内容。当前情况下，由于受援助地区经济文化水平的影响，本身在对口支援中处于弱势地位，很多对口支援工作并没有深入受援助地区的基础需要，只是一味地通过基础设施建设，如一个地区要有多少篮球场、足球场、

羽毛球馆、乒乓球台等，没有切实调查研究受援助地区的具体需求，不能很好地完成公共体育服务对口支援工作，因此，必须重视受援助地区的基本诉求，针对群众诉求，做具有针对性的、基于科学研究后的支援方式。

二、注重弱势群体的公共体育服务诉求

公共体育服务对口支援工作，不仅仅只是发达地区对欠发达地区的帮扶工作，在一些公共体育服务体系完善的地区，也同样存在着公共体育服务不均衡发展的情况。那就是一些地区虽然建立了完善的公共体育服务设施体系，但大多数都是针对正常的人群设立的，忽视了一些弱势群体同样有享受公共体育服务的需要。公共体育服务的内涵就是使每一个居民，不论性别、年龄、收入、文化水平等任何基础情况的差异，都有平等享受公共体育服务的权利。然而，一些特殊人群，如残疾人、行动不便的老年人和幼儿等，由于身体构造方面的不便捷，无法正常使用一些体育运动器材，他们对于公共体育服务的诉求也十分严格。在对口支援工作中，很多部门和个人都只注意到了正常情况下公共体育服务设施的建立，而忽视了这些特殊人群的体育运动的需要，需要对他们的情况和需求进行统计分析之后，做有针对性的工作完善，促进社会公平，保障这一部分特殊人群享受公共体育服务的权利。

第三节 拓宽支援渠道，开展多元化的公共体育服务对口支援方式

一直以来，我国的公共体育服务对口支援工作，都是以依靠政府力量为主导，在进行对口支援工作的过程中，政府职能占据了大部分，对其他社会力量动员和协同的力量有所不足，需要转变当前的政府职能，构建服务型政府，拓宽对口支援的渠道，开展多元化的公共体育服务对口支援模式。

一、提高多元主体的参与力度

通过对一些欧美国家公共体育服务均等化的研究发现，这些国家在推动公共体育服务发展的时候，都积极使用了社会力量的参与。如今，我国的经济水平已经发展到相对较高的水平，公民和企业的社会公平意识不断提高，为号召社会力量参与公共体育服务对口支援工作提供了必要的社会条件。因此，要积极发挥社会公众力量，提高多元主体在公共体育服务对口支援工作中的参

与度。一方面，要广泛动员和鼓励社会力量，大力宣传，积极号召各社会企业、爱心人士、公益基金及和体育相关产业的社会主体，如利用运动明星的号召力、社会公益基金的爱心活动、教育事业中有关体育教育的活动等，号召更多的主体参与到对口支援活动中来。另一方面，发挥政府的职能优势，针对这些社会企业、社会人士，提供相应的政策倾斜，如通过降低税收、产业补贴、政府采购等方式，促进一些体育产品相关产业的发展，积极为公共体育服务对口支援工作尽一分力，诱之以利，通过实际的利益，提高这些相关企业的参与力度。

二、拓宽公共体育服务对口支援的渠道

在当前的公共体育服务对口支援工作中，支援形式和方式较为单一，总体都是以政府为主导的与政府相关部门和事业单位进行对口支援工作，其他不论是爱心企业、公益基金会还是一些社会爱心人士，面对对口支援工作往往是有心无力，没有渠道，从而极大地打击了他们的帮扶积极性。可以通过扩大渠道，减少政府部门在对口支援工作中的诸多限制，提倡用多种形式参与到对口支援工作中，如通过网络信息技术、利用网络直播、网络授课、网络捐款、云教材辅导、云数据分析等手段，利用线上线下相结合的方式，为受援助地区提供相应援助。

三、对口支援多元主体协同配合

虽然公共体育服务离不开社会力量的帮助，多元主体的共同发力，对于公共体育服务对口支援工作也有着重要作用，但这一切也需要在政府部门的相关引导下进行。形成以政府力量为主导，其他主体力量协同并进的局面，积极发挥政府职能，对社会力量进行引导，而不是让社会力量信马由缰。只有在政府力量的引导下，多元主体协同并进，才能将力往一处使，积极鼓励推动公共体育服务体系建设。

四、转变资源支援方式

在我国的对口支援工作中，大多数情况下，都是通过资源丰富的地区向资源不足的地区输入的方式来推动地区发展，促进区域平衡的。这种对口支援方式固然有其作用，但从短期时间来看，无法满足公共体育服务均等化发展的需要，因此需要转变思想，提高资源的利用效率。当前正是共享经济蓬勃发展的时候，从共享经济的发展中我们发现，一些资源在一定情况下是可以共享

的，公共体育服务资源本身就是一种公共资源，天生具有共享的属性，因此，我们可以通过转变资源支援的方式来平衡区域内公共体育服务不均衡的情况。比如，中小学拥有完好的体育资源，在周末不上学的时候，封闭的学校将这些体育资源都白白浪费了，而周末又正好是人们休息健身的时间，所以通过资源共享的方式，可以在周末将中小学的体育资源面向社会人士开放，从而在一定程度上缓解了由于资源不足导致的公共体育服务发展不均衡的局面。面对受援助地区的公共体育服务设施不足的情况，也可以针对当地的具体情况进行分析，利用资源共享的模式，在短时间内，缓解公共体育服务资源不足的压力。

第四节　加强产业联合，打造公共体育服务线性产业

对口支援工作，其根本目的是促进当地相关工作的开展，公共体育服务对口支援工作也是如此，因此，要促进受援助地区的公共体育服务事业发展，必须加强产业联合，促进当地体育事业发展，打造公共体育服务线性产业。促使受援助地区由原本的"外援型""输血型"的发展方式，转化为"内生型""造血型"发展模式。

一、受援地树立发展意识

在传统的对口支援工作中，受援助地区由于常年接受外部援助，发展需要大力依靠外部资源，从而导致自身发展能力不足，从而影响当地的公共体育服务体系发展。首先，受援助地区必须树立发展意识，意识到只有属于自己的，才能让自己发展起来，在接受外部援助的同时，积极学习外部的先进经验，谋求发展，以自身的特色与能力为基础，以外部扶持和资源为机遇，树立危机意识，发展本土产业，促进地区各项产业的发展，从原本依靠外界资源发展转变的"输血型"发展为能够自给自足的"造血型"发展。

二、提高受援地的决策地位

在对口支援工作中，受援助地区与支援方的地位往往是不平等的，支援方由于拥有先进的经验技术和各种资源优势，往往在对口支援工作中占据主导地位，忽视了受援助地区的发展，最终还是要依靠受援助地区。由于地区经济环境、文化风俗、交通条件、历史因素等各个方面的问题存在较大的差异，其他地区的先进经验不一定适用于受援助地区，受援方作为受援助地区的主体，

对于本地的相关情况比较了解。因此，在对口支援工作中，应该具有一定的决策权力，而不是一味地听从支援方的意见，将支援方的决策当作圣旨。在对口支援工作中，支援方要注意尊重受支援方的意见，受支援方也要大胆提出自己的决策意见，在双方互为平等、合作共赢的基础上，对当地公共体育服务发展提出正确的决策意见。

三、加强产业合作，培养受援方发展能力

受援地区的公共体育服务发展基础薄弱，不仅仅是当地的公共体育服务体系基础的薄弱，同时也是由于相关的经济基础薄弱，没有系统的公共体育服务产业的缘故，导致公共体育服务成为无本之木、无源之水，只能不断依靠外部资源的注入帮扶，从而难以起到良好的成效。因此，在进行公共体育服务对口支援工作的时候，需要注意加强培养受援助地区公共体育服务产业的发展，通过支援地区和受援地区的产业合作，加速受援助地区公共体育产业的发展，从而影响受援助地区整体公共体育服务事业的发展，从"授人以鱼"转变为"授人以渔"，提高受支援方的发展能力，从而能够自主发展当地的公共体育服务产业，使公共体育服务对口支援工作落到实处。

四、充分利用本地资源推动产业发展

我国地大物博，各地区的经济发展水平虽然有强弱之分，但各地的文化特色风貌却各具特色，在公共体育服务对口支援工作开展的时候，各地区应该结合自身特色，利用自身优势，投入到与外界的产业合作中去，如云南、贵州等地的对口支援工作中，可以积极利用自身在橡胶、木材等资源方面的优势，为相关的体育产业提供产品生产的原材料，吸引投资方在当地投资建厂，建立自身的体育产品相关产业。其他地区，也可以通过类似的方式，发展本地区的公共体育服务事业，走具有当地特色和发展潜力的发展路线。

根据前文所述，中冶海外国外公司虽然有着丰富的专业经验、过硬的技术能力及较高的本地化管理，但是其管理协调机制相对僵化、产业结构单一、风险抵御能力低等劣势限制了其进一步发展。由此看来，中冶国外公司在海外发展战略的选择上尤其要注重管理协调能力、产业结构和风险抵御能力的问题。因此，中冶国外公司在借鉴国内丰富的建设专业经验的基础上，在竞标阶段做好相关的良好的合同分析，从而避免不必要的风险。为了加强和中国企业的合作，在接受政府调控的同时，减少不必要的竞争，深入对主要市场的彻底开发，开发相关的辅助产业。在主要市场形成产业链，让市场变得更强大、更

细化。加强与中国企业的合作程度,向更优秀的企业学习更先进的海外管理系统。强化自身优势资源,优化市场布局;抓住海外稳定的有发展的市场,如东南亚市场,依靠国家政策占领市场;增强人员技术能力要优化产业结构,在传统公共体育服务业占领市场的同时,发展与公共体育服务相关的其他产业作为一定的补充;管理协调机制适时优化升级。要优化人才配置,依靠更加开放、人性化的政策吸引人才并留住人才。所以中冶海外国外公司的战略目标应该加强内部管理,与同业中资加强合作,发挥联动效应,做一个综合性的公共体育服务服务平台。

根据前述,北京城建集团国外公司虽然有着丰富的专业经验、过硬的技术能力及很好的市场格局,但由于其市场布局重点不明确、海外专业人士匮乏等限制了其进一步发展。在发展战略的选择上,北京城建集团国外公司应从市场规划布局的角度出发,强化公司人才建设。北京城建集团国外公司需强化自身专业优势;拓展企业在海外的发展格局;和其他行业捆绑"走出去"。放弃一些市场前景并不好的市场,将比较有限的专业人员用在更加有发展前景的市场;加大海外市场优秀人才的资源配置;强化海外公司的企业文化。公司要依靠国内丰富的公共体育服务专业经验,在投标阶段做好合同分析,尽量避免不必要的风险;加强和中资公司在国内的接洽合作,依靠政府调节力量,避免恶性竞争。所以北京城建国外公司的战略目标应该加强内部文化建设,提高团队运营能力,做一个高精专的公共体育服务商。

根据前述,中建南洋国外公司虽然有着丰富的专业经验、过硬的技术能力、很好的市场格局及先进的新加坡管理模式,但是其海外专业人士匮乏及产业结构单一、风险抵御能力低等劣势限制了其进一步发展。由此,中建南洋国外公司在海外发展战略的选择上,应从专业人才队伍建设、产业结构优化和风险抵御能力这三个方面入手。中建南洋国外公司需优化市场布局,重点发展以国外为核心的东南亚市场;抓住海外稳定的有发展的市场,如东南亚市场,依靠国家政策占领市场;在发展模式上多与国内其他企业沟通和其他行业企业捆绑"走出去"。国外由于历史传统和政治因素,存在着主体复杂的形势与现状,其复杂的产权纠葛问题导致供给主体一旦牵扯多方的产权所有问题,就容易变得极其复杂。因此,中建南洋国外公司在海外发展战略的选择时,可以将与海外政府的合作纳入研究重点,结合自身新加坡公司文化优势及网络联系,提升自我品牌优势。所以中建南洋国外公司的战略目标应该加强市场深挖能力,提升海外市场尤其是国外市场的占有率,做一个综合性的且具有西方先进管理系统的综合公共体育服务平台。

第六章 创新驱动发展下公共体育服务对口支援机制探索

根据前述,浙建国外公司虽然有着丰富的专业经验、注重企业文化及良好的英式公共体育服务合约管理能力,但是其市场布局重点不明确、海外专业人士匮乏及产业结构单一、风险抵御能力低等劣势限制了其进一步发展。浙建国外公司可以选择优势与机遇相结合的海外发展战略,通过对市场的优化,逐渐形成以国外为核心市场,以香港大业主发展市场的战略思路为核心,积极拓展本地市场业主合作领域,并建立与国外政府的联系。在此基础上对公司产业结构做一定的调整,以达到战略的实现。最终实现十年后海外市场成为公司的主要发展领域的目标,海外营业额占公司总营业额的70%以上。所以浙建国外公司的战略目标应该深耕国外及东南亚市场,提高团队经营能力,做一个高精专的公共体育服务商。

在对自身优缺点进行全面分析的基础上,结合企业面临的外部环境机遇和威胁,为中国的4家公共体育服务企业总结出了最适合拓展海外市场的战略。中冶海外国外公司的发展战略是,强化自身的优势资源,优化市场布局,改善人才队伍,进一步促进海外市场的发展。中建南洋国外公司的发展战略是加强与海外政府的合作,提高品牌优势,扩大海外市场。北京城建集团国外公司,需明确海外市场的布局,增加海外市场优秀人才的资源分配,强化海外企业的企业文化。浙建国外公司的发展战略是为以国外为核心市场,以大业主发展市场的战略思路为核心。4个公共体育服务企业的发展战略的共同特点是,加强海外市场的战略布局,促进海外市场的发展,优化人才队伍建设。从特殊性角度来看,4家公共体育服务企业,特别是战略的个性和适当性,选择发展战略对企业决定未来的开发方向,有效利用企业资源,防止资源浪费带来的非效率性,可对促进企业健康、稳定、可持续发展起到重要作用。中国公共体育服务企业在国外的发展过程中,应始终秉持着树立中国公共体育服务企业品牌形象,打造创新型公共体育服务企业为总体指导思想。中国公共体育服务企业在实施战略发展过程中,可以通过下文阐述的4个方面来实施。其中打造新的战略资源、增加设备管理考核指标、重视品牌宣传这3个方面需要公共体育服务企业从自身发展角度出发,结合自身实际,来进行相应的创新升级。

第一,提升资质水平,完善技术中心。首先,大力提高企业的自主创新能力,掌握公共体育服务施工核心技术。公司的科学技术水平和研发能力在中国西部同行业中处于优势地位。为反映企业良好的建设管理能力和技术水平,需要努力获得近年来的省级科学技术进步奖和国家科学技术进步奖。其次,提升管理创新能力。在公共体育服务业新型管理模式不断出现的情形下,公共体育服务企业也要应时而变,加快管理体制创新升级的步伐。时刻关注国内外的市场环境变化,积极做出相应的改革调整。企业在进行创新改进的同时,也要以企业自身的实际发展情况为基础,与发展的要求相符合。企业管理层则要加强对观念的创新,企业组织结构要时刻跟上创新的脚步,企业的体制也要适时创新。最后,持续开展质量创优。公共体育服务企业要时刻注重工程质量的创优,结合工作实际,提升产品的质量标准要求。在发展过程中,不断创新质量优化的思路。创新改革企业的工程质量,在策划和控制过程中,实现工程质量的优化。对于企业而言,要加强对工程质量的监管工作,完善相关规定,落实到具体工作之中,进而促进自身工程质量水平的提升。

第二,在资金项目管理的基础上,有必要考虑详细的预算管理。项目的预算尽量控制在合理的范围内,并通过定期反馈和预警机制来对经费预算进行合理的控制,开发经费预算管理系统并设置经费管理预警功能。通过市场调研和商业分析,将管理的价格和费用进行精细化控制,预算的调整和增加都能严谨,使预算严密化。在强化内部管理期间,有必要严格管理费用的支出。为了不断强化企业的竞争力,需要对企业内部管理进行相应的完善。最重要的是,加强企业财务成本管理,降低项目成本,提升项目利润。对采购成本进行严格管控。建议企业与供应商签署战略合作协议,并以此来达到降低采购成本的目的,进而实现战略采购所需材料的统一标准化管理。以办公室节约为起点,根据合理产生和经济实用的原则,严格管理不影响生产和使用的费用。防范BT、BOT建设模式的风险。政府是否在支付期限内回购款是BT项目最大的风险。管理水平、GDP、GDP增长率、本级财政一般预算总收入、本级财政可支配收入、建设性支出比例及本级财政负债率等多方面信息进行政府信用方面的评价。通过管理模式之间的项目制约,引进外部管理咨询机构、代理机构,降低项目建设风险,增加补救措施,以补偿由于外部不可预测因素和所有者对项目的日程和方案的更改而导致的损失。

第三,采用设备租赁,降低设备购买成本,提高设备使用效率。企业也可以增加设备管理考核指标,完善考核指标体系。在积极促进企业对设备的使用和维护的同时,提升设备的利用率。企业在优化资源配置的同时,也可以将对设备考核纳入日常的管理评价体系之中。这个评价指标的值是企业建设行业的输出值和企业建设设备的实际价值的比率。其目的是尽可能地早日实现设备资源分配模式的转换,促进杠杆效果的产生,最大限度地利用自我所有权对设备的投资减少,改善了设备的使用率,通过更少的投资,创造更多的利润。

第四,基于CIS识别系统,为了明确企业品牌的意义和品牌的定位,将品牌含义扎根于公司的所有层面。将企业品牌的含义作为出发点,以工程项目

第六章 创新驱动发展下公共体育服务对口支援机制探索

为对象,在项目中融入品牌理念,从设计到材质、性能及寿命上实现品牌理念的识别和品牌含义的融合。通过改善内部管理,将员工的行为作为基本指导标准进行规范化,以参与社会营销活动为展示平台,进而获得公司的认可。将视觉识别、企业理念、文化特性、服务内容、企业标准,以及其他抽象语意转换成具体的符号,并形成了自己特有的企业形象。有意识、有计划、有组织地打造"精品工程"。一方面,为了实现文明化建设,建设现场作为对外部显示的窗口;另一方面,从已完成的项目中选择几个有代表性的项目。采用文本、照片、多媒体等手段,以"高质量项目"的形式,将其作为企业的典型案例,重视企业品牌的宣传。企业实施的主要工程项目、主要的科学技术项目、国家奖、企业的核心价值等通过相关的媒体报告,强化普通人对公司优势的理解,进而提高公司品牌的人气和评价效果,提高顾客忠诚度。

企业文化是在特定条件下的生产、运营、管理活动中所产生的精神财富和物质形态。这包括企业愿景、文化概念、价值概念、企业精神、伦理、行为规范、历史传统、企业系统、文化环境、企业产品等。企业文化的核心是企业价值观。企业的社会责任在于促进企业为当地多做贡献。对企业制度的严格执行催生出了企业文化。制度上的强制或激励最终会促使集团产生特定的行动意识,从而构成企业文化。强化对该国的人力资源的培训和雇佣,为当地人员提供就业机会,遵守该国的法律和规制,适应当地的风俗和习惯。帮助该国的培训管理人员和技术人员也是在为企业的海外发展助力。严格把控项目对当地生态环境的影响,避免对当地生态环境造成不必要的损害。公共体育服务企业在加强自身的技术、组织管理等方面创新的同时,企业文化也要相应地与时俱进。随着时代的发展,不论是党的纲领和指导思想还是社会的新潮思想,都伴随着社会内外环境的变化,而作出了相应的改变。因此,企业在发展经济的同时,自身的企业文化也要不断地进行革新。企业文化是促进企业发展的战略核心要素,企业文化的内容也象征着整个企业自身的发展,承载着企业发展的历史。这就要求企业管理者从企业文化的现实出发,进行彻底的调查和研究,进而掌握企业文化现象中最直接的本质。从感性认识到理性认识,进行科学概括,并总结实务经验。时代需要创新,也是企业文化自身的内部要求。优秀的企业文化往往是在不断继承的过程中不断被革新。随着企业环境和国内及海外市场的变化,它将实现改革和发展,引领人们追求卓越、追求进步和创新。构建优秀的企业文化,可以刺激员工强化"自我约束意识",降低企业管理成本,为企业长期稳定发展做出贡献。在人力资源的战略研究上,中国跨国公共体育服务企业在人力资源方面,可以有效采用本土化策略。

第一，改善中国跨国企业的国际形象，提高国家的信任度是十分重要的。中国的跨国企业将利益设为追求的目标，容易引起东道国家的抵抗，并将中国的跨国企业作为国家利益的对抗者。导致中国的跨国企业的国际形象减弱，产生阻碍当地生产和事业活动的可能性。中国跨国企业的人才实施本地化策略，雇佣当地人才，大胆地利用当地的主要技术和管理人才。为当地的居民和公司寻找共同的利益，一方面，可以缓解当地就业压力的情况；另一方面，为当地政府培养具备一定经营管理才能的实战型人才的同时，也是在帮助我国企业在当地更好地发展。这样，中国企业不仅能让当地人获得实际利益，还能接收政府的相关支援。这样一来，东道国对中国跨国企业的信赖将会有效提高，中国跨国企业的国际评价也会提高。

第二，减少和缓解因文化差异引起的管理矛盾和效率低下问题是十分有益的。跨国企业采用"母国化"战略，将中国人派遣到海外进行商业管理和事业开发。因此，中国人在面对文化差异的时候会不自觉地感到不愉快，进而陷入困境。类似这样的案例，导致国际企业产生了很多损失。戴维·A. 利克斯认为："跨国企业几乎所有的失败都是文化差异的结果。"有人认为由于这些原因导致失败的比例为25%～40%，而人才当地化策略则能在很大程度上克服这方面的不足。东道国人承担管理责任，他们可以大幅度克服中国人在语言上的不足；还可以提高在东道国经营管理的效率和准确性，有助于形成东道国的经营管理方式。

第三，实施人才本土化战略降低成本，为中国的跨国企业带来利益的增长。在通常情况下，被派遣到外国的经理必须接受关于企业投资的知识和全面详细的培训。同时，这些外派员与国内的人员的待遇不同，他们享受着较高的补贴，并且也要支付往返中国和东道国之间的旅费。与国内企业管理人员的培训相比，增加了成本。一方面，公司在东道国直接雇用员工则有效免除了上述费用。另一方面，我们可以最大限度地利用东道国低支出的优势，以远少于中国工资水平但高于东道国工资水平的优势聘用高素质人才。

第四，这有助于中国跨国企业管理团队的相对稳定性。中国跨国企业的管理人员在国外工作的时候，由于文化差异和家属的不适应而引起的意识形态的不稳定，管理人员在东道国进行管理工作的时候可能会中途放弃。上述因素难免影响到管理人员的稳定性。聘用东道国的管理人员可以减轻这种不好的影响。同时，当地的高级管理人员善于吸收和消化基于当地文化和习惯的中国跨国企业的商业哲学，从各个层面凝聚当地员工。重要的是价值观的交流和共识。

4家公共体育服务企业应坚持"能量化的量化，不能量化的细化"的原则，并在此原则的指导下，业务规划按责任中心和时间进度分解成不同的指标加以考察。各部门和个人签署岗位责任书和目标任务书，将考核落实到细节。考核角度多视角、全方位，包括上级对下级的评定考核，平级之间、下级对上级的评议、部门之间互评。员工评议包括业绩、行为和潜力等方面。具体流程包括绩效审议、面谈沟通、肯定进步和提出改进、挖掘潜力等方面。管理者和员工之间的双向互动使他们之间形成了一个良性互动的团队。管理者和员工不再是管理与被管理的关系，而是利益共同体。他们不再为了各自的利益而各自努力，而是双向发力，朝着共同的利益而奋斗。管理层不再是分配任务的旁观者，他们会为了切身利益而指导员工的发展，为员工制订未来的发展规划，挖掘员工的未来发展潜力，提升员工的工作能力。员工也不再为蝇头小利而忽视长远利益，会在工作实践中提升自身能力，提高环境适应性，为团队共同利益和共同的目标而团结奋斗。体育公共服务对口支援部门的绩效管理不应该仅仅关注任务达成度等短期目标，应该关注企业的长远利益与发展前景；不仅要关注企业自身的发展，也要关注组成企业组织的员工的发展和能力的提升，坚持以人为本的绩效考评策略，为企业未来发展培养创新型人才。

组织的目的是实现组织战略，在影响企业组织设计的诸多因素中，企业战略是最具有决定性的因素，当企业战略发生变化时，组织结构必须调整。在上述原则的基础上，公司的发展与集团公司的长期发展息息相关，与行业的主要成功因素息息相关。因此，需要集团集中决策能力来为公司整体进行风险预判。另外，为了进行统一的决策，集团公司也需要进行有规模效果的标准化活动。尤其是集团总部，需要负责集团的品牌、战略、财务、研究开发及需要总体规划和调整的其他功能。因此，发挥子公司在市场的优势，最大限度地利用自身优势，迅速处理业务决策，将风险小、影响面窄的决策权下放到子公司，比如，市场宣传、渠道开发、营销网络和售后服务等。具体而言，在进行集团管理构架和产业模块重组时主要考虑了3个原则，具体内容如下，

首先，随着集团规模的扩大，风险管理逐渐成为集团管理的焦点。促进并形成有效的平衡和控制机制，通过过程分体化，不同部门在管理过程中的主要控制点来进行风险控制。

其次，流程的各个环节和不同的职能所需的技能不同，按职能和流程部门对集团进行优化的技能配置。

最后，按照客户需求导向设立运营中心，可以使下属企业定位得更清晰，有利于形成自己的核心竞争力。

第一层次是公司的顶尖管理层，这是保障公司整体发展战略制订的核心领导层。集团总部主要需要发挥战略管理、风险管理、运营调整、职能支持四个功能。第二层次是各个管理部门的总部，如根据人事管理、财务管理、信息管理等设置相对应的部门，并尽可能地按照功能和程序进行部门设立。设立对应部门等功能，同时考虑设立战略计划、项目开发、运用管理、体育公共服务对口支援部门的绩效管理等公司业务管理流程部门，进而满足集团整体运营管理和控制的需要。第三层次是集团下属的企业单位。建议从属企业根据以顾客为中心的操作中心模式来建立事业部运营中心。具体来说，可以根据建设行业客户的需求设立操作中心，包括项目咨询、基础设施投资、住宅建设承包、土木工程承包、项目运营等。每个操作中心负责相关业务的开发和运营，以及核心业务功能的强化。根据当地的条件，设立与各地区的各个操作中心相对应的下级企业，负责地区的市场开发。操作中心负责面向这些地区企业的综合管理及商务技术提供支持服务。企业核心竞争力的组成要素包括企业经济实力、国际化水平、政府干预度、投融资能力、基础设施、企业管理、企业技术战略、人力资源。因此，要想提高企业核心竞争力，就必须从它的组成要素上着手，发掘它的核心所在。

近年来，我国公共体育服务工程的新材料、新技术、新机械得到了新的开发建设和广泛应用，技术也在大幅进步，但许多公共体育服务技术还未达到国际水平。与发达国家相比，我国的很多工艺技术水平较低。一些复杂的工程也只有一般的工艺改善过程可以依靠。很多特殊的或特别的机器仍依赖于进口，比如，安装在大型桥梁上的盾构机或桥梁安装机。另外，因为依赖廉价劳动力，所以大型机器完全没有得到开发与推广。此外，中国建设企业的技术革新主要依赖于没有形成强大独立研发能力的科研机构和部分大学等外力，只有一小部分转化为生产力。针对一些对技术能力要求高的项目，我们没有足够的能力。我们应该与时俱进，追赶科学技术的发展。我们的企业需要增加研究开发的投资，获得更多的专利技术，提高设计能力，进行科学的工程设计和管理，增加机电产品和成套设备的出口。本书就中国4家公共体育服务企业在国外的发展进行了全面的分析，基于外部环境和内部资源优势的现状进行全面的比较，综合得出了中国国有公共体育服务企业在国外的发展战略：强化国有公共体育服务企业自身优势、加强人力资源分配的优化、加强与中资企业的深度合作、海外市场上的明确布局、明确自身的企业文化、加强企业开发的核心技术的研究，以及提升企业的品牌竞争力和影响力。此外，中国国有公共体育服务企业将新技术的吸收、创新、应用、概括和调整作为技术战略管理的重点。

同时，中国公共体育服务企业的技术革新不是企业自身的行为，而是与中国的公共体育服务企业的体制紧密相连的。因此，公共体育服务企业体制的改革加速了企业环境的优化，提高了企业技术创新投资，建立了风险资本投资系统，确立了科学技术的新创意，加强了人力资源管理理念是企业技术战略管理的最高水平的管理。

五、支援方要学会"放手"

在对口支援工作中，为了帮助受支援地区的产业发展，支援方往往在产业合作中提出了许多相应的优惠政策，帮助受支援地区相关产业的发展。这种模式在受支援地早期产业还没有发展起来的时候，对于受支援地产业发展有着极大的促进作用，但也容易养成依赖性，导致和其他的对口支援工作一样，在后期一味依赖于优惠政策的扶持，无法形成自主发展的能力。因此，在公共体育服务对口支援工作的过程中，需要针对受援助地区体育产业发展的具体情况进行评估，确定合理的退出机制，在受援助地区相关产业发展到一定的层次之后，要学会"放手"，让受支援地区自主发展，保证受支援地区自主发展能力的提高，促进受支援地区体育产业可持续发展。

第五节 优化资源配置，降低公共体育服务对口支援成本

对口支援政策有力地促进了区域经济的协调发展，是我国用来促进社会公平、平衡各区域不平衡发展的重要决策。对口支援本身的资源配置是有限的，如何让有限的资源发挥最大的作用，是对口支援工作中的重要影响因素，通过优化资源配置的方式，能够降低公共体育服务对口支援的成本，对缓解对口支援的有限投入与巨大需求之间的矛盾具有重要意义。

一、调整对口支援的方式

当前情况下，我国的对口支援方式总体呈现出以粗放型对口支援模式为主，在对口支援的过程中，通过以大规模人物力财力的投入方式，对受援助地区进行全方位的公共体育服务发展，在对口支援的工作中，极大地造成了资源的浪费，资源错配现象屡见不鲜，导致一些地方获得较多的支援资源，而一些地区却无法得到有效的支援，无法促进受援地区公共体育服务发展。

二、优化对口资源投入结构

在当前的公共体育服务对口支援工作中,现金流的投入是所有资源投入中占据比例最大的一种。通过大量的资金投入,固然能够提升一个地区公共体育基础设施建设。然而,很多地区由于自身的基础设施、基础产业不完善,获得大量的资金之后,也只能依托其他地区的产业市场,购买相应的物资。这样,一方面延长了资金使用流转的时间,不利于提高公共体育服务对口支援工作的工作效率;另一方面,由于各地相关政策的不同,受援助地区购买相应物资,在价格、交通运输方面都造成了一定程度的资金浪费,不利于节省有效的支援资金。因此,在进行资源投入的时候,支援方应该对资源投入结构进行一定的改造,通过各地区的实际情况,如江浙地区服装业发达,完全可以通过优质的体育服饰等取代资金,用更便宜的价格获取更多的物资,加强对有限资金的利用效率。

三、优化现有对口支援格局

我国对口支援工作已经进行了很长一段时间,也取得了相对良好的成效,一些地区在其他地区对口支援的帮扶下,已经基本脱离了原本资源稀缺、发展不平衡的状态,公共体育服务基本体系已经建立起来,并且也有了一定的自我发展能力。但由于长久以来对口支援的格局没有发生改变,这些受援助地区相对于支援方而言还有一定的差距,因此,也在不断地接受新的支援帮扶。结果就导致一些支援能力强的地区在帮助一些地区建立起相应的公共体育服务体系之后,还在继续帮扶这些地区,形成"穷帮穷""富帮富"的格局,极大地浪费了这些地区支援资源。应该对现有的格局进行优化改革,将支援能力强的地区与发展基础弱的地区进行匹配,发挥出最大的资源优势,推进公共体育服务均等化发展。

四、优化资源使用监督机制

对口支援的资金和物资来源,大部分源自政府的公共财政,是取之于民,用之于民的重要体现,小部分来自社会爱心群体和个人的支持。因此,在公共体育服务对口支援资源的使用情况上,应该加强优化资源监督机制,公开化、透明化,让每一个公民都能行使自身的监督权力,监督有限的支援资源能够用到实处。一方面,资源使用情况公开,能够获得公众的认可,提升人民对政府的信心;另一方面,通过对资源使用的监督,能够最大限度地避免资源使用违规、资源使用不合理情况的出现，确保每一笔资源都能用在公共体育服务体系建设上。最后，选择将公共体育服务对口支援资源使用情况进行公开，也是对公共体育服务对口支援工作的宣传，能够鼓励其他的社会组织和社会人士，加入对口支援工作中来，最大限度地鼓励社会力量，全面促进社会公平，促进公共体育服务均等化。

小结

本书通过对公共体育对口支援国内外研究现状进行研究，分析了当前情况下公共体育服务对口支援发展现状。发现当前情况下，我国对口支援运行机制的规模不断扩大，帮扶战略目标不断优化，相关项目不断精准化，形式多种多样，以政府引导为核心，以发达地区向欠发达地区的资源倾斜和受援助地区内部的资源平衡为主要方式不断发展，已经对我国公共体育服务均等化发展产生了一定的正面意义。

不过，在对口支援运行的过程中，也存在一定的问题，没有积极发挥社会力量，运用多元化主体力量促进对口支援工作的开展，在帮扶过程中，受援助方发展意识和主体地位缺失，缺乏必要的内生发展能力，没有形成良好的保障机制、利益协调机制和激励机制，不利于全面推进公共体育服务体系建设。

针对上述问题，提出了5个方面的解决办法，分别从信息平台建设，构建完善的保障机制；挖掘公众需求，提升受援助方的主体意识；扩宽援助渠道，积极鼓励社会力量参与对口支援工作；加强产业联合，促进受援助地区的体育产业发展，提高受援助地区自主发展的能力，从"输血型"发展转化为"造血型"发展；优化资源配置，对有限的援助资源进行全方位的资源优化，最大限度地发挥援助资源的作用，促进受援助地区公共体育服务对口支援工作的顺利进行。

通过查阅和研究大量的文献资料，本书虽然获得了一定的研究成果，但由于自身能力的不足，以及公共体育服务在我国发展的时间较晚，相对的对口支援工作还处于起步阶段，相关理论和研究资料还存在较大缺口，存在着一定的研究局限性，研究内容还有待进一步的发展提高。希望能够在后来的研究学习中不断进步，完善对相关内容的研究，为我国公共体育服务对口支援工作提供相应的理论支撑。

参考文献

[1] 吴金希. "创新"概念内涵的再思考及其启示[J]. 学习与探索, 2015(4).

[2] 郑烨. 创新驱动发展战略与科技创新支撑:概念辨析、关系厘清与实现路径[J]. 经济问题探索, 2017(12).

[3] 王玉民, 刘海波, 靳宗振, 等. 创新驱动发展战略的实施策略研究[J]. 中国软科学, 2016(4).

[4] 袁新锋, 张瑞林, 王飞, 等. 公共体育服务质量:概念界定与影响因素分析[J]. 天津体育学院学报, 2019, 34(3).

[5] 孙荣荣. 基于知识图谱的我国公共体育服务理论研究及其基本特征分析[D]. 山西师范大学, 2018.

[6] 彭萌, 田鑫, 洪海潇. 新时代我国体育公共服务体系发展策略研究[J]. 广州体育学院学报, 2020, 40(2).

[7] 杨富. 高等教育对口支援概念与机制研究[J]. 黑龙江教育(高教研究与评估), 2018(4).

[8] 刘昕晨, 刘文琴, 吴财聪, 等. 大型公立医院对口支援工作的实践与思考——以中山大学孙逸仙纪念医院为例[J]. 现代医院, 2020, 20(4).

[9] 郭名良. 对口支援出实招 健康发展见成效——国家体育总局对口支援崇义县工作纪实[J]. 老区建设, 2019(21).

[10] 陈德旭, 李福臻, 成向荣. 欧美发达国家公共体育服务体系建设的特征及启示[J]. 体育成人教育学刊, 2020, 36(1).

[11] 赵卢雷, 沈伯平. 新时代背景下实施创新驱动发展战略的若干思考[J]. 改革与战略, 2020, 36(2).

[12] 朱焱, 于文谦. 我国公共体育资源区域差异研究[J/OL]. 体育学研究:1-24[2020-06-25].https://doi.org/10.15877/j.cnki.nsic.20200603.001.

[13] 丁青, 王家宏. 公共体育信息服务传播渠道和服务功能的公众需求[J]. 武汉体育学院学报, 2016, 50(2).

[14] 丁青, 王家宏, 陆柳, 等. 我国公共体育信息服务的发展现状分析及对策研

究 [J]. 南京体育学院学报 (社会科学版), 2015, 29(2):64–69.

[15] 李碧珍 , 陈若芳 , 王珍珍 , 等 . 福建体育用品服务型制造的驱动因素及创新模式研究——以安踏为例 [J]. 福建师范大学学报 (哲学社会科学版), 2018(1):46–56+169.

[16] 白晋湘 , 李洪雄 , 张小林 . 基于协同学理论背景下湖湘体育文化发展与体育湘军成长研究 [J]. 成都体育学院学报 , 2013, 39(5):6–10.

[17] 齐欣 , 臧荣海 , 张雷 , 等 . 互联网 + 视阈下黑龙江省冰雪体育旅游产业创新驱动及对策研究 [J]. 冰雪运动 , 2019, 41(2):84–88.

[18] 杨帆 . 新常态下推动我国体育产业发展的积极的体育财政政策研究 [J]. 沈阳体育学院学报 , 2018, 37(3):23–30.

[19] 成会君 , 徐阳 . 我国体育产业发展引导资金的管理现状、问题及对策 [J]. 沈阳体育学院学报 , 2015, 34(1):9–14.

[20] 张羽 , 杨铁黎 , 赵鑫 . 体育财政投入、体育事业发展与经济增长——基于我国时间序列数据的实证研究 [J]. 北京体育大学学报 , 2015, 38(6):12–17.

[21] 张帅 , 韩衍金 , 李娜 , 等 . 社会公共体育服务与地区体育产业融合发展研究 [J]. 南京体育学院学报 , 2019, 2(5):17–21.

[22] 贾文彤 , 郝军龙 , 齐文华 , 等 . 体育公共服务均等化若干问题研究 [J]. 山东体育学院学报 , 2009, 25(12):1–5.

[23] 王慧勇 , 张立国 , 龚斌 , 等 . 云南省公共体育投入与 GDP 关系的数学建模研究 [J]. 文山师范高等专科学校学报 , 2009, 22(1):118–120.

[24] 赵强军 . 全民健身视野下社区体育公共服务体系的构建研究 [J]. 运动 , 2014(16):4–5.

[25] 刘远祥 , 陶于 . 拓宽我国体育产业发展投融资渠道的可行性分析 [J]. 山东体育学院学报 , 2005(3):30–32.

[26] 罗英 . 甘肃省体育基础设施融资现状及融资模式的研究 [D]. 兰州理工大学 , 2016.

[27] 高子岩 . 海南省公共体育指导信息传播路径构建研究 [J]. 体育科技文献通报 , 2017, 25(12):42–44.

[28] 原世伟 , 钟华 , 郝桐桐 . 基于关联性分析的公共体育服务均等化满意度评价指标研究——以苏州市为例 [J]. 体育科研 , 2018, 39(4):40–45+60.

[29] 李曦辉 . 对口支援的分类治理与核心目标 [J]. 区域经济评论 , 2019(2):45–54.

[30] 王磊 , 黄云生 . 对口支援政策的演进及运行特征研究——以对口支援西藏为例 [J]. 西南民族大学学报 (人文社科版), 2018, 39(5).

[31] 杨蔚怡.需求导向下我国西北地区体育公共服务供给困境及实施路径研究[J]. 当代体育科技, 2020, 10(12).

[32] 沙吾列·依玛哈孜.建国以来中国共产党支援边疆政策与实践研究[D]. 吉林大学, 2016.

[33] 张天良.我国农民体育公共产品供给的激励问题研究[J]. 价值工程, 2012, 31(10).

[34] 黄程程.激励相容约束机制下我国城镇社区体育公共服务的制约因素与模式创新[J]. 广州体育学院学报, 2018, 38(5).

[35] 邱竟.体育公共信息服务平台建设的现状、方法及前景分析[D]. 成都体育学院, 2016.

[36] 吴香芝, 阿英嘎, 王建军, 等.我国国内体育援助长效机制研究[J]. 南京体育学院学报, 2019, 2(9).

[37] 邹新娴.创新公共体育服务供给机制：动因与路径[C]. 中国体育科学学会.第十一届全国体育科学大会论文摘要汇编. 中国体育科学学会, 2019.

[38] 夏书宇.城市社区体育公共服务模式研究——基于激励相容的约束机制[J]. 河南社会科学, 2014, 22(8).

[39] 周理瑞, 花中东.省际对口支援长效运行机制研究[J]. 铜陵职业技术学院学报, 2014, 13(3).

[40] 陶柳, 朱传耿, 孙国友.我国基本公共体育服务的研究评述及展望[J]. 南京体育学院学报, 2018, 1(12).

[41] 加强协作关系　拓宽交流渠道——北京东城区教育局与科右中旗教育局对口支援协作成果显著[J]. 中国民族教育, 1997(1).

[42] 张蔚.新时期体育产业与文化产业的融合发展研究[J]. 齐齐哈尔师范高等专科学校学报, 2017(1).

[43] 孙莉琴.我国农村体育公共服务供给的资源优化配置研究[J]. 农业经济, 2019(5).

[44] 蒙可斌, 陈华伟.公共体育设施资源配置与服务优化研究[J]. 体育科技, 2019, 40(1).

结 语

在目前的市场条件下,应该积极促进公共体育服务产品的多元化,也就是说,政府可以多支持鼓励或者是具体管理其他组织对于公共体育产品的供给,可以制订一些具体的机制,主要以政府为主导,促进其他供给单位共同参与,不断地鼓励其他组织向社会提供一些公共体育服务的产品。比如说,可以具体通过合同承包、特许经营等方式,不断激发投资者的积极性。政府可以具体地依据一些制度进行管理,促进相关的非政府有效地对体育公共产品进行扶持及供给。只有当政府及各个企业、相关的组织共同发挥其作用,对公共体育服务作出良好的供给,才能促进市场竞争体制不断发挥其作用,当然也能有效地促进社会公共体育的发展,对其数量及质量都有良好的促进作用。而且现在人们的生活水平正在不断地提高,如果只是依靠政府来对一些公共服务进行供给的话,那么其实是很难适应社会总需求的,具体从服务资金的来源来看,我国的体育公共服务也主要依靠政府出资,非政府部门的具体参与及服务收费这3种主要方式进行发展及不断的完善。

后 记

在对口支援研究的资料收集上，尽管笔者在该行业积累了很多工作与研究经验，对整个行业有比较详细的了解，同时在写作过程中也做了大量的调研访谈，然而在研究过程中经查阅相关文献资料后发现仍有很多问题是未曾接触的。研究将深入对对口支援的发展研究，分析国际化经营体系，不仅要对顶层设计和组织结构进行分析，还有对口支援商业模式、人才结构、运营管理、全面风险管理、文化融合、信息化管理等方面的分析。若能从上到下进行全面的系统分析，将对中国对口支援发展路径的研究更有意义。未来笔者将会继续努力学习与研究公共体育对口支援建设，以期能够给各位读者带来更具价值的研究成果与资源信息，同时也为推动公共体育对口支援建设及公共体育的整体发展尽绵薄之力。此外，因为笔者个人的知识水平与能力有限，所以在创作《创新驱动发展战略下公共体育服务对口支援机制研究》一书时难免存在纰漏与不足，还望各位读者朋友批评与指正。谢谢大家！